Le Monde *diplomatique*

Vol. 185   Février · 2024

Article de couverture

위선이 무법보다 낫다?
서구 강대국이 만든 국제법의 위선

글 · 페리 앤더슨

현대적 의미의 국제법은 주권 국가 간 관계라는 개념을 빼놓고서는 논할 수 없다. 1648년, 30년 전쟁이 종결되고 베스트팔렌 조약이 체결됐다. 서양에서는 이 시기를 기점으로 주권 국가 간의 관계가 어느 정도 성문화된 형태를 갖추기 시작한 것으로 평가한다. 하지만 국제법에 관한 이론이 탄생한 시기는 이보다 훨씬 이른 1530년대로 스페인 신학자 프란시스코 데 비토리아의 글이 출발점이 됐다.

8면 계속▶

Editorial

Focus

Société

21

45

Guerre

67

Mondial

72

Culture

94

Politique

콘크리트 디스토피아

119

우크라이나와 가자지구, 같은 상황 다른 대응

브누아 브레빌 | 〈르몽드 디플로마티크〉 프랑스어판 발행인

국제법의 시각으로 보면 상황은 명확하다. 러시아가 불법적으로 이웃 나라인 우크라이나를 점령하고 있듯, 이스라엘이 불법적으로 이웃 나라인 팔레스타인을 점령하고 있다. 국제연합(UN)은 여러 차례 이에 대해 규탄했다. 이 두 사례는 '규칙에 근거한 명령'을 준수하는 서구 세계로부터 같은 비난을 들어 마땅하다. 그러나 현실은 그렇지 않다. 미국과 유럽연합(EU)은 어떤 상황에서는 피해국 편을 들었다가, 또 어떤 상황에서는 가해국 편을 들고 있다.

러시아-우크라이나 전쟁이 발발한 초창기에 유럽은 수백만 명의 우크라이나 피난민에게 문을 활짝 열었다. 이라크, 시리아, 아프가니스탄 난민들이 질투할 만큼 환대를 베풀었다. 영국의 한 논설위원은 우크라이나 사람들은 "우리와 비슷하다"라며 이런 차별을 정당화했다. 그리고 "우크라이나인들은 넷플릭스를 보고, 인스타그램 계정을 가지고 있으며, 자유선거를 하고, 검열받지 않은 신문 기사를 읽는다"(1)라고 덧붙였다.

이와 달리 가자지구에서는 도망치길 원하는 수십만

무제 <뒤늦은 뉴스>, 시리즈, 2016 - 타이시르 바트니지

명의 거주민들을 받아들이겠다고 그 누구도 나서지 않는다. 이스라엘 폭격 후 44일이 지나서야 에마뉘엘 마크롱 프랑스 대통령은 "필요하고 도움이 된다면" 부상당한 50명의 팔레스타인 아동을 받아들이겠다고 간신히 승낙했을 정도였다.

미국과 유럽연합은 러시아에 엄격한 제재를 가하면서 러시아 침공에 반격했다. 석유 수출 금지, 무역 축소, 은행 업무 축소, 러시아 지도자 자산 동결, 유럽에서 〈러시아 투데이(Russia Today)〉 방송 금지 등 제재는 다양했다. 보이콧 움직임은 운동선수, 음악가, 영화인, 작가에 이르기까지 가리지 않았다. 전시회와 콘서트는 취소됐다. 그러나 이스라엘에 대해서는 이런 움직임이 전혀 없다. 2005년부터 이스라엘의 팔레스타인 지배에 저항하기 위하여 보이콧(Boycott), 투자 철회(Divestment), 제재(Sanctions)를 해야 한다는 BDS 운동이 시작되었으나 소용없었다. 이 저항 운동은 반유대주의 운동으로 간주돼 독일에서 추방됐으며, 미국의 30여 개 주에서도 금지된 상태다. 프랑스에서도 BDS 운동은 기소됐고 캐나다에서도 이 운동을 장려하는 일을 금지하고 있다.

불공평한 상황은 여기서 끝나지 않는다. 점령당한 우크라이나에 무기를 보내줬던 서구권 국가들은 점령당한 팔레스타인을 군사적으로 지원하면 보복하겠다고 위협하면서 오히려 점령국인 이스라엘에 무기를 팔았다. 조 바이든 미국 대통령은 러시아가 저지른 마리우폴 병원 공습을 두고 "전 세계인들에게 수치스러운 일"이라며 분노를 표한 바 있다. 그러나 이스라엘의 포격과 봉쇄 작전으로 가자지구 병원의 1/3이 마비된 일에 대해선 침묵했다. 조 바이든 대통령은 또한 우크라이나 도시 부차에서 러시아군이 주민 학살을 자행했을 때 "민족 말살"이라며 비난했다. 그러나 가자지구 휴전을 요구하는 일은 거부했다. 가자지구에서는 3개월도 되지 않는 기간에, 약 2만 명의 목숨이 사라졌다.

서구 언론은 800만 명인 이스라엘 인구 중에서 하마스에 희생당한 1,200명을 이야기하면서 다음과 같은 셈법을 펼친다. 3억 3,100만 명 인구가 있는 미국으로 치면 4만 5,000명 시민이 하마스에 살해당한 상황이나 마찬가지라는 것이다. 다시 말하면, "9·11테러로 죽은 사람의 20배"라는 것이다. 프랑스로 치면 9,000명이 죽은 셈이므로 11월 13일 파리 테러 때 "바타클랑 극장에서 죽은 사람의 100배"이다.

그렇다면, 가자지구 230만 주민 중에서 2만 명이나 죽은 일은 어찌 설명해야 할까? 프랑스로 치면 58만 명, 미국으로 치면 280만 명이 사망한 셈이다. 이는 미국 역사의 모든 전쟁(남북전쟁까지 포함해)의 사망자 수를 합산한 것보다 많다. 가자지구에서는 인구의 70%가 강제 이주를 당했다. 이 강제 이주민들의 수는 약 5,000만 명의 프랑스인, 2억 명의 미국인에 맞먹는다. **ID**

글·브누아 브레빌 Benoît Bréville
<르몽드 디플로마티크> 프랑스어판 발행인

번역·이정민
번역위원

(1) Daniel Hannan, 'Vladimir Putin's monstrous invasion is an attack on civilisation itself', <The Telegraph>, London, 2022년 2월 26일.

이것은 책이 아니다(Ceci n'est pas un livre)!

성일권 | 〈르몽드 디플로마티크〉 한국어판 발행인

요즘 들어 휴대폰에 출판기념회를 알리는 지인 정치인들의 메시지가 자주 뜬다. 선거철임을 알리는 신호다.

현역 국회의원들은 물론, 정치에 입문하는 신인들까지 저마다 결연한 각오를 담은 출판기념회 초청장을 보내온다. 국민의힘 소속 사람들은 희망의 정치를 강조하고, 민주당 소속 사람들은 민주주의의 실현을 약속하며, 제3지대 소속 사람들은 소통과 융합을, 그밖에 '진보' 진영 소속 사람들은 노동의 가치를 강조하는 책을 내놓고 있다.

책의 제목과 목차만 본다면, 대한민국 정치인들은 모두 멋지고 훌륭하다. 국회의원 253명을 뽑는 선거가 전국의 지역구 253개에서 치러지니, 한 지역구에 3~4명의 후보가 얼굴을 알리고자 출판기념회를 가진다면, 본격적인 선거가 치러지기 전에 약 1,000종의 책이 나오는 셈이다. 여기에 비례대표 47명도 나름 자신들의 지명도를 높이고자 출판기념회를 열고 있으니, 이보다 훨씬 많은 책이 쏟아진다.

출판시장은 꽁꽁 얼어붙었건만, 정치인들의 출판기념회는 펄펄 끓어오른다. 선거를 앞두고, 후보들이 자신을 알리고 선거자금을 합법적으로 모을 수 있는 거의 유일한 곳이 출판기념회장이다. 출판기념회에 참석해 책 한 권 값만 달랑 내고 나온다면, 눈치 없는 사람이라 할 수 있다. 체면이 깎이지 않으려면 적어도 몇 십만 원을 내야 한다. 출판기념회 초청장을 받으면, 참석해야 할지 말지 고민이 깊어지는 이유다.

한 가지, 독자 여러분에게 고백하고 싶은 게 있다. 필자는 〈르몽드 디플로마티크〉(이하 르디플로) 한국어판을 발행하고 나서부터, 르디플로를 구독하거나, 필자나 후원자로서 르디플로에 도움을 준 친(親)르디플로 인사들을 편애하는 '성향'을 가지게 됐다. 아무리 똑똑하고

유명한 지인이라도, 그가 르디플로를 모른다면 일단 제쳐놓게 된다. 반면, 친 르디플로 인사를 만나면 전생의 인연을 만난 듯 참 반갑기만 하다. 정치인들의 출판기념회에는 별로 가지 않지만, 친 르디플로 인사의 출판기념회에는 참석하는 편이다.

며칠 전, 친 르디플로 인사 P씨의 출판기념회에서 받은 책을 보고 화려한 표지와 비싼 종이의 질에 살짝 주눅이 들었다. 자고 나면 종잇값과 잉크값이 오르는 현실에서 제작비를 늘 걱정해야 하는 이 출판업자는 손끝으로 '돈의 무게'를 재어본다.

"이거, 제작비가 꽤 나오겠는걸…"

결혼식의 축의금을 내듯, 출판회장 입구에서 받은 흰 봉투에 굵은 펜으로 '축, 승리 기원'이라고 쓴 뒤, 5만 원짜리 몇 장(액수는 비밀!)을 넣어 책을 받아 식장 안으로 들어가니, 낯익은 인사들이 더러 눈에 띈다. "저들은 르디플로 독자가 아니고, 저기에 르디플로 독자분이 있군." 늘 습관적으로 그렇듯이, 필자의 눈에는 르디플로 독자들만 들어온다. P씨가 당선되면 좋겠지만, 혹여 낙선되더라도 르디플로의 독자로 계속 남아주길 바라며 그와 눈도장을 찍고 그의 책을 든 채 식장을 나선다. 그런데, 의혹이 지워지지 않는다. 정치 활동하느라 바쁠 텐데, 이런 묵직한 책을 언제 썼을까?

현역 의원들은 지역구 관리에, 상임위 출석에, 법안 제출 및 심사로 바빠 보좌진이 대필하겠지만, P씨와 같은 정치 신인들은 생업활동과 각종 시민운동으로 정신없을 터인데…, 하지만 아무도 그의 책에 대한 진실성과 진정성을 묻지 않는다. 한 편에 나처럼 출판업자로 보이는 이들의 실루엣이 비치지만, 굳이 그들의 정체를 알고 싶지 않아 자리를 떠났다.

출판기념회 식장 옆 카페에 들러, 혹시나 하는 궁금증으로 책을 살펴보니 마치 요즘 유행하는 GPT가 써준

것처럼 문장이 매끄럽고 유려하지만, 군데군데 문장이 꼬여있고 오탈자가 눈에 띈다. P가 직접 쓴 것일까? 대필 작가가 급하게 써준 것일까? 선거 시즌이면 1,000만~2000만 원을 받고 1~2주 만에 유력정치인의 출판기념회용 자서전이나 책을 써준다는 한 지인의 말이 떠올랐다. 하지만, '설마 그랬을까'하는 심정으로 P씨의 진실성을 믿어본다.

하지만 책의 제목과 표지는 그럴싸하지만, 내용은 얼마 전 대통령이 특검을 거부한 그의 특수관계인이 쓴 허접한 박사 논문을 연상시킨다. 화장실에 들러 손을 씻은 뒤 휴지를 찾아 주위를 살펴보는데, 누군가 놓고 간 출판기념회의 그 책이 보인다. 깜박 잊고 간 것이겠지 생각하지만, 책을 만드는 사람으로서 아무렇게나 내팽개쳐진 책을 보며 모멸감이 밀려온다.

30년 넘게 글 장인, 편집자로 살아왔지만 아니, 그렇기에 더욱 글을 쓸 때마다 매번 고민스럽다. 거울에 비친, 듬성듬성 빠지고 하얗게 센 머리카락을 바라본다. 마치 도도히 흐르는 강물을 멍하니 바라보는 물멍처럼, 장작이 지직거리며 벌겋게 타오르는 불꽃에 혼을 빼는 불멍처럼, 거울 앞에서 경(鏡)멍을 하고 있자니 최근의 어려운 출판시장이 눈앞에 펼쳐진다. 가뜩이나 IMF 때보다 더 어려운 경기침체에 잔뜩 움츠려 있는데, 우크라이나 전쟁, 하마스 전쟁, 미사일이 휙휙 날아가는 일촉즉발의 남북 대결 등으로 고조되는 긴장감 속에서, 누가 책과 잡지를 찾을까?

출판사들이 속속 문을 닫고, 물류회사도 퍽퍽 쓰러지고 있다. 르디플로의 경쟁지라 할 시사주간지와 월간지들이 맥없이 쓰러지거나 쓰러지기 일보 직전의 어려움을 겪고 있어, 르디플로 발행인으로서 사태의 심각성을 하루하루 뼈저리게 느낀다. 총선을 앞둔 정치권에서는 선거운동 겸 선거자금 모금의 수단으로 너도나도 책을 내 출판기념회를 가지며 지성미를 뽐내겠지만, 이를 지켜보는 필자의 눈에는 중고서점에서조차 거절하는 함량 미달의 책을 뿌리는 것 같아 안타깝다. 알라딘과 예스24의 중고책 사이트에서 정치인들의 책을 찾는 것이 '미션 임파서블'인 이유는, 책의 본질을 잃었기 때문이 아닐까?

초현실주의 화가 르네 마그리트는 작품에 담배 파이프를 그려 넣고 그 밑에 '이것은 파이프가 아니다(Ceci n'est pas une pipe)'라는 한 줄의 문장을 적었다. 파이프를 그려놓고 파이프가 아니라니, 당시 관객과 비평가들은 혼란에 빠졌다. 사실 그것은 파이프를 흉내낸 그림일 뿐, 파이프는 아니다. 마그리트는 이렇게 파이프, 파이프 그림, 파이프라는 단어 가운데 진짜가 무엇인지 묻는다. 책이 책이 아니라, 선거를 위한 도구가 된 현실에서, 마그리트가 살아있다면 이런 말을 하지 않을까?

'이건 책이 아니다(Ceci n'est pas un livre)'

연말연시에 종이 거래업체에서 또 종잇값을 올렸고, 조만간 또 8%나 올릴 것이라고 예고한다. 인쇄소에서는 정치인들의 책을 급히 찍느라 르디플로가 발주한 단행본들의 인쇄날짜가 며칠 더 미뤄질 것이라고 변명한다.

여의도에 입성하려는 정치인들이나 정치 지망생들에게 들려주고 싶은 말이 있다.

"후원금을 받는 용도로 쓰이는 당신들의 '책' 때문에 종잇값만 오릅니다."

마지막으로 필자는 독자로서, 또는 필자로서 르디플로와 인연을 맺어온 친 르디플로 후보들에게 감히 부탁을 드린다.

"르디플로는 당신들의 승리를 기원합니다. 앞으로 출판기념회를 또 가지실 예정인지요? 그렇다면, 무리해서 급조한 책을 내놓는 것보다는, 당신들의 정치철학에 맞는 책들(일례로, 르디플로 과월호)을 구매해서 후원자들에게 건네시는 것은 어떨지요?" ㏒

글·성일권
<르몽드 디플로마티크> 한국어판 발행인

위선이 무법보다 낫다?

서구 강대국이 만든 국제법의 위선

현대적 의미의 국제법은 주권 국가 간 관계라는 개념을 빼놓고서는 논할 수 없다. 1648년, 30년 전쟁이 종결되고 베스트팔렌 조약이 체결됐다. 서양에서는 이 시기를 기점으로 주권 국가 간의 관계가 어느 정도 성문화된 형태를 갖추기 시작한 것으로 평가한다. 하지만 국제법에 관한 이론이 탄생한 시기는 이보다 훨씬 이른 1530년대로 스페인 신학자 프란시스코 데 비토리아의 글이 출발점이 됐다. 비토리아는 유럽 국가 간의 관계보다 (당시 유럽에서 가장 강력한 국가였던 스페인을 중심으로 한) 유럽인과 새로 발견된 아메리카 대륙 주민 간의 관계에 관심을 가졌다.

페리 앤더슨 ▌역사학자

더 흐로트의 '칼의 원리', 만민법으로 볼 수 없어

비토리아는 로마의 '만민법(Jus gentium)'을 바탕으로 스페인의 신세계 정복의 근거를 재검토했다. 점령한 땅은 사람이 살지 않는 곳이었는가? 교황이 스페인 왕실에 수여한 땅이었는가? 필요하다면 무력을 동원해서라도 이교도들을 개종시켜야 하는 기독교인의 의무 때문이었는가? 비토리아는 이 모든 기준을 부정하고 새로운 근거를 제시했다. 그는 아메리카 원주민들은 보편적 권리인 '소통권(Jus communicandi)', 즉 여행의 자유와 무역의 자유 그리고 기독교의 진리를 전파할 수 있는 자유를 침해했다고 설명했다.

정복자들이 인디언으로 칭한 아메리카 원주민들은 이런 자유의 행사를 방해했기 때문에 무력으로 대응하고, 요새를 건설하고, 땅을 점령하는 것은 정당하다는 주장이다. 그래도 원주민들이 계속 저항한다면 이들을 가장 위험한 적으로 간주해 약탈하고 노예로

삼아도 된다는 것이다.(1) 비토리아에 따르면 스페인의 신세계 정복은 완벽하게 합법적인 행위였다.

이후 200여 년 동안 여전히 '만민법'으로 불린 이 이론의 첫 번째 토대는 이처럼 스페인의 영토 확장주의를 정당화하기 위해 만들어졌다. 이보다 더 중요한 두 번째 토대를 마련한 이는 17세기 초 네덜란드 외교관 휘호 더 흐로트다. 오늘날 더 흐로트는 특히 1625년에 발표된 논문 『전쟁과 평화의 법(De jure belli ac pacis)』의 저자로 기억되고 존경받고 있지만 그가 현대 국제법에 남긴 첫 족적은 이보다 20년 전에 집필한 『포획법론(De jure praedae)』이다. 이 저서에서 그는 당시 전 유럽에서 화제가 된 전대미문의 약탈 사건의 법적 정당성을 주장했다. 더 흐로트의 사촌인 네덜란드 동인도회사 선장은 포르투갈 상선을 공격해 구리, 비단, 도자기, 은 등의 화물을 탈취했다. 해당 화물의 가치는 당시 영국의 연간 총수입과 맞먹는 300만 플로린에 달했다.

(1) Francisco de Vitoria, 『Relecciones sobre los Indios』 (1538~1539), Madrid, 1946.

(2) Hugo Grotius, 『Le Droit de la guerre et de la paix 전쟁과 평화의 법』, vol. 2, chap. XL, Presses universitaires de France, '콰드리지(Quadrige)' 총서, Paris, 1999.

(3) Thomas Hobbes, 『Lévi-athan 리바이어던』, 2부, 'De l'État 국가에 관해', chap. 30, 'De la charge du représentant souverain 군주의 책임에 관해'.

이후『해양자유론(Mare Liberum)』이라는 제목으로 별도 출간한『포획법론』15장에서 더 흐로트는 공해에서는 국가뿐만 아니라 군대를 보유한 민간 기업에도 완벽한 자유를 보장해야 한다고 주장했다. 이 논리에 따르면 네덜란드 동인도회사 선박의 포르투갈 상선 공격은 합법적인 행위였다. 더 흐로트는 네덜란드의 무역 제국주의에 법적 정당성을 부여했다. 더 흐로트가『전쟁과 평화의 법』을 집필할 무렵 네덜란드는 영유권 주장을 해상에서 육지로 확대했고 포르투갈이 지배하던 브라질의 일부 영토를 빼앗았다.

더 흐로트는 상대편이 먼저 도발하지 않더라도 유럽인은 미개한 관습을 가진 모든 민족과 전쟁을 벌일 권리가 있다고 주장하며 유럽인에게 '유스 글라디이(Jus gladii)', 일명 '칼의 권리'를 부여했다. "왕 그리고 왕과 동등한 권력을 부여받은 자는 자신과 백성에게 손해를 입히는 자들을 처벌할 권리가 있으며 특별한 손해를 끼치지 않더라도 자연법을 과도하게 위반하는 이들은 누구라도 처벌할 수 있는 권리가 있다."(2) 즉, 더 흐로트는 유럽의 확장에 방해가 되는 자는 누구든지 공격하고, 정복하고, 죽일 수 있는 권한을 부여했다.

<가족의 초상화> 시리즈 중에서, 2016 - 릴리아 지비카

식민지 개척을 정당화한 토마스 홉스와 존 로크

현대 국제법의 초석이 된 '소통권'과 '유스 글라디이'에 이어 식민지 개척에 정당성을 부여하는 두 가지 새로운 주장이 등장했다. 17세기 영국의 정치철학자 토머스 홉스는 인구학을 논거로 제시했다. 유럽은 인구 과잉 상태이지만 수렵 채집인들이 사는 머나먼 땅에는 인구가 희박하므로 유럽의 식민지 개척자들은 "원주민을 몰살하고, 광대한 영토를 점령하고, 원주민을 약탈하는 것이 아니라 긴밀한 공존을 강요할" 권리가 있다는 주장이다.(3) 홉스의 주장은 후에 아메리카 인디언 보호구역 수립의 근거로 활용됐다. 사람이 살지 않는 땅으로 선포할 수 있었다면 이런 추론마저도 불필요했을 것이다. 존 로크는 널리 통용된 홉스의 견해를 한층 더 보강했다. 로크는 이미 거주하고 있는 사람들이 있더라도 이들이 땅

(4) John Locke, 『Du gouver
-nement civil 시민정부론』,
chap. IV, 'De la propriété
des choses 재산 소유권에 관
해'.

을 '최대한 활용'하지 못하고 있다면 유럽인
은 그 땅을 박탈할 권리가 있다고 강조했다.
토지 생산성 향상은 신의 섭리를 따르는 것이
라는 주장이다.(4) 17세기 말, 이로써 유럽
의 식민주의 이데올로기를 정당화하는 일련
의 근거들이 완성됐다.

18세기에 들어서자 국제법에 관한 저서
들은 유럽 국가 간의 관계를 핵심 주제로 다
루기 시작했다. 드니 디드로, 애덤 스미스, 이
마누엘 칸트 등의 계몽주의 사상가들은 식
민지배의 도덕성에 문제를 제기했지만 식민
지배의 철폐를 요구하지는 않았다. 이 시기
에 발표된 논문 중 가장 주목할 만한 글은 스
위스 철학자 에메르 드 바텔의 『국제법(Le
droit des gens)』(1758)이다. 바텔은 냉철한
시각으로 글을 써 내려갔다.

"지구는 모든 인류의 것이며 인류에게
생계 수단을 제공하도록 설계됐다. 만약 모
든 민족이 처음부터 광대한 국가를 건설하고
사냥, 낚시, 야생 과일로만 연명하겠다고 결
심했다면 지구는 현재 인구의 1/10도 감당하
지 못할 것이다. 따라서 야만인들의 거주지
를 더 좁은 구역으로 제한하는 것은 자연의
관점에서 벗어나는 일이 아니다."(5) 이 점
에서 바텔은 앞서 언급한 국제법 선구자들의
연장선에 있지만 국제법을 좀 더 세속적인
개념으로 해석하는 전환점을 마련했다. 영토
확장주의는 여전히 종교를 표방했다. 하지만
종교는 더 이상 식민지 지배를 정당화하는
핵심 근거가 되지 못했다.

(5) Emer de Vattel, 『Le Droit
des gens 국제법』, 1권, chap.
XVIII, 'De l'établissement
d'une nation dans un pays
국가 내 민족 수립에 관해', §
209.

바텔은 당시의 외교 관례에 따라 모든
주권 국가는 평등하다는 원칙을 고수했다.
1814~1815년 개최된 빈 회의는 이런 원칙
을 깨고 유럽 내부에 공식적인 위계질서를
확립했다. 5대 '열강'을 형성한 영국, 러시아,
오스트리아, 프로이센, 프랑스는 특권을 부

(6) James Lorimer, 『Princi
-pes de droit international
국제법의 원칙』, Bruxelles/
Paris, 1885(초판 1883).

여받았다. 나폴레옹을 물리치고 유럽 전역
에 군주제를 복원한 반(反)혁명 동맹을 강화
할 목적으로 고안된 빈 체제는 엄격한 의미
의 왕정복고 시기가 끝난 후에도 계속 유지
됐다. 1883년, 스코틀랜드의 위대한 법학자
제임스 로리머는 역사가 국가 평등의 원칙을
반박했다고 확신했다.

유럽의 제국주의가 무방비 상태의 민족
은 물론, 저항력이 있는 (특히 아시아의) 거
대 제국과 다른 선진국까지 겨냥하자 새로운
질문이 제기됐다. 이런 국가들을 어떻게 분
류할 것인가? 이 국가들에 유럽 열강과 동일
한 권리를 부여해야 하는가? 이 질문에, 빈
회의는 오스만 제국을 열강들의 협조체제에
서 배제하는 것으로 답했다. 이런 결정은 신
앙의 차이에 의한 것으로 해석될 수도 있었
다. 하지만 이후 수십 년 동안 '문명화 기준'
이라는 교리가 발전했다. 유럽의 기준에서
'문명화'된 국가만 유럽과 동등한 대우를 받
을 자격이 있다는 교리였다.

문명화 기준은 문명화되지 않은 국가들
을 세 가지 범주로 분류했다. 첫 번째 범주는
파리 코뮌이나 광신적인 이슬람 사회와 같
은 범죄 국가(현대의 '불량국가')다. 허무주
의의 유혹에 굴복했다면 러시아도 이 범주로
분류됐을 것이다. 두 번째 범주는 유럽 문명
의 규범에 도전하지 않지만 그렇다고 유럽의
규범을 구현하지도 않는 '반(半)야만' 국가들
로 중국과 일본이 이에 속했다. 세 번째 범주
는 국제 사회의 책임 있는 일원으로 간주할
수 없는 무능하고 쇠약한 국가(현대의 '실패
한 국가')다. "국제법은 공산주의와 허무주의
를 단죄하고 금지한다"라고 저술한 로리머는
첫 번째와 세 번째 범주에 속한 국가들을 국
제 사회에서 배제하고 무력으로 제압해야 한
다고 주장했다.(6)

과거 빈 회의가 유럽의 운명을 결정했듯, 1884년 개최된 베를린 회의는 아프리카의 운명을 결정했다. 유럽 국가들은 베를린에 모여 아프리카 식민지 분할에 합의했다. 국왕의 사유지 형태로 가장 큰 영토를 획득한 국가는 벨기에였다. 당시 벨기에는 국제법이라는 새로운 규율을 수용하고 있었다. 베를린 회의 개최 10여 년 전 브뤼셀에 설립된 국제법연구소는 새로운 식민지 확보를 환영했다.

1945년 이후 국제법은 미국의 산물

제1차 세계대전이 끝난 후 새로운 국제 정상회담인 파리 평화회의가 열렸다. 1919년, 승전국 영국, 프랑스, 이탈리아, 일본, 미국은 베르사유 조약을 체결했다. 이 조약은 독일에 대한 제재를 결정하고, 동유럽의 지도를 다시 그렸으며, 오스만제국 해체로 생긴 영토를 분할했다. 파리 평화회의는 국제기구 국제연맹(LN)을 탄생시켰다. 국제연맹은 '집단 안보'와 국가 간 지속적인 평화와 정의 확립을 보장하는 임무를 부여받았다.

미국은 라틴아메리카를 미국의 세력권으로 규정한 먼로 독트린을 '평화 유지'의 도구로서 국제연맹 규약에 포함 시켰다. 헤이그에 설립된 상설국제사법재판소(PCIJ) 역시 파리 평화회의의 산물이다. PCIJ의 정관 38조는 여전히 "문명화된 국가들이 인정하는 법의 일반적인 원칙"을 명시했다. 이 정관의 초안 작성자 중에는 벨기에의 콩고 식민지배 업적을 600페이지에 걸쳐 찬양한 회고록의 저자도 있었다.

상원의 반대에 부딪힌 미국은 결국 국제연맹에 가입하지 않았다. 그럼에도 불구하고 국제연맹은 승전국의 요구를 충실하게 반영했다. 미국이 빠진 4대 열강, 영국, 프랑스, 이탈리아, 일본은 유엔 안전보장이사회의 전신인 국제연맹 이사회 상임이사국 지위를 독점했다. 이처럼 노골적인 불균형에 분노한 아르헨티나는 국제연맹 가입을 거부했다. 1926년 브라질도 (라틴아메리카 1개국에 대한 상임이사국 지위 부여 요구가 거절당하자) 아르헨티나의 뒤를 따랐다. 1930년대 말까지, 8개국 이상의 크고 작은 라틴아메리카 국가가 국제연맹에서 탈퇴했다.

제2차 세계대전이 끝나자 상황은 역전됐다. 대부분 폐허로 변하거나 빚더미에 올라앉은 유럽 국가들은 패권을 상실했다. 1945년 샌프란시스코에서 창설된 국제연합(UN)은 국제연맹의 위계질서를 계승했다. 거부권을 갖게 된 안보리 5개 상임이사국은 국제연맹의 상임이사국보다 더 큰 권한을 갖게 됐다. 유엔의 탄생은 서구 독점 체제에 종지부를 찍었다. 세력이 크게 약화된 미국, 프랑스, 영국 외에 소련, 중국이 안보리 신규 이사국으로 합류했기 때문이다. 이후 20년 동안 탈식민지화에 속도가 붙으면서 유엔 총회는 미국과 동맹국을 점점 더 불편하게 만드는 요구와 결의안을 논하는 장이 됐다.

카를 슈미트는 1950년 출간한 논문 『대지의 노모스(Le Nomos de la Terre)』에서 19세기 국제법은 특히 유럽 중심적인 개념이었다는 점을 강조했다. 슈미트는 외교의 일반적인 개념, 이론 및 어휘를 결정하는 '문명', '인류' 혹은 '진보'와 같은 보편적인 개념들조차 '유럽'이라는 접두사가 붙을 때만 보편성을 인정받았다고 설명하며 이제 이런 유럽 중심의 낡은 질서가 쇠퇴하고 있다고 덧붙였다.(7) 그렇다고 유럽이 사라진 것은 아니다. 유럽의 식민지였던 미국에 주도권을 물려줬을 뿐이다. 1945년 이후 국제법은 더

(7) Carl Schmitt, 『Le Nomos de la Terre 대지의 노모스』, PUF, '콰드리지(Quadrige)' 총서, Paris, 2012(초판 2001).

이상 유럽이 아닌 미국이 주도하는 서구의 산물이 됐다.

강대국들, 국제법 무시하며 침략전쟁 벌여

그렇다면 국제법의 본질은 무엇인가? 토머스 홉스는 "검이 없는 약속은 말에 지나지 않는다"(8)라는 글을 통해 법을 만드는 것은 진리가 아니라 권위라는 명확한 답을 제시했다. 국제법을 제정하거나 집행할 수 있는 권한을 부여받은 실체적 권위가 없다면 국제법은 더 이상 법이 아니라 단순한 의견에 불과하다. 진보주의를 표방하는 오늘날의 대다수 국제법 학자나 변호사들에게는 충격적인 결론이다. 그렇지만 19세기 가장 위대한 자유주의 철학가 존 스튜어트 밀 역시 홉스의 결론에 동의했다. 단명한 체제인 프랑스 제2공화국은 프로이센의 지배에 저항하는 폴란드 반군을 지원했다. 이를 비판하는 목소리가 일자 밀은 1849년 "국제적 도덕성을 향상시킬 수 있는 유일한 길은 기존의 규칙을 위반하고 새로운 규칙을 수립하는 것"이라고 주장했다.(9)

밀은 혁명에 연대했다. 당시 국제법은 정치 지도자들이 자신의 이익에 부합하는 행동을 정당화하기 위해 내세우는 공허한 문구에 불과했고 국제법 전문 법률가도 존재하지 않았다. 1880년대 초, 솔즈베리경은 영국 의회에서 "'법'의 일반적인 의미에서 보면 국제법은 존재하지 않는다. 교과서 편찬자들의 편견이 국제법을 좌우하며 국제법을 집행할 수 있는 재판소도 없다"라고 일갈했다.(10) 이로부터 100년 후, 국제법은 본격적으로 제도화되기 시작했다. 유엔 헌장이 제정되고 국제사법재판소가 설립됐다. 국제법을 전문으로

하는 수많은 법조인들이 생겨났으며 국제법을 가르치는 대학의 수도 계속 증가했다.

칼 슈미트는 1918년 이후 발전을 거듭해 지금도 계속 진화 중인 국제법의 특징으로 극도로 차별적인 성격을 꼽았다.(11) 지금껏 국제법은 체제를 주도하는 국가들이 벌인 전쟁은 국제법을 보존하기 위한 공정한 개입으로 인정했다. 반면 다른 국가들이 벌인 전쟁은 국제법을 위반한 범죄 행위로 간주했다. 이런 이중 잣대는 계속 강화됐다. 약소국에 국제법은 현실 세계에서 아무런 집행력이 없는 실체 없는 욕망, 즉 단순한 의견에 불과하다.

반면 강대국들은 점점 더 국제법을 내세워 또는 국제법을 무시하고 자의적으로 행동하고 있다. 다른 국가를 침공하는 것은 패권국만의 전유물이 아니다. 국제법의 원칙을 대놓고 우회하거나 무시한 일방적인 침략 전쟁들이 이를 증명한다. 영국과 프랑스는 이집트를, 중국은 베트남을, 러시아는 우크라이나를 침공했다. 패권국 반열에 들지 못한 튀르키예도 키프로스를, 이라크는 이란을, 이스라엘은 레바논을 침공했다.

국제법 위반하고도 책임지지 않는 미국

회원국의 주권과 영토 보존을 헌장에 명시한 유엔은 국제법의 궁극적인 현신이다. 그러나 유엔이 설립되던 순간에도 미국은 국제법을 위반했다. 유엔 창설 회의장에서 불과 몇 킬로미터 거리에 있는 옛 스페인 요새 내 군사기지에서, 미군 첩보팀은 각국 대표단이 본국과 주고받는 통신문을 감청했다. 해독된 통신문은 다음 날 에드워드 R. 스테티니어스 국무장관에게 보고됐고 그는 아침 식

(8) Thomas Hobbes, 『리바이어던』, 2부, chap. 17, 'Des causes, de la génération et de la définition de l'État 국가의 원인, 생성, 정의'.

(9) John Stuart Mill, 『La Ré-volution de 1848 et ses détracteurs 1848년 혁명과 혁명 비판론』, Librairie Germer Baillière, 1875.

(10) Lord Salisbury, 상원 연설, 1887년 7월 25일.

(11) Carl Schmitt, 『Die Wen-dung zum diskriminie-renden Kriegsbegriff』, Berlin, 1988. 이 저서의 프랑스어 번역본은 『Deux textes de Carl Schmitt. La question clé de la société des nations. Le passage au concept de guerre discriminatoire 카를 슈미트의 두 원고. 국제연맹의 핵심 과제. 차별적 전쟁 개념으로의 전환』(Pedone, Paris, 2009)에 삽입됐다.

탁에서 그 내용을 검토했다. 역사학자 스티븐 슐레진저는 "유엔은 애초부터 미 국무부가 구상하고, 두 명의 미 대통령이 직접 관여 및 주도하고 (…) 미국의 힘으로 추진한 미국의 계획"이라며 미국의 체계적인 첩보 작전에 찬사를 보냈다.(12)

수십 년이 지난 지금도 마찬가지다. 1946년 통과된 유엔의 특권 및 면책에 관한 협약은 유엔의 재산과 자산은 "소재지와 보유주체에 관계없이 수색, 징발, 몰수, 수용 및 기타 모든 형태의 집행적·행정적·사법적·입법적 강제 조치로부터 면제된다"라고 명시한다. 하지만 2010년, 당시 미 국무장관이었던 힐러리 클린턴은 이 규정을 위반했다. 클린턴 국무장관은 2009년 7월 중앙정보국(CIA), 연방수사국(FBI), 비밀정보기관들에 전문을 보내 유엔 사무총장과 안보리 4개 상임이사국 대사들의 비밀번호와 암호화키를 입수하고 유엔의 핵심 관료들과 평화유지 및 정치적 임무를 맡아 파견된 책임자들의 생체정보와 이메일 주소, 신용카드 번호 등의 개인정보를 수집하도록 지시했다.

클린턴 국무장관과 미국 정부는 '국제법의 성역' 유엔을 보호하기 위한 법을 파렴치하게 위반하고도, 전혀 책임을 지지 않았다. 미국의 그 어떤 정책 책임자도 과거 한국전쟁과 베트남 전쟁 당시 미국이 저지른 만행에 책임지지 않았던 것처럼 말이다. 1993년, 안보리 결의로 구유고슬라비아 국제형사재판소(ICTY)가 설립됐다. 이 재판소는 유고슬라비아 연방 해제 과정에서 벌어진 전쟁 범죄를 기소하는 임무를 맡았다. 캐나다 출신인 ICTY 검찰총장은 북대서양조약기구(NATO)와 긴밀히 협력해 미국과 유럽이 불편하게 여기던 세르비아인들에게 인종청소 혐의를 집중시켰다. 똑같이 대량학살을 자행

한 크로아티아인들은 기소를 피해갔다. 크로아티아에 무기를 지원하고 군대를 훈련시킨 것은 미국이었다.

'부자와 빈자에게는 다른 법이 적용된다'

ICTY 검찰 총장은 1999년 베오그라드 주재 중국 대사관 폭격 등 세르비아와의 전쟁 중에 나토가 벌인 행위 역시 조사대상에서 제외했다. 이는 너무나 논리적인 결과였다. 나토 공보관이 지적했듯이 "ICTY를 설립하고, 비호하고, 재정을 지원하는 것은 NATO 회원국"이기 때문이다.(13) 다시 한 번, 미국과 동맹국들은 ICTY를 통해 전쟁에서 패한 적국을 범죄 국가로 만들고 자신들은 법적 책임을 피해갔다.

미국의 촉구로 설립된 국제형사재판소(ICC)의 경우도 마찬가지다. 미국은 1998년 ICC 구상 단계부터 결정적인 역할을 했다. 그런데 ICC 정관 초안이 기소 범위를 비서명국 국민까지 확대하는 방향으로 수정되자 미국의 군인, 조종사, 고문관 및 여타 범죄자들이 기소될 처지에 놓였다. 이에 분노한 클린턴 행정부는 미군이 주둔했거나 주둔 중인 100여 개 국가와 급히 양자 협약을 체결해 미국 시민의 기소 가능성을 봉쇄했다. 클린턴 대통령은 대통령 임기 종료를 몇 시간 앞두고 ICC 설립 정관 서명을 의회에 지시했다. 하지만 그는 의회가 절대 ICC 가입을 비준하지 않을 것을 잘 알고 있었다. 2002년 공식 설립된 ICC는 타협적인 인사들로 채워졌다. 예상대로 ICC는 미국이나 유럽이 이라크와 아프가니스탄에서 벌인 작전에 대한 조사를 거부하고, 아프리카 국가에는 철퇴를 내렸다. '부자와 빈자에게는 각기 다른 법이

(12) Stephen Schlesinger, 『Act of Creation: The Founding of the United Nations』, Boulder, Westview, 2003.

(13) James Shea, 1999년 5월 17일.

적용된다'는 암묵적인 원칙을 잘 보여준 것이다.

'국제법의 수호자', 안보리도 마찬가지다. 1990년 이라크가 쿠웨이트를 침공하자 안보리는 이라크에 즉각적인 제재를 가하고 100만 명의 병사를 동원해 군사적 대응에 나섰다. 반면 이스라엘은 반세기 넘게 요르단 강 서안지구를 점령하고 있지만 안보리는 무대응으로 일관했다. 1998~1999년, 유고슬라비아 공습 승인 결의안 채택이 불발되자 미국과 동맹국은 나토를 동원했다. 이는 침략 전쟁을 금지하는 유엔 헌장을 노골적으로 위반한 행위였다.

미국이 임명한 유엔 사무총장 코피 아난은 나토의 공격은 합법적이지는 않지만 정당한 개입이었다고 변명했다. 이로부터 4년 후, 프랑스의 거부권 행사 위협에 가로막힌 미국과 영국은 안보리를 우회해 이라크를 침공을 강행했다. 이때에도 코피 아난 사무총장은 다시 한 번 침략 전쟁을 사후 승인했다. 유엔은 미국과 영국을 '점령국'으로 인정하고 유엔의 지지를 보장하는 결의안 1483호를 만장일치로 채택했다. 전쟁을 시작할 때는 무시되고, 전쟁이 끝난 후 전쟁을 정당화하기 위해 이용되는 것이 바로 국제법이다.

냉전 시절 수립된 세계 질서의 차별성이 가장 극명하게 드러나는 곳은 핵확산금지조약이다. 1968년 체결된 이 조약은 유엔 안보리 상임이사국에만 수소폭탄을 보유 및 배치할 수 있는 권리를 부여한다. 이스라엘이 이 조약을 무시하고 오래전부터 핵무기를 대량으로 보유하고 있는 것은 누구나 알고 있는 사실이다. 그런데 북한과 이란이 핵무기를 개발하면 강대국들은 제재를 가한다. 국제법의 역설을 여실히 보여주는 예다.

위선적인 법도 없는 것보다 낫다?

그렇다면 국제법은 보편적으로 적용되지 않는가? 적어도 한 분야에서는 보편적으로 적용된다. 모든 국가의 해외 주재원은 국제법에 의거해 외교적 면책권을 보장받는다. 이는 설사 주재국이 파견국에 전쟁을 선포하더라도 무조건적으로 존중되는 원칙이다. 그렇다 보니 모든 강대국 대사관은 물론 대부분의 약소국 대사관에도 불법 첩보 임무를 전담하는 요원들이 넘쳐난다. 이런 모순은 국제법의 권위 회복에 도움이 되지 않는다.

현실적인 시각에서 보면 국제법은 실제로 국제적이지 않으며 실질적인 법도 아니다. 그렇다고 국제법을 완전히 무시할 수는 없다. 패권국과 동맹국의 이익을 보호하는 이데올로기적인 힘을 갖고 있기 때문이다. 홉스는 이런 힘을 의견이라고 불렀으며 왕국의 정치적 안정을 보장하는 핵심 요소로 여겼다. "강자의 권력은 오직 민중의 의견과 믿음에서 비롯된다."(14) 아무리 비현실적이라도 국제법을 가볍게 여길 수는 없다.

이탈리아의 정치사상가 안토니오 그람시는 패권을 행사하기 위해서는 특정한 이해관계를 보편적인 가치로 포장할 수 있어야 한다고 설명했다. 오늘날 보편적으로 통용되는 '국제 사회'라는 표현이 대표적인 예다. 패권은 항상 강제와 동의를 동시에 수반한다. 국제무대에서 강제는 법의 구속을 받지 않는 경우가 대부분이다. 동의를 확보하는 것은 어려울 뿐만 아니라 강제보다 더 약하고 불안정할 수밖에 없다.

국제법은 국가의 행동에 편리한 구실이 되거나 현실과 단절된 채 도덕성으로 스스로를 미화하는 역할을 한다. 또한 '유토피아 혹은 변명(utopia or apology)'이 아니라 '변명

(14) Thomas Hobbes, 『Béhé-moth ou le Long Parle-ment 베헤모스, 또는 장기의 회』, 대화 I.

으로서의 유토피아(utopia as apology)', 즉 리비아 파괴에 대한 변명으로서의 보호책임, 이란의 숨통을 죄는 제재에 대한 변명으로서의 긴장완화 추구 등 상반된 두 입장을 융합할 수도 있다. 국제법 옹호자들은 "위선이란 악이 미덕에 바치는 경의"라는 라로슈푸코의 유명한 격언을 인용하며 법이 아예 존재하지 않는 상태보다는 남용되는 법이라도 존재하는 것이 더 낫다고 주장한다.

하지만 이 격언을 뒤집으면 위선이란 악의적인 의도를 감추기 위해 악이 꾸며낸 가짜 미덕이다. 약소국에 대한 강대국의 자의적인 권력 행사나 평화 유지 명목으로 벌어진 혹은 유발된 무자비한 전쟁이 이를 증명한다. **LD**

글·페리 앤더슨 Perry Anderson
1938년 영국 런던에서 태어나 중국, 미국, 아일랜드에서 소년 시절을 보냈으며 옥스퍼드 대학을 졸업했다. 1962년 이후 오랜 기간에 걸쳐 '뉴레프트리뷰'(New Left Review)의 편집을 맡은 바 있고, 지금도 이 잡지의 편집위원으로 있다. 현재 UCLA에서 역사학과 사회학을 가르치고 있다.
저서로 「A Zone of Engagement」(1992),『The Origins of Postmodernity』(1998), 『The New Old World』(2009) 등이 있으며, 국내에 번역된 책으로는 『고대에서 봉건제로의 이행』(창비, 1991), 『역사적 유물론의 궤적』(새길, 1994), 『절대주의 국가의 계보』(까치, 1997),『서구 마르크스주의읽기』(이매진, 2003) 등이 있다.

번역·김은희
번역위원

국제규범으로서의 ILO 위상 부활과 비폭력의 길

ILO, "만국의 노동자여, 파업권을 지켜라!"

프랑스는 파업권을 헌법적 원칙으로 간주한다. "파업권은 이를 규제하는 법률의 틀 안에서 행사될 수 있다." 하지만 올바른 파업권 행사는 노동조합, 더 나아가 때로는 사법관의 각별한 주의를 요구한다. 한편, 국제노동기구(ILO)는 한층 더 폭넓은 차원에서 파업권을 옹호한다. 비록 그로 인해 다양한 모순이 발생할지라도 말이다. 왜냐하면, 노동자 해방을 위해 필수불가결한 수단이 다름 아닌 이 파업권이기 때문이다.

알랭 쉬피오 ▮콜레주 드 프랑스 명예교수

1세기 넘게 인류는 주기적으로 각종 재앙을 통해 한 국가 안에서나 혹은 여러 국가 사이에 항구적인 평화를 보장할 수 있는 유일한 길이 바로 법의 지배뿐이라는 사실을 깨달았다. 1919년 세계대전은 산업화 시대에 고삐 풀린 폭력이 얼마나 끔찍한 참상을 불러올 수 있는지 사상 처음으로 입증했다. 참혹한 전쟁이 또 일어나는 것을 막기 위해, 베르사유 조약 협상국들은 국제 사법질서 구축을 시도했다. 그 중심에 두 개의 기구, 국제연맹(LN)과 국제노동기구(ILO)가 있었다.

그러나 미국이 베르사유 조약의 조인을 거부하는 바람에 결국 LN은 시작과 동시에 실패한 기구로 전락했다. 반면 미국의 가입에 탄력을 받은 ILO는 제2차 세계대전 이후 새로운 국제 사법질서를 확립하는 데 있어 선구자적인 역할을 하게 된다. 1944년 ILO가 채택한 '필라델피아 선언'은 훗날 경제적·사회적·문화적 권리가 인정될 수 있는 길을 활짝 열어놓았고, 이를 관할할 다양한 국제기구가 창설되는 계기도 마련했다. 대표적인 기구가 세계보건기구(WHO), 유엔교육과학문화기구(UNESCO), 유엔식량농업기구(FAO)였다.

사회권의 핵심, 결사의 자유

특히 사회권의 모태가 된 것은 결사의 자유였다. ILO 헌장 서문에 명시된 결사의 자유는 이 기구가 단순히 정부만이 아니라, 각 회원국의 사용자와 노동자도 함께 대변하는 특수한 형태의 기구가 되는 단초가 됐다. 어쨌든 관료적 성격을 배제한다는 전제 하에, 정치적, 사회적 차원에서 ILO가 갖는 이중의 대표성은 이 기구의 적법성을 확립하는 중요한 요인으로 작용했다. 특히 이런 면은 우리가 앞으로 전체적으로 국제 사법질서를 혁신하는 데 있어서 중요한 교훈으로 삼아야 할 사안이다.(1)

국가적 차원에서나 국제적 차원에서 모두, 법률의 가장 최우선적인 소명은 주먹보다는 말을 통해 분쟁을 해결하도록 강제함으로써 인간들 사이에 폭력을 예방하는 것이다. 법률이 이런 기능을 할 수 있으려면, 무엇

(1) Samantha Besson 외, 『Democratic Representation in and by International Organizations』, Oxford University Press, 2024년 출간 예정.

보다 분쟁 발생 시 도움을 청할 수 있는, 법률의 제정과 이행 권한을 지닌 제3의 공정한 주체가 필요하다. 결사의 자유도 이런 3자구도를 통해 확립된다. 하지만 각 단체가 경험한 불공정한 사법 질서의 구체적 사례를 경청해줄 창구를 찾아내 평화적으로 문제를 해결할 수 있도록 허용해 줄 때, 비로소 이런 3자의 관계는 한층 풍요롭고 공고한 관계로 발전할 수 있다.

그런데 결사의 자유란 비단 현행 법률의 이행을 위해 사법의 힘을 빌릴 수 있는 권리만을 뜻하지 않는다. 이 법률을 개선하기 위해 집단적으로 행동에 나설 수 있는 권리도 함께 포괄한다. 사법정의는 결코 신성불가침한 명제가 아닌 것이다. 그렇다고 사회계층이나 인종 간의 무자비한 경쟁 혹은 투쟁을 통해 확립되는 것도 아니

다. 사법정의는 법률에 의거해 집단적으로 반론을 제기할 수 있는 대상에 해당한다. 바로 그런 점에서, 결사의 자유는 각자의 이익을 대변 받을 수 있는 권리에 더해, 단체 행동과 교섭의 권리도 함께 포괄하는 것이다. 이런 권리들을 행사함으로써, 우리는 정의에 근접하기 위한 끝없는 노력을 통해 폭력을 해소하고, 힘의 관계를 법률의 관계로 전환할 수 있다.

결사의 자유는 파업, 집회, 시위, 보이콧, 사회적 기업 인증라벨 활용, 홍보 캠페인, 대중 경고 등 일정한 목록으로 일목요연하게 정리할 수 없을 정도로 그 형태가 다양하다. 이 모든 집단행동들은 과거 인도 해방을 위해 투쟁한 모한다스 카람찬드 간디가 '사티야그라하(Satyagraha, 산스크리트어로 '사티야(Satya)'는 진리,

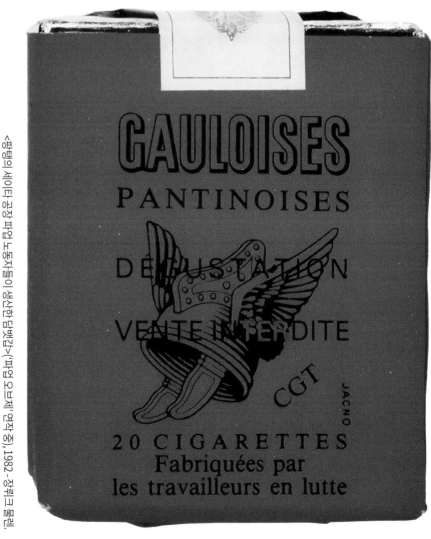

<생명의 셰이타 공장 파업 노동자들이 생산한 담뱃갑>(파엽 오브제' 연작 중), 1982 - 정부크믈렌.

(2) Mohandas Karamchand Gandhi, 『Hind Swaraj. L'é-mancipation à l'inidenne 힌두 스와라지. 인도식 해방』, Fayard, Paris, 2014년.

'아그라하(Agraha)'는 파악(추구). 즉 '진리의 파악(추구)'이라는 뜻-역주)'에 부여한, 정치적 의미에서의 비폭력 사상에 의거한다.(2) '수동적 저항'이라는 부당한 꼬리표가 붙기도 했지만, 실상 이런 행동은 글자 그대로 '진리 추구'를 의미한다. 즉 물리적 힘이 아니라, 순응을 거부하는 자의 정신적 힘을 통해 불의에 항거한다는 뜻이다.

법률에 이의를 제기할 권리는 결코 사법적 무질서를 초래하는 요인이 아니다. 오히려 다양한 변화에 직면한 사회에서 사법적 질서를 영속시키는 방법이다. 복지국가의 탄생은 정치적 대표성과 사회적(노사) 대표성의 결합을 통해, 독재정권에 맞선 민주주의 체제를 공고히 하는 계기가 됐다. 정치적 민주주의는 형식적으로 평등한 권리를 지닌 개인들이 투표한 다수표에 권력을 부여한다. 한편 사회적 민주주의는 다양한 계층의 현실 경험이 다채롭게 표현될 가능성을 제공한다. 그런 점에서 민주주의의 적용 범위를 확대한다. 노동자와 사용자의 이익은 물론, 독립노동자나 환경운동가들의 이익까지 적용하는 것이다.

이처럼 사회 민주주의는 기득권층에게 현실의 질서를 계속 환기함으로써, 그들이 일반인들의 문제와 '괴리'되지 않게끔 한다. ILO의 헌장에 담긴 중대 원칙인 결사의 자유는 187개 회원국에 의무화된 사항이다. 이에 따라, 1950년 이후 '결사의 자유 위원회'는 결사의 자유 이행 여부를 감독하는 일을 맡아오고 있다. 더욱이 결사의 자유는, 모든 국가가 비준을 요구받는, 국제노동법의 핵심에 해당하는 11개 기본협약 중 한 협약에도 명문화돼 있다. 그것이 바로 1948년 체결된 기본협약 제87호(결사의 자유 및 단결권 보호 협약-역주)다.

(3) Friedrich Hayek, 『L'Ordre politique d'un peuple libre 자유로운 민중의 정치질서』, Presses universitaires de France, Paris, 1983년.

(4) Dieter Grimm, 'Quand le juge dissout l'electeur(한국어판 제목: EU에 민주주의가 결핍된 이유)', <르몽드 디플로마티크> 프랑스어판·한국어판, 2017년 7월호.

파업도, 기업의 자유를 보호하는 선까지만?

다른 발효 중인 협약들과 마찬가지로 이 협약도 역시 여러 관록 있는 법률전문가와 독립 연구가들로 구성된 전문가위원회가 이행 여부를 감독하고 있다. 그런데 두 감독기관은 항상 결사의 자유에는 파업권이 포함된다고 간주해왔다. 이런 해석은 특히 제87호 협약 조문에 근거한다. 제87호 협약은 노동조합에 대해서는 "관리 및 활동을 조직하고, 계획을 수립"할 수 있는 권리를 부여하는 한편, 공공기관에 대해서는 "이런 권리를 제한하거나 이 권리의 합법적 행사를 방해하는 모든 개입을 삼가할" 의무를 부과하고 있다.

1980년대까지만 해도 이런 해석에는 모두가 동의했다. 하지만 이후 공산주의와 자본주의의 혼합이 가속화되면서, 민주주의 체제에서 경제정책에 대한 선택권이 제한되기 시작했고, 기득권층은 현실공산주의 체제나 복지국가가 결합된 완화된 자본주의 체제 하에서는 결코 허용되지 않았을 막대한 부를 누릴 수 있게 됐다. 시장경제로 전환한 공산주의 중국은 1982년 새로운 헌법을 채택했다. 개정 헌법은 파업권에 대한 언급을 삭제하는 한편, "모든 기구와 개인에 대해 사회의 경제 질서를 뒤흔들지 못하게"(제15조) 금지했다.

서구 국가들도 '정치의 자리를 빼앗고', 정치적이고 사회적인 차원에서 모두 '민주주의를 제한'하는 각종 신자유주의 프로그램을 실시했다.(3) 마스트리히트 조약(1992년)과 리스본 조약(2007년)은 유권자의 손길이 닿을 수 없는, 헌법적 가치를 부여받은, 유럽의 경제질서를 확립했다.(4) 2007년 같은 해, 유럽공동체사법재판소(CJEC)(2009년 유럽연합사법재판소(CJEU)의 전신)는 바이킹 판결(기업이 인건비가 싼 국가로 이전하는 것을 막은 파업이 기업의 자유를 침해했다고 봄-역주)과 라발 판결(외국에서 파견 온 노동자에게 국내 단체협약을 적용하기 위한 쟁의행위를 제한-역주)을 통해, 노동자의 파업권보다 기업의 자유가 더 중요하다는 논리를 폈다.

2010년 ILO의 전문가위원회는 "유럽사법재판소의 이런 판결논리가 제87호 협약에 위배되게, 실질적인 파업권 행사를 제한하는 효과를 낳을 수 있다"고 평가했다. 그리고 이런 제약이 국제적 차원의 집단분쟁에만 국한될 뿐이라는 논리를 펴는 영국 정부에 대해서도, "지금과 같은 세계화 시대에, 이런 사건들이 일반화될 우려가 있고, (...) 해당 분야의 노동자들이 고용조건에 타격을 줄 수 있는 사안들에 대해, 사용자와 협상할 권리를 침해한다면, 파국적인 결과가 초래될 것"이라고 응수했다. 이런 신랄한 비판은 유럽의 지도자들이 비로소 ILO가 단순히 스위스 레만호 수변에 잠들어 있는 관료주의 국제기구가 아니라, 강제적 법률의 원천이 될 수 있음을 깨닫는 계기로 작용했다. 비록 '이빨'은 없어도 여전히 ILO는 신자유주의 경제 질서를 뒤흔들 '목소리'를 지닌 기구인 것이다.

국제사용자기구(IOE)는 이런 불협화음에 대해 일절 침묵을 고수하는 쪽을 택했다. 2012년 국제사용자기구는 전문가위원회의 모든 조약 해석 권한을 거부하고, 사실상 파업권이 제87호 협약에 명시적으로 규정된 권리가 아니라는 점에서, ILO가 주장하는 회원국의 파업권 침해 사례를 인정할 수 없다고 밝혔다. 이런 식으로 이들은 10년도 넘게 ILO 감독 체계의 적법성을 무시하거나 반박해오고 있다. 이처럼 전문가위원회는 우수성을 갖춘 탁월한 기구임에도 불구하고, 어엿한 사법기구가 아닌 한낱 행정기구에 불과했다. ILO 헌장(제37조)은 고유한 사법기구를 갖추지 못한 경우, "모든 협약 해석의 어려움을 국제사법재판소에 맡길 것"을 명시하고 있다.

"평화를 원한다면, 정의의 씨앗을 뿌려라"

하지만 사용자 대표들은 권위주의 정부의 대표들과 마찬가지로 이 조항을 적용하는 데 열렬히 반대하며, 국제규범으로서의 ILO의 신뢰도를 무너뜨리며 무한정 위기를 지속하고 있다. 이에 ILO 이사회는 2023년 11월 11일 마침내 이 문제를 해결하기 위해 국제사법재판소에 사건을 회부하기로 결정했다. 1934년 이후 사상 첫 제소가 어떤 결말로 이어질지는 아직 알 수 없다. 하지만 이는 국제규범으로서 ILO의 위상을 되살리는 신호탄이다.

사실상 ILO의 최우선 과제는 사법적 안정성을 담보할 수 있을 만큼 충분히 명쾌하고, 각국의 이행 환경을 모두 아우를 수 있을 만큼 충분히 총체적인 방향에서, 국제노동법 규범을 확립하는 데 있다. 그런 의미에서, 조약 해석을 국제사법재판소의 판단에 맡기는 것은 ILO가 허울뿐인 기관으로, 국제노동법이 '허울뿐인 법'으로 변질되는 것을 막을 수 있다. 가령 법률의 의미와 효력 범위가 내부의 역학관계나 혹은 여러 무역협정에 따라 설치된 중재기구의 판단에 의해 힘없이 좌지우지되는 것을 막을 수 있을 것이다.

법치의 길로 가는 첫 걸음 뒤에는 두 번째 걸음이 뒤따라야 한다. 다시 말해, 파업권 금지를 제87호 협약에 규정된 결사의 자유와 양립 불가능하다고 판단하는 전문가위원회의 해석을 국제사법재판소도 수용해야 한다. 일단 제87호 협약은 조약법에 관한 비엔나 협약의 조문에 의거해 해석돼야 한다. 특히 '조약의 대상과 목적에 비추어서'(제31조 1항) 해석되는 한편, 그 조약 적용에 있어 추후의 관행(제31조 3항)을 고려해야 한다. 제87호 협약은 노동조합이 자유롭게 행사할 수 있는 행위를 목록화한 적이 없다. 그런 점에서 협약이 겨냥하지도 않은 행동 방식을 금지한다는 것은, 결사의 자유가 지닌 모든 의미를 무색하게 만든다.

사실 파업권을 국제적으로 인정해준다고 해서 그것이 무제한적인 권리라는 의미는 아니다. 게다가 그 권리를 규제하는 것은 ILO 감독기구들의 통제 하에 회원국이 책임져야 할 소관에 속한다. 한편 파업권을 국제관습법에 속하는 권리로 인정해야 할 타당한 이유는 또 있다. 그것은 바로 수많은 지역 및 국제기구들이 파업권을 인정하고 있다는 사실이다. 파업은 국가와 분야를 막론하고 여전히 노동조합 행위의 중요한 형태 중 하나에 해당한다. 가령 미국의 영화산업과 자동차산업에서부터 유럽의 (우버식)플랫폼 노동, 방글라데시의 섬유산업에서 남아프리카의 운송산업까지 모두 해당된다. 파업은 『로마법대전』이 이미 6세기 규정한 사법의 정의처럼, "각자에게 그들이 응당 누려야 할 것을 부여하려는 꾸준하고 지속적인 의지"에 해당한다.

이처럼 국가 안에서나, 혹은 여러 국가 사이에, 폭력이 점차 점증하는 시대에, 우리는 무엇보다도 사회적 반발이 최대한 평화적 형태로 구현될 가능성을 활짝 열어놓아야 한다. 그리고, ILO의 신조를 잊지 말아야 한다.

"평화를 원한다면 정의의 씨앗을 뿌려라." ⓛⓓ

글·알랭 쉬피오 Alain Supiot
콜레주 드 프랑스 명예교수

번역·허보미
번역위원

<헤게모니(미확인비행물체들)>, 2018 - 에마뉘엘 라플람

UFO의 실체, 드디어 밝혀지나?

도미니크 팽솔 ▌역사학자

프랑스는 오래전부터 UFO(Unidentified Flying Object, 미확인비행물체)의 존재를 프랑스 국립우주연구센터(CNES) 산하 미확인공중현상연구소(GEIPAN)를 통해 인정했다. 1970년부터 약 3,000건이 기록됐는데, 이중 약 3%는 여전히 설명이 불가하다.(1) 2023년 5월 31일, 미국항공우주국(NASA)도 비슷한 주제로 첫 공개회의를 열었는데, 이와 비슷한 수치를 내놓았다. 수백 건의 신고가 접수됐는데, 이중 2~5%가 설명할 수 없는 현상에 속했다(2023년 5월 31일, 〈AFP〉).

이 수수께끼를 두고 프랑스 정치계는 냉담한 반응을 보인 반면, 미국은 러시아나 중국이 개발한 첩보용 드론이 아니냐는 의심을 제기했다. 이에 2022년 7월 미 국방부는 '미확인 공중현상(Unidentified Aerial Phenomenon · UAP)'을 연구하기 위한 '모든 영역의 이상 현상 조사국(All-domain Anomaly Resolution Office · AARO)'를 만들었다.(2)

이 새로운 전략적 관심은 미국 UFO계의 음모론에 다시 불을 지폈다. 1970년대 말,

(1) www.cnes-geipan.fr/fr/stats

(2) 'DoD announces the establishment of the all-domain anomaly resolution office', 2022년 7월 22일, www.defense.gov

냉전시대의 비밀들은 미 정부가 1947년 뉴멕시코에 추락한 UFO를 비밀리에 수거했다는 음모론을 키웠다. 이 로스웰사건은 드라마 〈엑스파일〉 시리즈를 통해 대중에게 퍼졌고, '진실은 다른 곳에 있다'라고 믿는 신봉자들에게 확신을 심어주는 단초가 됐다.

2000~2010년, UFO에 대한 관심은 살짝 수그러들었다. 그러다가 2016년, 민주당 대선후보였던 힐러리 클린턴이 표심을 얻기 위해 자신이 당선되면 UFO에 대한 비밀을 밝히겠다고 공약했다. 그리고 2017년 12월 16일, 〈뉴욕타임스〉의 폭로로 인해 UFO에 대한 관심이 다시금 폭발했다. UFO 마니아인 레슬리 킨을 비롯한 기자 3명이 미 정부가 2007~2012년에 2,200만 달러를 투자한 비밀 프로젝트, '첨단 항공우주 위협 식별 프로그램(Advanced Aerospace Threat Identification Program · AATIP)'의 존재를 폭로한 것이다.(3) 투자 규모는 미미했지만 케케묵은 주제를 다시 수면 위로 끌어올리고, 이를 신박하게 활용해 새로운 미디어 및 비즈니스 기회를 창출하기에는 충분했다.

특히 미국의 UFO 산업은 경제적 잠재력이 엄청나다. 2021년 설문조사에 따르면, 성인 1만 명 중 절반 이상이 UFO의 존재를 믿는다고 답했다.(4) 디즈니, 워너브라더스, 디스커버리 등 대기업들은 환상적인 픽션으로 스크린을 공략했다. 가수이자 록그룹 Blink-182(1990~2000년대 세계적으로 유명했음)의 기타리스트였던 톰 드롱지는 UFO 광신도로서 대중의 관심을 끌 기발한 방법을 개발했다.

2017년, 그는 짐 세미밴 전 CIA 요원과 합심해서 TTS(To the stars academy of arts and sciences)라는 회사를 차렸다. 이는 UFO 사건에 대한 폭로와 흥미를 동시에 추구하는 혼합형 회사다. TTS는 당장 수익을 내는 콘텐츠를 제공하는 게 아니라, 먼저 대중이 '외계생명체의 존재를 감추려는 정부에게 진실과 투명성을 요구해야 한다'라는 생각을 심어줬다. 리얼리티 방송이 각본에 현실성을 부여했다면, TTS는 반대로 추측을 바탕으로 미디어 뉴스를 생산했다. TTS는 이를 위해 2017년에 루이스 엘리존도 AATIP 전 책임자와 크리스토퍼 멜론 전 국방부 부차관(클린턴과 부시 정권)을 채용했다. 두 인물의 이력 덕분에 TTS는 미군으로부터 입수한 UFO 기밀 영상을 사심 없이 폭로했다는 이미지를 갖게 됐으며, 〈뉴욕타임스〉도 해당 영상 중 일부를 보도했다(2017년 12월 16일).

설명할 수 없는 143건의 관측

우연의 일치일까? 2020년, 미 국방부는 이 문서들이 사실임을 인정했다. 그리고 새로운 법적 책무에 따라 UFO 자료들을 공개했다. 미 국방부의 2021년 6월 보고서에 따르면, 2004년부터 143건의 설명할 수 없는 사건이 관측됐다.(5) TTS의 명성이 높아질 무렵, UAP(미확인 공중현상)에 대한 투명성을 제고해야 한다는 초당적 협의가 불거졌다. 존 포데스타(오바마 미 대통령의 고문이자 클린턴 정권의 백악관 비서실장), 마코 루비오(공화당 상원의원), 해리 리드(민주당 상원의원, AATIP 발족)(6)도 여기에 동참했다. 물론 이 시기에 트럼프 지지층을 계속해서 흔들어대던 망상적 주장들은 여전히 존재했으며, 특히 〈폭스〉 뉴스의 간판 앵커인 터커 카슨을 통해 2023년 봄까지 이어졌다. 그러나 미국 정부가 UFO 정보를 숨기고 있다는 의견에 점점 힘이 실렸다. 결국 2023년 7월 중순, 상원은 미 국방부에 UAP 관련 투

(3) 'Glowing Auras and 'Black Money': The Pentagon's Mysterious U.F.O. Program', <New York Times>, 2017년 12월 16일.

(4) Renan Larue, Estiva Reus, 'Les extraterrestres 외계인들', <Presses universitaires de France>, Paris, 2022년.

(5) Office of the Director of National Intelligence, 'Preliminary assessment : Unidentified aerial phenomena', 2021년 6월 25일.

(6) Keith Kloor, 'How wealthy UFO fans helped fuel fringe beliefs', <Scientific American>, New York, 2023년 8월 25일.

(7) 'Schumer, Rounds introduce new legislation to declassify government records related to unidentified anomalous phenomena and UFOs', 2023년 7월 14일.

명성 조항을 도입한다는 초당적 발의를 제안했다.(7)

그런데 정보부 간부이자 장교였던 데이비드 그러쉬의 폭로로 완전히 새로운 국면이 펼쳐졌다. 미 정부가 수십 년 전부터 외계생명체의 우주선을 회수해서 불법 연구를 자행했다고 폭로한 것이다. 2023년 7월 26일, 데이비드 그러쉬는 하원 소위원회 공청회에서 선서 하에 증언했다. 전투 조종사였던 MM. 라이언 그레이브스와 데이비드 프레이버도 충격적인 목격 장면을 증언하기 위해 함께 출석했다. 이 둘은 2019~2020년에 히스토리 채널에서 방영된 다큐멘터리 시리즈(TTS 제작)의 주역이었다. 그러쉬의 증언은 상당히 모호하고 증거도 없었지만, 이 뉴스는 전 세계로 퍼졌다. 드디어 대대적인 폭로가 시작된 것일까? 당시 공청회에 참석했던 알렉산드리아 오카시오코르테스 민주당 대표는 당혹감을 감추지 못했다. 그리고 "우리는 모든 분야에서 진실을 추구할 책임이 있다"라며 외계인에 대한 추측을 피했다.(8)

(8) Adam Gabbatt, 'UFOs back in spotlight as "surreal" Washington hearing buoys believers', <The Guardian>, London, 2023년 7월 29일.

이후 폭로전이 드라마처럼 이어졌지만, 이렇다 할 성과는 없었다. 매번 결정적인 단계에서 진상이 밝혀지지 않은 채 끝났다. 그러던 지난해 9월, UFO 커뮤니티가 애타게 기다리던 NASA 보고서가 발표됐고, NASA는 현재로선 UAP에 대한 증거가 부족하다는 결론을 내렸다.(9) 같은 시기, 멕시코 의회 청문회에서는 가짜 미라를 외계인의 시신이라고 주장하고 비웃음을 샀다.

(9) 'La NASA rejoint la quête pour comprendre les ovnis NASA, UFO에 대한 연구 동참', www.france24.com, 2023년 9월 14일.

TTS를 비롯한 외계인 전문가들은 명백한 증거가 없는 상태에서 대중에게 끊임없이 긴장감을 심어줘야 했다. 그래서 UFO에 대한 증언을 미디어에 자주 노출시키고, 넷플릭스의 〈인카운터: UFO와의 조우〉처럼 완성도 높은 영상을 제작하고, 히스토리 채널의 〈스킨워커 랜치의 비밀〉처럼 리얼리티 방송을 활용했다. 그리고 소문을 근거로 기사를 내고, 자잘한 UFO 정보를 다루는 팟캐스트를 쏟아냈으며, UFO와 초자연현상이 서로 연관이 있다며 떠들어댔다.

미확인 현상에 대한 상상에는 어떤 제약도 없다. 그러나 어떤 가설이든, 그 타당성을 평가하는 과학적 방법론은 단기수익을 추구하는 논리와는 맞지 않는다. 이론의 위력은 그 이론을 확증하는 사실이 많을 때보다, 그것을 부정하는 사례가 적을 때 더 강해지기 때문이다. 그러나 외계문명과의 접촉 가능성에 관해서는, 미디어에 등장하는 소수의 미스터리 때문에 밝혀진 현상의 95~98%가 묻혀버렸다. 일례로 아비 로브 하버드대 천문학과 교수는 지구와 우주에 존재할지 모르는 외계생명체의 기술을 추적하면서 '과학 쇼'를 벌인다는 비난을 받았다.

반면, 이 분양의 선구자이자 본보기인 GEIPAN과 NASA는 선정주의와 거리가 먼, 진지한 연구를 지속하고 있다. UFO든 다른 과학적 주제든, 공공자금은 '꿈 판매상'의 엉뚱한 생각보다 더 유용한 곳에 쓰여야 하지 않을까? **ld**

글·도미니크 팽솔 Dominique Pinsolle
역사학자, 『À bas la presse bourgeoise ! Deux siècles de critique anticapitaliste des médias. De 1836 à nos jours 부르주아 언론 타도! 1836년부터 현재까지 2세기에 걸친 반자본주의 언론 비판』(2022년)의 저자

번역·이보미
번역위원

환경 파괴하는 '골드러시' 물결, 심해 지정학

이제 광산업은 심해저까지 손길을 뻗칠 것일까? 하지만 심해저에 묻힌 광물과 희토류를 채굴하는 데는 고도의 기술이 필요하다. 게다가 국제법도 심해 채굴을 규제하는 방향으로 움직이고 있다. 향후 심해 개발이 불가피해 보임에도 말이다. 유럽국가들의 반대 속에서도, 중국과 개발도상국들은 미래 심해 채굴을 향한 열망을 드러내고 있다.

디디에 오르톨랑 ▌전직 외교관

2021년 6월 말, 자메이카 킹스턴에 소재한 국제해저기구(ISA)는 오세아니아의 소국, 나우루의 대통령이 보낸 한 협박성 서한을 받고 큰 혼돈에 휩싸였다. 1994년 유엔해양법협약(UNCLOS)을 근거로 설립된 ISA는 (당시까지만 해도 비교적 무관심한 분위기 속에서) 그동안 심해저(the Area) 관리를 주관해왔다. 여기서 심해저란 배타적경제수역(EEZ)과 연안국 대륙붕 외곽에 자리한 공해의 해저를 지칭하는 말로, 전체 해저의 56%를 차지한다.

ISA는 심해저 관리를 위해 방대한 규범 마련에 주력하며, 각종 연구기관과 기업을 상대로 향후 개발계약으로 전환 가능한 31건의 탐사계약을 승인했다. 망간, 니켈, 구리, 코발트 등이 가득 묻혀 있는 심해저는 전 세계가 눈독을 들이는 꿈의 시장이다. 하지만 기술적, 사법적, 재정적 걸림돌이 존재하는 탓에 심해 채굴은 해저 괴물을 상대하는 것만큼 어렵다. 망간단괴는 해저 4~6km에 묻혀 있기 때문이다.

이런 온갖 암초 속에서도, 일부 탐사계약자들은 가능한 조속히 심해 채굴을 본격화하려는 굳은 의지를 표명하고 있다. 이에 ISA 이사회(36개 이사국으로 구성된 ISA의 행정기구)는 심해 채굴과 관련한 가이드라인을 마련하기 위한 논의에 착수했다. 하지만 본래 2022년으로 예정됐던 가이드라인 제정은 각종 기술적 문제와 코로나 팬데믹 사태로 인해 연기된 상태다. 캐나다 기업 '더 메탈스 컴퍼니'(TMC)는 지지부진한 규정 마련에 불편

한 심기를 감추지 않았다. TMC는 태평양의 세 소국(나우루, 통가, 키리바시)에 설립된 현지 법인을 매개로, 현재 총 3개의 심해 탐사권을 보유하고 있다. 유엔해양법협약(UNCLOS)에 따르면, 모든 탐사계약은 해당 지대를 실질적으로 관리하는 국가들의 후원을 받는다. 하지만 행정 수준이 열악하고, 자본 투명성도 결여된 나라들이 감당하기에는 여러모로 어려운 형편이다.

나우루의 이례적 행보

2021년 6월 나우루 대통령이 ISA에 보낸 서한은 법적 공백을 악용해, 관련 규제 마련을 조속히 이행하도록 ISA를 위협했다. 1994년 심해저 관련 이행 협정에 따르면, 심해 개발 규정이 마련되지 않은 경우 이사회는 탐사계약을 후원 중인 나라가 제출한 상업 채굴 허가 신청서를 무조건 2년 안에 "검토하고, 잠정 승인"해야 한다. 나우루 대통령의 서한은 2023년 6월 30일까지 ISA가 관련 규정을 속히 채택하도록 촉구하며, 해당 시한 이후로는 무조건 심해 개발 허가 신청서를 제출하고, 사상 최초로 대규모 심해 채굴을 본격화하겠다고 으름장을 놨다.

나우루의 주장은 TMC와 벨기에 기업 '글로벌 시 미네랄 리소스'(GSR, DEME의 자회사)가 이미 해저 5,000m 지점에 심해 채굴 기구를 투입해, 해상의 선박과 연결된 파이프로 망간단괴를 흡입, 채굴하는 실험에 성공한 만큼, 더욱 신빙성이 높아 보였다. 나우루의 이례

적인 행보는 조만간 무분별한 심해 채굴이 초래할 예기치 못한 환경 피해에 대해 국제사회가 경각심을 갖는 계기가 됐다. '세계자원연구소', '그린피스'를 비롯한 많은 환경단체들은 심해 채굴이 생태계에 미칠 미지의 환경 피해에 대해 경고했다.(1)

한편 나우루의 행보는 ISA 이사회의 심기도 불편하게 했다. 2023년 7월 회의에서 이사회는 관련 규정이 미비한 상황에서 모든 상업 채굴 신청을 거부하기로 하고, 12개월 안에 가이드라인 제정을 마무리 짓기로 결정했다. 한편 지난해 7월 열린 ISA 총회에서 나우루 대통령은 규정 마련이 지체되는 것에 대해 불만을 표시하면서도, 일단 채굴 허가 신청서는 제출하지 않았다.

나우루 대통령의 서한을 둘러싼 해프닝은 이로써 일단락됐지만, 여전히 심해 채굴의 시대가 본격화될 가능성은 열려 있다. 2024년 관련 규정·규범·지침이 채택되더라도, 곧바로 채굴 허가가 떨어지기는 힘들 것이기 때문이다. 이사회가 채굴 신청서의 승인 여부를 검토하는 데도 시간이 걸리며, 본격적인 채굴을 위한 준비 기간이 몇 년 소요될 수 있다는 점을 고려하면, 2030년 전에 심해 채굴을 본격화하기는 힘들 것으로 예상된다.

한편 나우루가 탐사권을 보유한 TMC의 훈수를 받고 ISA 압박에 나섰던 사건은 그나마 불안정하던 ISA 내부(ISA의 이사회도, 유엔해양법협약(UNCLOS)을 비준한 168개국으로 구성된 ISA의 총회도 모두 마찬가지다)의 균형을 완전히 뒤흔들어 놓았다. 지금까지 회원국들은 해양 환경에 피해가 없다는 전제 하에서만 개발을 허가할 수 있다는 입장을 고수해왔다.

해양 환경 vs. 친환경 에너지

하지만, 일각에서는 환경 영향의 경중을 따져 평가하자는 목소리가 나오고 있다. 물론 대부분의 대표단은 여전히 이사회의 표결이야말로 심해저를 관리하는 최선의 방식이라고 생각한다. 심해 채굴을 승인하려면, 이사회의 2/3 이상이 동의해야 한다. 또한 각국의 상황에 따라 소속된 총 5개 이사회 그룹(심해저 주요 투자국(프랑

스도 여기에 속한다), 심해저 광물과 같은 종류의 광물을 가장 많이 수입하는 국가, 심해저 광물과 같은 종류의 광물을 육상에서 가장 많이 생산하는 주요 수출국 등)별로도 과반수의 찬성이 필요하다.

일부 서구 환경단체가 주장하는 채굴 유예안은 끝내 대표단을 설득하지 못했다. 채굴 유예 주장은 매우 중요한 사안을 간과하고 있기 때문이다. 그것은 개발도상국의 권리다. 심해저와 그 자원은 인류 공동의 유산으로 개발도상국에 그 상징적인 의미가 깊다. 유엔해양법협약(UNCLOS)에 따르면, 모든 심해 개발에 따른 이익은 개발도상국에 우선적으로 배분돼야 한다고 명시돼 있기 때문이다. 그런 의미에서 심해 채굴을 중단하자는 제안은 제3세계 국가들의 도전에 걸림돌이 될 수 있다. 심해 채굴을 중단하라는 말은, 개발도상국의 권리를 빼앗겠다는 말과 다를 바가 없기 때문이다.

프랑스는 심해 채굴 전쟁에서 선봉에 위치해 있다. 2022년 11월 샤름엘셰이크에서 열린 제27차 유엔기후변화협약 당사국 총회에 참석한 에마뉘엘 마크롱 프랑스 대통령은 회담장 밖에서 유엔해양법협약(UNCLOS), 다시 말해 국제법에 반해 심해 채굴을 금지해야 한다고 주장했다. 현재 주로 유럽국이 주축이 된 20여 개 국가가 예방적 중단을 지지하고 있다.

하지만 이 국가들 중 아프리카나 아시아 국가는 없다. 라틴 아메리카 국가도, 환경 보호를 외교정책의 중추로 삼는 코스타리카와 심해 채굴이 자국 구리 수출에 미칠 여파를 우려하는 칠레, 단 두 나라뿐이다. 물론 팔라우 공화국과 바누아투도 채굴 유예를 위해 싸우고 있다. 한 마디로, 거의 모든 개발도상국이 개발 유예안에 반기를 들고 심해 채굴을 지지하고 있는 셈이다.

선진국의 상황도 비슷하다. 특히 심해 탐사계약을 후원 중인 국가들이 대표적이다. 본래 선진국은 전략적 자율성을 확보하기 위해 자국이 직접 심해 광물 자원에 대한 접근권을 누리기를 희망했다. 이들에게는 지정학적 위험과 가격 변동성 해소가 중요한 사안으로 간주됐다. 육상의 경우, 심해저 광물과 동일한 종류의 광물 채굴이 지리적으로 한 곳에 집중돼 있기 때문이다. 가령 콩고민

주공화국(RDC)은 전 세계 코발트 생산의 70%를 장악하고 있다.(2) 그런가 하면 칠레와 페루는 구리 생산을, 인도네시아와 필리핀은 니켈 생산을 독점하고 있다.

수십 년 전부터 친환경 에너지 전환에 필수적인 이들 핵심 광물들은 '희소자원'에서 '중대광물'로 지위가 바뀌었다.(3) 전기 배터리 생산(니켈, 코발트)과 전력망 확대(구리)로 인해 이들 광물의 수요가 폭증했기 때문이다. 국제에너지기구(IEA)는 2040년까지 이들 광물에 대한 수요가 두 배, 혹은 심지어 네 배까지도 상승할 수 있다고 내다보고 있다. 물론 이론적으로는 지금까지 발견된 육상 광맥만으로도 모든 수요를 충당하기에 충분할 수 있다. 하지만 IEA는 언제든 수급망에 차질이 빚어질 위험성을 배제하지 않는다.(4) 그런 의미에서 심해 광물 채굴은 일부 국가들에는 전략적으로 중요도가 높은 문제인 것이다.

역사의 아이러니

특히 글로벌 광물 처리 플랫폼으로 널리 활약 중인 세계 최대 원자재 수입국인 중국의 경우가 대표적이다. 중국은 어느새 바다를 향해 눈을 돌리는 등, 중장기적인 차원에서 수급망을 다각화하는 데 전력투구하고 있다. 가령 망간단괴 관련 계약 3건을 포함해, 모두 5건의 계약을 '후원'하고 있다. 중국의 지도자는 채굴 유예나 예방적 중단을 호소하는 목소리에 눈썹 하나 까딱하지 않고, 오히려 상대의 국제법 위반을 문제 삼

해저 개발

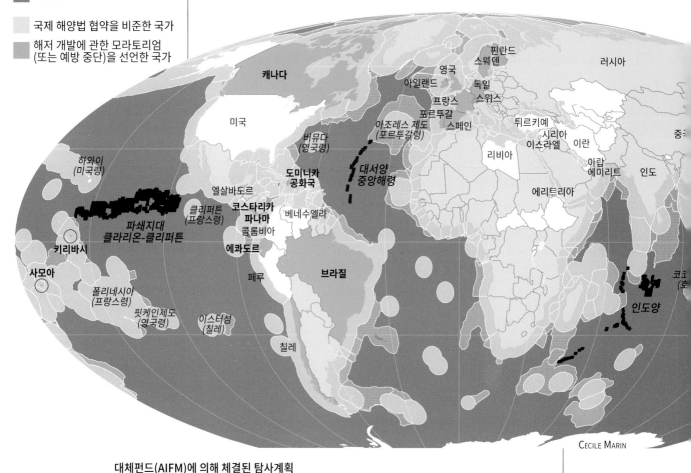

배타경제수역 (ZEE)

대륙붕 확장 요청
- 승인
- 대기중
- 국제 수역

국제 해양법 협약을 비준한 국가

해저 개발에 관한 모라토리엄 (또는 예방 중단)을 선언한 국가

캐나다 / 미국 / 하와이(미국령) / 키리바시 / 사모아 / 폴리네시아(프랑스령) / 핏케인제도(영국령) / 파쇄지대 클라리온-클리퍼튼 / 클리퍼튼(프랑스령) / 엘살바도르 / 이스터섬(칠레) / 페루 / 칠레 / 도미니카 공화국 / 코스타리카 / 파나마 / 콜롬비아 / 에콰도르 / 베네수엘라 / 브라질 / 버뮤다(영국령) / 대서양 중앙해령 / 아조레스 제도(포르투갈령) / 아일랜드 / 영국 / 프랑스 / 포르투갈 / 스페인 / 핀란드 / 스웨덴 / 독일 / 스위스 / 러시아 / 튀르키예 / 시리아 / 이스라엘 / 이란 / 리비아 / 아랍 에미리트 / 에리트리아 / 인도 / 인도양 / 코(호)

CÉCILE MARIN

대체펀드(AIFM)에 의해 체결된 탐사계획
- 고분자 결절
- 코발트가 풍부한 페로망간
- 고분자 황화물

출처 : UN해양법협약(UNCLOS), 국제해저당국

는다. 한편 인도나 일본, 한국 등도 친환경 에너지 전환을 위해 심해저 광물에 많은 기대를 걸고 있다.

미국은 특수한 예에 해당한다. 유엔해양법협약(UNCLOS)을 비준하지 않은 미국은 회원국 자격이 없는 국제해저기구(ISA)에 탐사계약을 요청할 수 없다. 하지만 UNCLOS의 규정이 어느새 관습법으로 통용되고 있는 상황에서 미국도 아마 섣불리 '무단으로' 심해 채굴에 나서지는 않을 것이다. 게다가 미 정부는 중국이 남중국해에서 벌이는 활동과 관련해서도 기꺼이 법의 수호자 역할을 자처하고 있으니 말이다.(5)

그럼에도 미국은 심해저 광물에 접근할 수 있는 또 다른 카드를 보유하고 있다. 지난해 3월까지 영국은 영국해저자원(UKSR)이 보유한 탐사계약을 후원했는데, 이 회사는 미 군수업체 '록히드 마틴'의 영국 자회사였다. 이후 이 기업은 노르웨이의 '로크 마린 미네랄'에 매각됐다. 사실상 현재 자국 대륙붕에 다량의 광물(주로 황화물) 자원을 보유하고 있는 노르웨이는 앞으로 석유 산업의 바톤을 이어받을 새로운 채굴 산업을 발전시키려는 야심찬 꿈에 부풀어 있다.

미 정부는 여전히 나우루가 후원하는 TMC에 기대를 걸어볼 수 있다. TMC의 대표가 미국에 협력을 제안했기 때문이다.(6) 사실상 망간단괴 채굴을 본격화하기 위해서는 모두 세 가지 부문을 장악하고 있어야 한다. 그것이 바로 광물 채굴 기술, 광물 처리 선박, 그리고 제철소다. 지금까지 TMC는 제철소 부지 선정에 대해 말을 아껴왔다. TMC가 개발하려는 망간단괴는 하와이와 멕시코 사이에 위치한 수백 m^2 규모의 클라리온 클리퍼톤 단열대에 자리하고 있다. 그런데 일부 자잘한 군도들을 제외하면, 이 단열대에서 가장 가까운 연안국은 미국이다. 한 상원의원이 보낸 서한에 대해, 에너지부 책임자는 에너지 전환에 중요한 핵심 광물의 안정적인 수급을 위해 심해저 자원을 포함해 모든 가능성을 검토하겠다고 답변했다.(7)

현재 심해 채굴의 최대 쟁점은 법률 준수다. 유엔해양법협약(UNCLOS)은 심해저 개발을 허용하고 있으며, 특히 ISA가 징수하는 세금을 비롯해, 심해저 개발로 발생한 이익을 개발도상국에 우선적으로 분배하라고 명시하고 있다. 여러 정황을 고려하면, 설령 심해 채굴 허가가 유예되더라도, 중국은 어떻게든 모든 다자간 감독 체계에서 이탈해 심해 채굴을 본격화할 것이 확실시된다. 또한 중국은 '77그룹'(개발도상국 연합체)의 지지를 등에 업고, 심해 개발 유예와 예방적 중단을 주장하는 국가들을 오히려 국제법을 위배한다는 논리로 비난하려 할 것이다.

하지만 이 시나리오가 현실화될 가능성은 낮아 보인다. 심해 채굴에 반대하는 국가는 ISA 회원국 168개국 중 20여 개국에 불과하기 때문이다. 역사의 아이러니라고 해야 할까. 그동안 서구가 주장하는 '규범에 입각한 글로벌 질서'를 위반한다는 비난에 줄기차게 시달리던 중국이, 이번에는 정작 자국의 입맛에 딱 맞는 법률의 강력한 수호자로 변신했으니 말이다. 🄻🄳

글·디디에 오르톨랑 Didier Ortholland
전직 프랑스 외교관. 유럽대외부에서 해양권 문제를 담당했다.

번역·허보미
번역위원

(1) Oliver Ashford 외, 'What we know about deep-sea mining - and what we don't', 2023년 7월 19일. www.wri.org. ; Louisa Casson 외, 'Deep trouble. The murky world of deep sea mining industry', www.greenpeace.org, 2020년 12월.

(2) Akram Belkaïd, 'La face honteuse du métal bleu(한국어판 제목: 낯부끄러운 '청색 금속' 코발트)', <르몽드 디플로마티크> 프랑스어판 2020년 7월호·한국어판 2020년 9월호.

(3) Camille Bortolini, 'La guerre des terres rares aura-t-elle lieu?(한국어판 제목: 중·미간 희토류 전쟁이 일어날 것인가?)', <르몽드 디플로마티크> 프랑스어판 2020년 7월호·한국어판 2020년 9월호.

(4) 국제에너지기구, 'Critical minerals market review 2023', 2023년 7월 ; 'The role of critical minerals in clean energy transition', 2021년 5월.

(5) Didier Cormoran, 'Et pour quelques rochers de plus...(한국어판 제목: 진화하는 국제법, 영해분쟁 해결될까)', <르몽드 디플로마티크> 프랑스어판 2016년 6월호·한국어판 2016년 7월호.

(6) 미 상원 에너지·천연자원위원회에 전달된 2022년 3월 31일자 서한.

(7) 블룸버그통신, 2023년 7월 31일.

<거리예술가 뱅크시가 이스라엘이 팔레스타인들을 통제하기 위해 세운 '가자의 벽'에 평화를 기원하며 그린 그림>, 2015

GUERRE

전쟁

군수산업의 기록적인 매출 달성, 우크라이나 전쟁

강대국들은 1932년부터 1934년까지 스위스 제네바에서 세계군축회의를 열어 전면전을 막기 위해 노력했다. 하지만 우리는 그 비극적인 결말을 알고 있다. 한 세기 후 군수산업은 그 어느 때보다 발전했다. 러시아의 우크라이나 침공과 아시아와 중동의 지정학적 긴장 때문에 군수산업은 기록적인 매출을 기록하며 주주들을 기쁘게 하고 있다.

필리프 레마리 ▌기자

우크라이나, 가자지구, 발칸반도, 홍해, 태평양 등 세계 곳곳에서 무기가 동원되고 있다. 스톡홀름국제평화연구소(Sipri)는 전 세계 군사비 지출이 8년 연속 증가해 2022년에는 냉전 종식 이후 30년 만에 최고치인 2조 550억 유로(전 세계 국내총생산(GDP)의 2.2%)에 달했다고 보고했다. 프랑스 육군참모총장 피에르 쉴 장군은 "대규모 전쟁이 분쟁 해결 수단으로서 다시금 요란하게 부활했다"라며 "폭력 분출이 극에 달했고, 역사책 속으로 밀려났다고 생각했던 야만성이 고삐가 풀린 채 날뛰며 도덕적·법적 장벽을 맹렬하게 무너뜨리고 있다"라고 경고했다.(1)

2014년 이후 러시아가 우크라이나의 크름반도와 돈바스 지역을 합병하면서 야만성을 죄던 고삐가 느슨해졌다. 국가들은 재무장을 하고, 방위산업기지는 생산을 늘리며 수출 판매에 열을 올렸다. 러시아는 여러 무기 조약에서 탈퇴했고, 2024년 예산에서 군사비를 70% 증액해 1980년대와 1990년대 수준으로 되돌렸다. 안톤 실루아노프 러시아 재무장관은 예산안을 발표하면서 "전선을 위해 모든 것을 걸고, 승리를 위해 모든 것을 건다"라고 선언했다.

발표된 군사비 예산 10조 8,000억 루블(1,090억 유로)은 러시아 국내총생산(GDP)의 6%에 해당하는 금액으로, 특히 포탄과 탱크, 드론의 가속생산라인을 재가동하는 데 사용될 뿐만 아니라 전쟁에 동원된 군인들에게 급여를 지급하고 전선에서 사망한 군인 가족에게 보상금을 지급하는 데도 쓰일 예정이다. 2023년 러시아군은 전년 대비 2배 많은 200만 발 이상의 포탄을 발사한 것으로 추산된다. 오릭스(Oryx) 웹사이트에 따르면 우크라이나에서 손상되거나 파괴된 러시아 지상 차량은 1만 대에 달한다.

세계에서 외면당하는 러시아산 무기

러시아의 군수업체는 세계 무기 판매 시장에서 부동의 1위인 미국에 이어 2위다. 아시아와 중동, 아프리카를 비롯해 전 세계에서 구매한 무기들 중 1/5이 러시아산이다. 하지만 이들 기업은 러시아의 우크라이나 공습을 지원하면서 제2차 세계대전 이후 유례가 없을 정도의 손실을 입었으며, 2022년 이후 수출도 거의 이루어지지 않고 있다. 게다가 서방, 특히 미국의 제재로 인해 러시아는 필리핀(Mil Mi-17 헬리콥터), 인도네시아(Su-35 전투기), 쿠웨이트(T-90 탱크)에서 주요 계약을 체결하지 못했다.

더군다나 옛 바르샤바 조약기구 회원국이나 북대서양조약기구(NATO) 회원국의 무기 주문이 늘고 있지만, 러시아는 혜택을 기대하기 어렵다. 리투아니아의 경우

2014년부터 2022년까지 군사비를 270% 증액했고, 라트비아는 173% 증액했으며 폴란드와 마찬가지로 핀란드와 헝가리, 슬로바키아, 루마니아, 체코, 슬로바키아는 국방 예산을 폭발적으로 늘렸다. 폴란드의 경우, 현재 국내총생산(GDP)의 4%를 국방비로 지출하고 있지만 군대 규모를 2배로 늘릴 계획이다.

특히 미국 군수업체로부터 에이브럼스 탱크, 하이마스 로켓발사기, 아파치 헬리콥터 등을 구매하고, 한국에서는 탱크와 자주포를 사들이면서 독일과 함께 북대서양조약기구의 큰손으로 급부상했다. 2022년 독일군

현대화 특별기금에 배정된 1천억 유로를 집행하지 않았던 독일은 미국-이스라엘의 미사일 방어시스템을 향한 관심을 숨기지 않았는데, '유럽우선주의' 논리에 흔들리지 않고 세계 최대 군수업체인 록히드 마틴에 F-35 전투기를 주문했다.(2)

러시아가 주춤하면서 프랑스는 일시적으로 세계 무기 판매국 2위에 올랐다. 특히 아랍에미리트에서 다소(Dassault)가 수주한 '세기의 계약' 덕분에 2022년에는 총수출액 270억 유로를 기록하면서 사상 최대 성과를 달성했다. 오랫동안 판매가 불가능하다고 여겨졌던 라팔

무기제조업체

15개 주요 군수산업 무기 부문 2022년 매출액
(단위: 10억 달러)

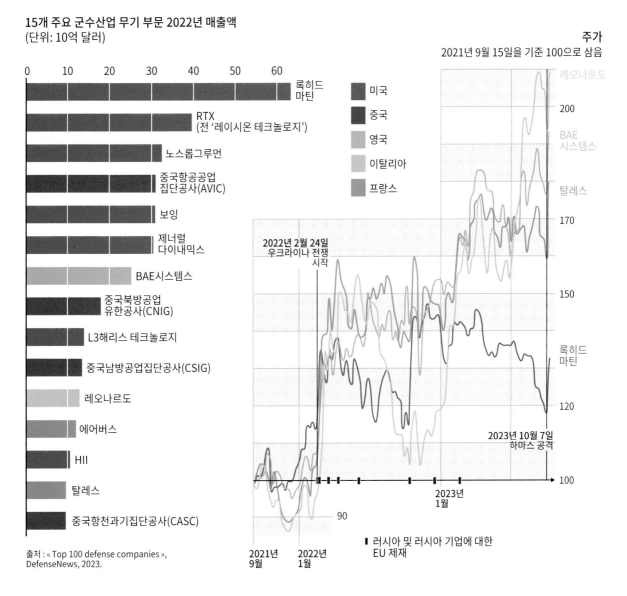

출처 : « Top 100 defense companies », DefenseNews, 2023.

누가 전쟁으로
이득을 보는가?

2017년부터 2022년까지
가장 큰 무기 거래 규모

1,000 TIV* 이상 거래

영국과 대한민국은
10대 무기 판매국에 속하지만,
다른 국가와의 거래가
각각 1,000 TIV 미만이기 때문에
여기에 표시되지 않았음.

*TIV: 스톡홀름 국제평화연구소(Sipri)가
개발한 지표로 과거 계약, 생산비, 장비 종류
등을 기준으로 무기 거래 규모를 측정하는 지표.

출처 : « Arms transfers database », Sipri, 2023.

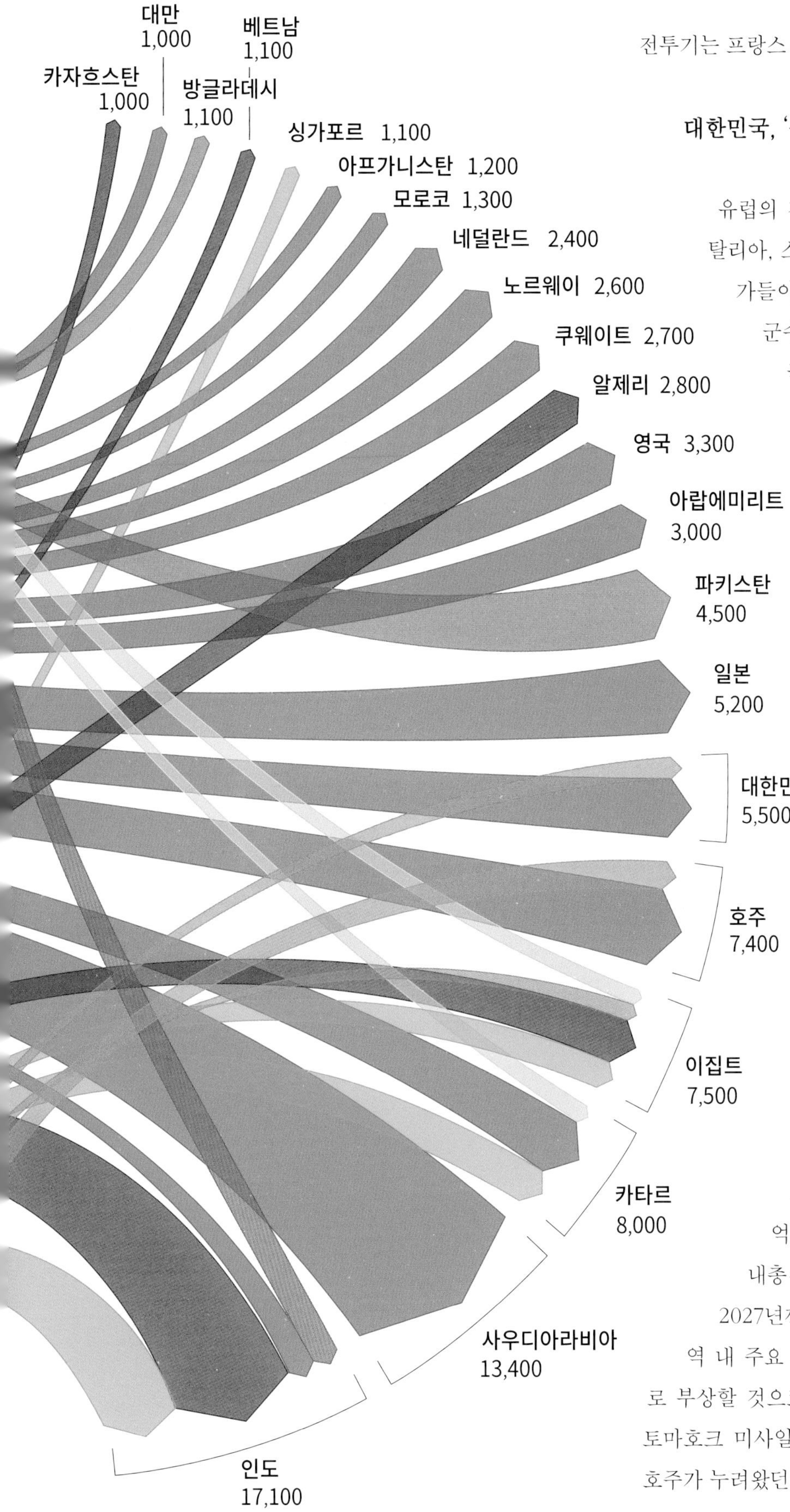

전투기는 프랑스 무기 수출에서 주요 자산이 됐다.

대한민국, '우크라이나 효과'로 4위 노려

유럽의 전통적인 군수 강국인 영국과 독일, 이탈리아, 스페인 외에도 새롭게 경쟁에 뛰어든 국가들이 있다. 특히 대한민국은 이미 '톱 10' 군수 수출국에 속하지만, 세계 최대 수출국으로 발돋움하기를 목표로 하고 있다. '고요한 아침의 나라' 대한민국은 '우크라이나 효과'를 최대한 활용해 프랑스와 러시아에 이어 무기 수출국 중 4위를 공공연하게 노리고 있다.(3)

일본은 재무장 문제에 대해 불편한 심기를 내보이며 후미오 기시다 총리의 말처럼 "우크라이나에서 일어나고 있는 일이 동북아시아에서도 일어날 수 있다"라며 우려를 표했다. 일본은 1945년 항복 후 긴밀한 동맹 관계를 유지해 온 중국과 미국 사이에 긴장이 고조되는 것을 우려했다. 일본 정부는 일찍이 "평화주의에서 선회하기로" 결정했고, 중국의 지역적 야망으로 인해 나타난 '전례 없는 도전'을 저지하는 것을 새로운 국가안보전략으로 삼았다.(4) 현재 493억 달러에 달하는 일본의 군사 예산은 국내총생산(GDP)의 1%에 불과하다. 하지만 2027년까지 2%로 늘릴 예정이므로, 일본은 지역 내 주요 플레이어이자 군수업체의 신규 고객으로 부상할 것으로 보인다. 미국은 이미 일본에 장거리 토마호크 미사일을 약속했는데, 이는 지금까지 영국과 호주가 누려왔던 특권이다.

대만
1,000

베트남
1,100

카자흐스탄
1,000

방글라데시
1,100

싱가포르 1,100

아프가니스탄 1,200

모로코 1,300

네덜란드 2,400

노르웨이 2,600

쿠웨이트 2,700

알제리 2,800

영국 3,300

아랍에미리트
3,000

파키스탄
4,500

일본
5,200

대한민국
5,500

호주
7,400

이집트
7,500

카타르
8,000

사우디아라비아
13,400

인도
17,100

동유럽에서는 폴란드를 포함한 여러 국가가 소련제 구형 장비 일부를 우크라이나군에게 넘겨줬다. 슬로바키아를 예로 들면, 냉전 종식 후 고객 부족으로 군수산업이 동면 상태에 있다가 우크라이나와 러시아 간 전쟁으로 현재 우크라이나 군대뿐만 아니라 자국 군대의 현대화를 목적으로 곡사포를 탑재한 장갑차를 생산하고 있다. 해당 장비는 현지에서 프랑스산 세자르보다 더 저렴하고 현대적이라고 소개되고 있다.(5)

프랑스는 이미 2023년 군수품 구매에 20억 유로를 할당했다. 그중 일부는 우크라이나군 지원 후 자체 재고를 보충하기 위한 금액이다. 2024년 프랑스의 국방 예

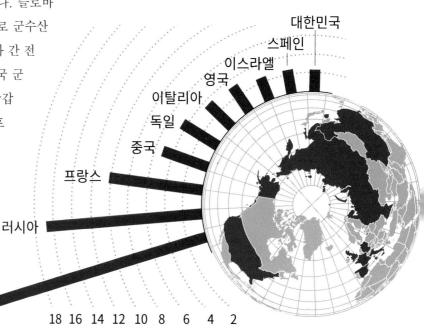

최대 판매국
2017~2022년까지 총 판매 점유율(%)

대한민국
스페인
이스라엘
영국
이탈리아
독일
중국
프랑스
러시아
미국 40%

18 16 14 12 10 8 6 4 2

산은 472억 유로로 전년 대비 7.5% 증가했다.(6) 프랑스 국회 보고서에 따르면 프랑스는 독일, 영국과 함께 "우크라이나에서 러시아 군대에 맞설 수 있는 수단을 제공"하는 데 기여한 주요 국가로, 대포와 장갑차, 포탄, 미사일 및 훈련 자금을 포함해 제공한 원조액이 총 32억 유로로 추산된다.(7)

전쟁물자 지원에 쓰이는 유럽평화기금

유럽연합이 설립한 추가 예산기금인 유럽평화기금(EPF)은 우크라이나에 전쟁 물자를 지원하는 데 주로 쓰이는데, 프랑스는 여기에도 막대한 기여를 하고 있다. 프랑스와 다른 관련국들은 매번 "자위권이 있는 국가가 공격을 받는다면 그 국가에 무기를 제공한다고 해도 전쟁에 함께 참여하는 것이 아니다"는 말만 앵무새처럼 되풀이했다. 그러면서도 자국(이 경우에는 프랑스) 군수업체들이 그 새로운 기회를 활용할 수 있기를 희망했다.(8)

무기 생산과 거래에서 윤리와 도덕은 후순위로 밀려난다. 예를 들어, 지난 6월 미국은 우크라이나에 집속탄을 공급하기로 결정했다. 당시 조 바이든 대통령은 "옳은 일"이라고 생각하지만 "매우 어려운 결정"이라고 말했다. 반면, 미국과 러시아, 우크라이나를 제외한 120개 국가는 무차별 살상을 유발하고 시간이 지날수록 많은 민간인 사상자를 발생시키는 집속탄을 포기했다. 다른 예로는 정치적 '돈세탁'을 한 러시아 출신 무기밀매업자 빅토르 바우트를 들 수 있다. 바우트는 영화〈로드 오브 워〉(2005)의 소재가 될 정도로 전 세계적으로 알려진 인물이다. 바우트는 미국에 15년 동안 구금돼 있다가 2022년 12월 러시아 당국에 마약 사용 혐의로 기소된 미국 농구선수와 교환됐는데, 지난해 9월 러시아의 오지 울리야노프스크에서 낙하산 인사로 '야당' 국회의원 후보로 출마했다.

주요 원칙에서 벗어난 사례는 이뿐만이 아니다. 지난 6월 키이우에 있는 KSE 연구소는 러시아 제재에 관한 국제 전문가 그룹인 예르막-맥폴과 협력해 탄도 및 순항 미사일을 포함한 러시아산 무기의 상당 부분에 미국과 영국, 독일, 네덜란드, 일본, 이스라엘, 중국산 전자

최대 구매국
2017~2022년까지 총 구매 점유율(%)

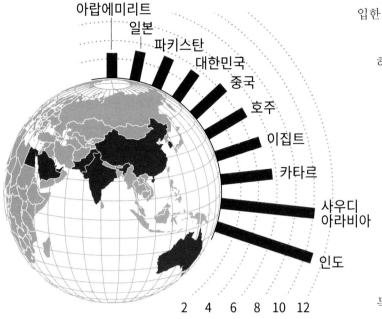

아랍에미리트
일본
파키스탄
대한민국
중국
호주
이집트
카타르
사우디
아라비아
인도

2 4 6 8 10 12

부품이 집중적으로 사용됐다는 사실을 발견했다. 민감한 장비지만 중국 판매업자와 공모해서 우회적으로 구입한 것이다.

무기 거래에는 때때로 예상치 못한 주체가 개입하기도 한다. 우크라이나의 비정부기구인 '무사생환(Reviens vivant)'은 기금 모금 활동과 공식 승인 덕분에 세계에서 유일하게 군인들에게 드론, 로켓발사기, 기타 중화기를 제공할 수 있는 단체다. 우크라이나의 다른 단체는 미사일 유도 태블릿과 개인보호장비 등 군인들의 일상 개선을 위한 장비를 공급한다.(9)

현재 전쟁으로 활황인 세계 무기 시장에 다양한 장비들이 새롭게 등장하고 있다. 모든 군대 무기고에 필수적인 온갖 유형의 드론 외에도 군사 목적의 위성 사용이 보편화되고 있다. 미국이 선두

군사비 지출

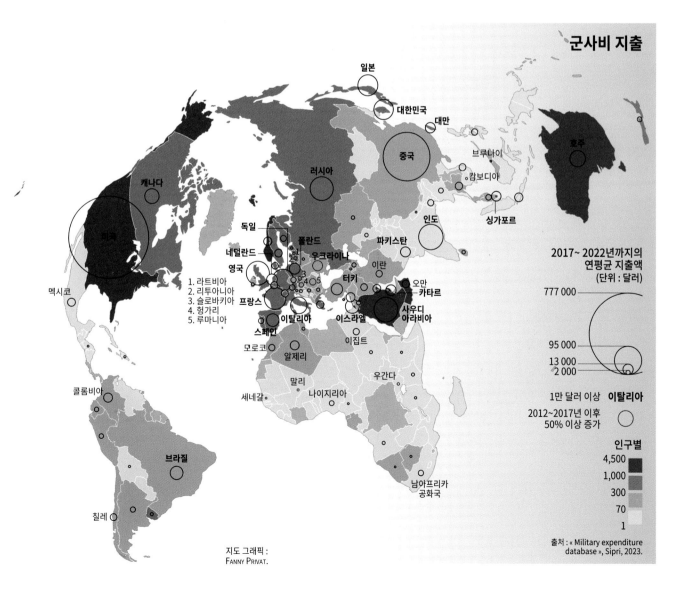

일본
대한민국
대만
브루나이
중국
캄보디아
호주
러시아
캐나다
인도
싱가포르
독일
폴란드
네덜란드
우크라이나
파키스탄
영국
이란
미국
1. 라트비아
2. 리투아니아
3. 슬로바키아
4. 헝가리
5. 루마니아
프랑스
터키
오만
카타르
이탈리아
이스라엘
사우디
아라비아
스페인
이집트
멕시코
모로코
알제리
콜롬비아
말리
우간다
세네갈
나이지리아
브라질
남아프리카
공화국
칠레

2017~2022년까지의 연평균 지출액
(단위 : 달러)

777 000

95 000
13 000
2 000

1만 달러 이상 **이탈리아**
2012~2017년 이후
50% 이상 증가

인구별
4,500
1,000
300
70
1

지도 그래픽 :
FANNY PRIVAT.

출처 : « Military expenditure database », Sipri, 2023.

를 점하고 있는 고고도 장비, 모니터링(수중 케이블 등)이나 향후 개발(다금속성 결절)을 위한 해저탐사도구, 미국과 러시아가 경쟁하고 있으며 점점 더 많은 군대가 관심을 가져야 할 극초음속 무기도 등장했다.(10) 사이버 보호 및 사이버 공격 장비, 정보전 도구, 통신 네트워크 방어, 2035~2045년까지의 미래 탱크, 전투기 및 전투함 설계는 말할 것도 없다. 위 모든 것들이 이 분야에서 가장 앞선 국가들의 군수업계가 착수한 연구 분야들이다. **ID**

글·필리프 레마리 Philippe Leymarie
기자

번역·이연주
번역위원

(1) 'Le retour des guerres majeures 대규모 전쟁의 회귀', <B2 Le Quotidien de l'Europe géopolitique>, Bruxelles, 2023년 10월 13일, www.bruxelles2.eu

(2) Thomas Schnee, 'Comment l'austérité a vaincu la Bundeswehr 긴축이 독일군을 무릎꿇린 방법', <르몽드 디플로마티크> 프랑스어판, 2023년 11월호.

(3) Yann Rousseau, 'La Corée du Sud, nouveau géant de la défense mondiale 새로운 글로벌 방산 거인, 대한민국', <Les Échos>, Paris, 2023년 7월 24일.

(4) Jordan Pouille, 'Le Japon tourne la page du pacifisme(한국어판 제목: 평화주의에서 전쟁 잠재국으로 선회한 일본)', <르몽드 디플로마티크> 프랑스어판·한국어판, 2023년 3월호.

(5) Anne Dastakian, 'En temps de guerre, l'armement prospère 전쟁의 시간, 번성하는 군비', <Marianne>, Paris, 2023년 9월 28일.

(6) Allan Popelard, 'L'armée, miroir d'une France sans boussole(한국어판 제목: 마크롱의 프랑스군에서 민주화는 헛된 꿈)', <르몽드 디플로마티크> 프랑스어판, 2023년 10월호·한국어판, 2023년 11월호.

(7) 리오넬 루아예페로(Lionel Royer-Perreaut)와 크리스토프 내젤렌(Christophe Naegelen)이 프랑스 국회 국방위원회에 제출한 우크라이나 군사 지원 보고서, Paris, 2023년 11월 8일.

(8) Ariane Lavrilleux, 'L'État français, VRP de l'industrie d'armement 프랑스, 무기산업의 판매 대리인', <르몽드 디플로마티크> 프랑스어판, 2023년 11월호.

(9) Hélène Richard, 'Loin du front, la société ukrainienne coupée en deux (한국어판 제목: 전쟁 회의론이 고개를 드는 우크라이나)', <르몽드 디플로마티크> 프랑스어판, 2023년 11월호·한국어판, 2024년 1월호

(10) Didier Ortolland, 'Géopolitique des abysses 심해의 지정학', <르몽드 디플로마티크> 프랑스어판, 2023년 12월호.

우크라이나 전쟁은 러시아의 '식민지 전쟁'인가?

서방의 전례 없는 규모의 군사지원에도 불구하고 우크라이나의 반격은 실패했다. 크름반도에 이어 드니프로강 동안에 자리 잡은 러시아는 이제 다시 공세를 펼칠 것이다. 그렇다면 러시아의 궁극적인 목표는 무엇인가? 우크라이나 정부와 우크라이나의 열혈 지지자들은 러시아의 제국주의가 유럽 전체를 위협한다고 여전히 주장한다. 이런 주장에 등을 돌린 이들은 이제 쟁점을 최대한 축소하고 있다. 우크라이나의 역사와 과거 러시아와의 관계에서 우크라이나가 차지했던 특별한 위치를 되돌아보면 질문에 대한 답뿐만이 아니라 현 분쟁의 쟁점도 명확해질 것이다.

쥘 세르게이 페디우닌 ▌정치학자
엘렌 리샤르 ▌〈르몽드 디플로마티크〉프랑스어판 기자

2022년 2월, 러시아는 우크라이나를 침공했다. 우크라이나인들은 자신들의 항전을 영향력 강화에 나선 옛 후견국에 맞서는 해방전쟁으로 묘사하고 있다. 지리학자 미셸 푸셰는 우크라이나 전쟁을 러시아의 "식민지 전쟁"으로 정의했다.(1) 에마뉘엘 마크롱 프랑스 대통령 역시 2023년 2월 뮌헨안보회의에서 러시아의 우크라이나 침공을 "신식민주의 및 제국주의"로 규정한 바 있다. 이번 침공은 구소련과 러시아 제국의 잃어버린 영토를 되찾을 기회만 노리던 러시아 정부에 내재된 영토확장주의 성향을 드러냈다는 평가를 받고 있다. 일각에서는 소위 전통적인 가치를 기반으로 한 문명 대국으로서 전 세계를 지배하려는 러시아의 야심이 드러났다는 분석도 존재한다.(2) 제국, 제국주의, 식민주의 등 다양한 수식어들이 쏟아졌지만 우리는 정작 우크라이나 전쟁의 본질을 파악하지 못하고 있다.

한 가지 확실한 사실은 러시아는 13세기 모스크바 대공국을 출발점으로 제국의 면모를 갖춘 광활한 영토를 형성했다는 것이다. 이런 방식으로 형성된 국가는 역사적으로 다양한 형태가 존재하지만 일반적으로 인구와 영토 간 차별화 및 위계질서에 기초한 체계를 유지한다.(3) 제국이 존재하려면 문화적, 민족적, 지리적, 행정적 측면에서 중앙과 변방의 상당한 차등화가 필요하다.

식민지 제국의 특성

식민지 제국의 경우 이런 차이가 특히 뚜렷하다. 지리적으로 본토와 분리된 아시아, 아프리카의 프랑스 혹은 영국 식민지 '원주민'은 법적으로 종속적인 지위를 부여받았으며 특수한 관료 조직이 이들을 관장했다. 3개의 프랑스 도(道)로 분할된 알제리와 영국에 편입된 아일랜드는 '예외'적인 경우다. 이를 통해 유럽인들은 자신들이 식민지 원주민들보다 도덕적으로 우월하기에 대다수에 속하는 원주민을 착취할 자격이 있다고 여겼으며, 유럽의 제국들은 이런 식민지 개척자들을 기반으로 건설됐다는 사실을 확인할 수 있다.

이런 차별이 사라지거나 축소되면, 해당 국가는 더 이상 제국이 아니라 민족 국가가 된다. 또는 경우에 따라 지역적 특수성을 띠거나 연방의 형태를 갖추기도 한다. 식민제국은 본토에서도 국가를 통합했다. 프랑스는 브르타뉴와 바스크 지방을 '흡수'했고(코르시카는 제외) 스페인은 일체성을 완화하고 연방제를 선택했다. 카탈루냐의 활발한 분리 독립운동에서 알 수 있듯이 스페인의 연방제는 불안정한 부분도 있었다. 다시 말해, 식민제국이 해외로 지배력을 확장하는 것은 (그 정도는 다르지만) 국가 통합 과정의 연장선에 있다. 영국은 영국제도를 통합하는 동시에 북아메리카에 이어 아시아, 아프리카까지 영토 및 무역을 확장했다.

반면 러시아 제국은 영토의 연속성을 확장했기 때문에 독특한 특징을 띤다. 러시아 제국은 발트해 연안에서 시베리아 동부에 이르는 광활한 영토를 자랑했고 다양한 민족과 문화를 통합했다. 하지만 러시아 제국의 지식인들은 러시아를 식민제국은커녕 제국 자체로도 인식하지 않았다.(4) 러시아 제국은 주로 현지 엘리트들을 포섭해 점진적으로 영토를 확장했다. 대표적인 예로 1648년경 수립된 카자크 수장국(현 우크라이나)은 러시아와 동맹을 맺은 후 러시아에 예속됐다.

제국 서부 '거주 지역'에 국한된 유대인을 제외하면 러시아 제국 내에서는 인종이나 민족에 따른 종속적인 법적 지위가 존재하지 않았다. 대신 '이민족(inorodtsy)'으로 지칭되던 시베리아, 캅카스, 중앙아시아의 이교도(이후 러시아 정교로 개종) 및 무슬림과 서쪽 정복지의 슬라브족(폴란드, 우크라이나, 벨라루스) 및 발트족 사이에는 계급이 존재했다. 소련 출신 미국 역사가 마크 래프는 슬라브족과 발트족은 러시아 제국의 '문화적 접점' 역할을 했다고 설명했다.(5) 17세기 이후, 특히 표트르 대제(1682~1725년 재위) 시기부터 슬라브계 주민을 흡수하면서 러시아 제국의 엘리트들은 유럽 문명을 접했다. 즉, 러시아 제국의 엘리트들은 서쪽 변방의 주민들에게 러시아의 도덕과 문화를 강요하기보다 이들을 통해 '스스로를 개화'했다.

러시아 제국에도 식민지화 정책이 존재했지만, 독특한 형태를 띠었다. 예카테리나 2세(1762~1796 재위)는 볼가강 유역을 개간하고자 독일인을 불러들였다. 이들은 기술이 뛰어나고 근면한 개신교 신자였다. 흑해 연안에는 세르비아인과 그리스인이 거주하도록 했다. 그곳에 거주하고 있던 러시아인과 우크라이나인이 불이익을 얻게 될 것임에도 말이다. 공식적으로 러시아 제국에서 '식민지 개척자'라는 용어는 독일인, 세르비아인, 그리스인에게만 사용됐다. 19세기에 들어서는 러시아와 우크라이나 농민이 시베리아, 투르키스탄(중앙아시아)에 활발히 정착하기 시작했다.

러시아-우크라이나 관계의 역사

그러나 이런 동방 정복은 영토와 행정이 본토와 명확하게 분리된 식민 지배 형태를 띠지는 않았다. 역사학자 바실리 클류체프스키(1841~1911)는 "러시아의 역사는 스스로를 식민지화한 국가의 역사다. 러시아가 식민지화한 영토는 러시아 자체가 확장된 영토와 일치한다"라고 설명했다. 19세기와 20세기 초, 자코뱅당과 프랑스 제3공화국의 영향을 받은 러시아 지식인들은 민족 간 차별과 위계를 없애는 국가 통합 계획을 제시했다. 12월당원(6) 파벨 페스텔은 평등한 공화제를 추구했으며 표트르 스트루브는 '입헌 민주주의'를 주장했다.

대륙에서 확장된 제국의 영토적 특성상 러시아는 완성된 형태의 민족주의를 구현하지 못했다. 하지만 민족주의를 형성해 나가는 과정에서 (대부분 농민이었던) 우크라이나인과 벨라루스인이 매우 독특한 위치를 차지하게 됐다. 18세기 말 폴란드 '분할' 이후 러시아 왕실은 폴란드 귀족에 맞서기 위해 이들을 규합했다. 당시 폴란드 귀족들 사이에는 민족주의 정서가 강화되고 있었다. 1830년, 1863년 반란이 그 증거다. 폴로니즘(polonism, 반러시아 성향의 폴란드 민족성)' 확산을 우려한 러시아 왕실은 정교회 신자인 동유럽의 슬라브인을 '삼위일체' 러시아에 통합한다는 독트린을 구축했다. '삼위일체' 러시아란 러시아 제국을 3개의 국가, 즉 대러시아(소련 시절 러시아), 소러시아(우크라이나), 백러시아(벨라루스)가 통합된 국가로 보는 개념이다.(7)

역사학자 알렉세이 밀러는 "소러시아인들은 차별의 대상이 된 적이 없다. 그들은 제국의 일원으로 환영받았다. 다만, 개별 국가의 지위를 주장할 권리는 보장받지 못했다"라고 지적했다.(8) 밀러의 설명을 통해 러시아와 우크라이나 관계의 역사를 유럽의 해외 식민지에 견주어 분석하는 것은 적절하지 않다는 것을 알 수 있다. 19세기 후반 우크라이나 민족성(ukraïnstvo)을 내세운 운동이 시작됐다. 러시아 왕실은 통합 국가 공동체를 건설하기 위해 현지 언어를 말살한 프랑스의 동화정책을 본 따 러시아화 정책을 펼쳤다. 1863년과 1876년, '소러시아'

어 사용을 금하는 법령이 공표됐다. 러시아 왕실 행정부는 우크라이나어를 농촌 지역에서 흔히 사용하는 변형된 러시아어로 간주했다.

국가들의 감옥

하지만 정치 엘리트들의 소극적인 태도, 상대적으로 취약한 국가 기반시설 그리고 특히 보편적 초등 교육의 부재로(1930년까지 도입되지 않음) 러시아화는 도시에 국한됐다. 그 결과 인구 대다수를 차지했던 농민들은 우크라이나어를 계속 사용했다. 1917년, 전쟁의 압력으로 러시아 제국이 붕괴하자 민족주의적 요구 확산에 유리한 환경이 마련됐다. 우크라이나에서는 우크라이나 인민공화국, 파울로 스코로파츠가 부활시킨 수장국 등이 독립을 선언했다. 하지만 이런 정치 단체들의 수명은 길지 않았다. 우크라이나의 정치적 민족주의 분열은 내전으로도 드러났다. 붉은 군대의 활약을 등에 업은 레닌은 '민족주의 문제'에 대한 독창적인 해법을 내놓았다. 소련은 러시아 제국을 "국가들의 감옥"으로 묘사하며 공식적으로 독립된 공화국으로 구성된 연방을 수립했다.

각 공화국은 다수 민족을 국가의 근간으로 삼았지만 소수 민족의 문화적 권리도 인정했다. 인구조사를 실시하거나 소련 여권을 발행할 때 '국적'(민족)을 명시하는 원칙이 수립된 것도 이 시기다. 1920년대, 신생 국가 소련은 "토착화

<과거와 현재의 풍경>, 2017-2022 - 릴리야 샤바가

(Korenizatsiia)"의 기치 아래 민족문화의 부상을 촉진하고 현지 언어 및 엘리트를 장려했다. 이는 시대를 앞서간 긍정적 차별의 한 형태였다.(9) 소련은 민족적 소속감을 과거의 잔재로 간주했다. 사회주의로 민족적 소속감이 약화되면 결국 소련

의 정체성이 강화될 것으로 생각했다. 이 계획은 상대적으로 성공을 거뒀다. 러시아어는 소련과 전 세계 사회주의의 공용어로 자리 잡았다.

우크라이나는 이처럼 러시아, 벨라루스, 자카프카지예(1922~1936년, 그루지아, 아르메니

아, 아제르바이잔이 합쳐진 공화국)와 함께 소비에트 연방 창설국 지위를 가지게 됐다. 경제력, 흑해에 대한 전략적 접근성, 지식인 계층을 보유한 우크라이나는 러시아 제국 시절과 마찬가지로 소련 내에서도 여전히 특별한 지위를 보장받았다. 우크라이나가 누린 이런 특권은 독립에 대한 열망을 억누르는 단점으로 작용하기도 했다. 1930년대 폴란드에서는 유럽 전역을 휩쓸었던 파시즘 운동의 물결을 타고 우크라이나 민족주의가 완전한 형태를 갖추었다.

모스크바는 생산수단 공동화와 1932~1933년 기근으로 특히 큰 타격을 입은 소련 소속 우크라이나까지 이런 민족주의에 물들까 우려했다. 소련은 '부르주아 민족주의' 척결 운동을 펼치고 1939년과 1944년 폴란드 내 우크라이나어 사용 영토(갈리치아, 자카르파츠카)를 합병했지만 이는 우크라이나 문제에 대한 일시적인 해법에 불과했다. 그럼에도 불구하고 우크라이나는 소련 시절 러시아에 대한 '형제애'를 엄격하게 지키는 한 공식 국가의 지위를 누렸다.(10)

소련을 제국으로 재해석하는 것은 후대에 등장한 시각이다.(11) 냉전 기간 동안 '소비에트 제국'이라는 용어를 사용한 역사학자는 소수에 불과했다. 리처드 파이프스 하버드대 러시아 역사학 교수가 대표적인 예다. 로널드 레이건 미국 대통령의 고문을 역임한 파이프스 교수는 동유럽의 반공 디아스포라를 지지한 인물이다. 1991년 이후 역사학자 티머시 스나이더(『피에 젖은 땅 (Bloodland)』, 2010)나 신보수주의 언론인 앤 애플바움의 글이 인기를 끌면서 이 패러다임은 확고히 자리를 잡았다.

푸틴의 "강한 국가"란?

연구원들은 좀 더 학문적인 맥락에서 제국이라는 개념을 통해(imperial turn) 소련을 재해석했다. 이와 동시에 정치적 담화에서는 러시아가 주변 국가들에 대한 공격을 재개할 것이라는 전망이 확산됐다. 특히 중유럽과 동유럽 정치인들의 지지를 받은 이런 분석은 러시아의 국력이 눈에 띄게 약화됐음에도 불구하고 NATO를 동쪽으로 확장해 계속해서 러시아를 견제해야 한다고 주장했다.

'소비에트 제국' 재건 계획의 초안은 블라디미르 푸틴의 작품으로 알려졌다. 그 근거로 흔히 언급되는 것이 1999년 12월 푸틴이 러시아 대통령 권한대행을 맡으면서 발표한 글('새천년을 앞둔 러시아')이다. 푸틴은 이 글에서 러시아의 국력 약화를 "사회의 정치적 분열"과 결부시켰다. 무엇보다도 '혁명'이라는 개념, 즉 "이데올로기"에 선동된 소수가 주도하는 급진적인 변화를 강하게 비판한 것이다.

보수주의 사상을 강화한 푸틴은 러시아를 붕괴 직전까지 몰고 간 "외부로부터" 강요된 급진적 자유화에 맞서 국가의 안정과 통합, 점진적인 개혁을 추구했다. 그는 또한 애국심을 언급하며 "국가적 오만과 제국주의적 야심에 사로잡혀 있지 않다면 이 감정이 비난받을 이유는 없다. 국민에게 있어서 애국심은 용기, 근성, 힘의 원천이다"라고 못 박았다. 푸틴은 이 글에서 몇 달 전에 발발한 제2차 체첸전쟁에 대해서는 언급하지 않았다. 하지만 그가 밝힌 "강한 국가" 개념은 주권 수호, 결과적으로 모든 형태의 분리주의에 대한 단호한 투쟁을 내포했다. 즉, 이 글을 소련 시절 국경을 재건하려는 노력의 시작으로 보는 것은 시대착오적이며 잘못된 해석이다.

1990년대 모스크바에서는 오히려 러시아와 우크라이나가 새로운 형태의 연합 국가를 재건할 것이라는 생각이 지배적이었다. 소련의 붕괴는 3개의 슬라브 공화국, 즉 러시아, 벨라루스, 우크라이나 지도자들이 자진해서 서명한 해체 조약의 결과라는 사실에 주목할 필요가 있다. 발트해 연안 국가들은 소련의 '점령'에서 벗어나고자 열망했었다.

하지만 벨라루스와 우크라이나가 바란 것은 좀 더 동등한 입장에서 소련과의 관계를 재검토하는 것이었다. 1999년 12월 8일, 벨라루스 비아워비에자 숲 비스쿨리 별장에 3국 지도자들이 모였다. 이 회동 8일 전 실시된 우크라이나 국민투표에서 90.32%가 독립에 찬성했다. 이런 표심에 힘입은 레오니드 크라우추크 우크라이나 초대 대통령은 러시아의 보리스 옐친, 벨라루스의 스타니슬라우 슈시케비치와 함께 독립 국가 연합 창설에 합의했다(이후 우크라이나는 2018년 이 연합에서 탈퇴했다).

하지만 먼로 독트린을 앞세웠던 미국이 아메리카 대륙을 미국의 세력권으로 간주했듯이 러시아 지도자들은 여전히 우크라이나를 '자연스러운' 러시아 영향권으로 여겼다. 따라서 제국주의라는 용어를 상대적인 의미, 즉 (역내)강대국이 경제(유라시아경제공동체(EAEC), 유라시아경제연합(EAEU)) 또는 안보(집단안보조약기구(CSTO)) '파트너십'을 통해 특정 지역에 영향력을 행사하려는 의도로 해석한다면 러시아는 제국주의를 표방한다고 말할 수도 있다. 하지만 이 경우 러시아는 자체적인 군사(NATO) 및 경제(EU 제휴협정) 협력 체계를 동쪽으로 확장하려는 미국과 EU의 시도에 맞서 스스로를 방어하는 입장을 취할 수밖에 없다.

그 결과 소련 붕괴 이후 과거 소련에 속했던 지역은 다양한 외세의 간섭이 뒤섞인 혼돈의 장으로 변해버렸다. 무력 개입은 러시아가 추구하는 핵심 수단은 아니다. 하지만 친러시아 분리주의지역인 몰다비아(트란스니스트리아)와 조지아(압하지야, 남오세티아)를 공식적으로 합병하지 않으면서도 이 지역에 대한 영향력을 유지할 수 있는 도구 중 하나임은 분명하다. 러시아의 목표는 새로운 경쟁국들과 대치해야 하는 이들 나라를 정치적으로 통제할 수단을 유지하는 것이다.

앞서 설명한 역사적 이유로 인해 우크라이나와 서구의 관계 강화는 발트해 연안 국가나 조지아보다 러시아에 더 큰 위협으로 작용한다. 우크라이나 정계는 친러시아 세력과 친서방 세력이 대립 중이다. 이런 양극화는 대립의 확대를 예고하며 우크라이나를 외세의 내정간섭 각축장으로 만들었다. 2008년 부쿠레슈티 NATO 정상회의는 전환점으로 기록됐다. 당시 우크라이나는 비록 프랑스와 독일의 반대로 공식적인 가입 후보국 지위를 획득하지는 못했지만 NATO는 최종 성명서에서 우크라이나의 가입을 약속했다. 러시아에 다시 한 번 모욕감을 안긴 이 결정은 추가적인 안보 보장 없이 우크라이나를 위

험으로 몰아넣었다.

이런 전략적 상황은 러시아 최고위층의 민족주의 감정을 고조시켰다.(12) 안보 갈등의 원인(NATO 동쪽 확장)에 대한 비난과 러시아와 우크라이나의 통합이라는 비약적인 수사가 뒤섞인 푸틴의 최근 연설들이 그 증거다. 러시아 입장에서 우크라이나의 해방은 역사적, 더 나아가 민족적 유대를 상실하는 것이며 역내 환경에 영향력을 행사할 러시아의 '정당한' 권리를 침해하는 것이다.

러시아의 민족주의와 '탈제국주의'

1991년 이후 영향력을 상실하기 시작한 러시아는 (흔히 무소불위로 인식되는) 적국 미국을 끊임없이 관찰했다. 가능하다면 미국을 모방하고, 대응 수단을 개발하고, 서구의 침입으로부터 러시아의 세력권을 방어하기 위해서다.(13) 러시아의 엘리트 군부 대부분은 소련의 붕괴에 충격을 받았다. 소련 붕괴는 미국이 선동한 러시아 최초의 '정권 교체'였으며 '새로운 세계'에서는 미사일 한 발 쏘지 않고도 상당한 전략적 이득을 얻을 수 있다는 믿음을 강화했다.

2000년대에 들어서자 현대전에서는 비군사적 수단을 우선시해야 한다는 생각이 힘을 얻었다. 정보전, 외국 지도자 포섭, 우호적인 정권 수립 등 이른바 간접 전략이 무력 사용보다 더 효율적이라는 생각이 주류로 자리 잡았다. 구소련 국가(조지아, 키르기스스탄, 우크라이나)의 '색깔 혁명'과 이후 북아프리카와 중동에서 일어난 '아랍의 봄' 혁명도 이와 같은 논리에 기반한 것이다. 러시아 전략가들은 이런 사건들은 '통제된 혼란'을 퍼트리는 미국의 의도적인 정책의 산물이며 이라크(2003년)나 리비아(2011년)에서처럼 미국의 군사 개입을 예고하는 단계일 수도 있다고 인식했다. 러시아의 독트린은 "무력 투쟁 우회"를 추구했다. (전격적이고 결정적인 대응인) 무력 사용은 간접 전략이 실패했을 경우 최후의 수단으로만 사용됐다.

2014년, 러시아는 부대 마크가 없는 군인을 투입하고 내부의 정치적 지원을 받아 크름반도를 병합했다. 이

는 러시아의 새로운 독트린을 성공적으로 적용한 사례로 여겨진다. 그러나 이런 전술적 성공으로 러시아는 국경을 공유하는 우크라이나를 친러(적어도 중립) 국가로 유지한다는 전략적인 목표에서 멀어졌다. 크름반도 합병으로 러시아는 세바스토폴 해군기지의 통제권을 확보했고 우크라이나는 영토가 줄어들었다. 하지만 결과적으로 러시아는 더욱 더 전의에 불타고 서방의 지원으로 무장을 강화한 우크라이나를 마주하게 됐다.

2021년 11~12월 미국과 NATO를 향한 최후통첩 후 러시아가 감행한 우크라이나 침공은 단발성 공격을 목표로 했다. 즉 미국의 2001년 아프가니스탄 탈레반 정권, 2003년 이라크 사담 후세인 정부 공격을 모델로 삼아 키이우의 우크라이나 정부 전복을 노린 것이다. 그런데 미국은 아프가니스탄과 이라크에 오랜 시간 발목이 잡혔다. 미국을 미워하면서도 모방하는 러시아는 미국의 실수까지 그대로 되풀이했다. 드미트리 미니크는 "특별 군사 작전 개시 결정"은 신중하게 고려한 영토 정복 계획이 아니라 "우크라이나에 대한 러시아의 간접 전략 실패가 낳은 불행한 결과"라고 결론지었다.

'제국주의적' 개입으로 시작한 우크라이나 전쟁은 교착상태로 접어들면서 분쟁의 성격이 변했다. 유고슬라비아 해체 당시 세르비아인, 크로아티아인, 보스니아인 간 민족 분열이 발생하고 새롭게 수립된 민족 국가 간 국경 설정이 쟁점으로 대두됐다. 하지만 여러 민족이 혼합된 집단이 해체될 때 발생한 이 전형적인 전쟁들은 소련의 주변부, 특히 캅카스 지역에 국한됐다. 반면 자국의 영향권으로 여기던 지역에서 유럽과 대서양 연맹이 전략적으로 전진하자 이를 저지할 수 없었던 러시아는 크름반도 병합에 이어 더 광범위한 지역을 겨냥했다.

2022년 9월, 러시아는 부분적으로 점령한 우크라이나 지역 4곳을 러시아 영토로 선언했다. 이로써 러시아가 원하는 문제 해결 방향을 밝힌 셈이다. 그렇다고 해서 러시아의 우크라이나 침공을 리투아니아나 폴란드 침공의 서막으로 보는 것은 잘못된 해석이다. 러시아는 NATO를 위협할 수단도, 제국을 재건할 의지도 없다. 러시아가 원하는 것은 러시아의 민족주의를 재정의하는

것이다. 우크라이나뿐만 아니라 이미 상당히 흡수된 벨라루스를 희생시켜서 말이다. 이런 의미에서 우크라이나 전쟁의 현 단계는 탈제국주의, 더 나아가 세르비아와 크로아티아의 대립과 유사한 민족주의적 분쟁으로 볼 수 있다.(14)

미국 정책은 러시아의 탈식민지화를 목표로 해야

전선을 가운데 놓고 우크라이나화와 러시아화가 쌍벽을 이루고 있다. 우크라이나화는 하나의 민족, 언어, 중앙 정부로 구성된 민족 국가 건설을 향한 전형적인 과정과 일치한다.(15) 2014년 그리고 2022년 2월 우크라이나 전쟁 발발 이후 우크라이나화는 더욱 속도가 붙었다. 우크라이나 정부는 모스크바 총대주교청과 연계된 우크라이나 정교회를 해체하고 2018년 창설된 독자적인 자국 교회로 대체하겠다고 발표했다.(16) 또한 소련 시절의 지명에 이어 공공장소에 붙여진 러시아 관련 명칭도 금지했다. 우크라이나의 이런 '탈러시아화'는 2015년 시작된 '탈공산화'와도 일맥상통한다. 우크라이나는 또한 과거 러시아와 우크라이나가 공동 유산으로 여겼던 군사 지도자나 예술가의 동상을 철거하고 공공 도서관에서 러시아어 서적을 퇴출시켰다.

반면 러시아화는 좀 더 소극적인 측면이 있다. 러시아는 현재 러시아군이 장악한 지역에서 군사적 점령, 현지 주민을 상대로 한 '러시아 여권 발행' 그리고 러시아 관료제, (러시아어로 진행되는)교육 과정, 루블화 사용을 확대하는 방식으로 러시아화를 추진 중이다. 하지만 이런 러시아화에는 다양한 담론이 존재한다. 일각에서는 러시아인과 러시아어 사용자를 구분하는 기준이 모호한 점을 내세워 러시아어 사용자도 '자연스러운' 러시아 연방 시민이라고 주장한다. 반면 러시아가 합병한 지역은 (러시아가 이 지역에 대한 통제권을 유지한다면) 스스로를 "다민족, 다문화" 국가로 정의하는 러시아 연방에 속한 채로 우크라이나의 정체성을 유지할 수 있다고 주장하는 담론도 있다.

예를 들어, 러시아 교육부는 러시아가 합병한 4개

지역에서 러시아어를 의무 교육 언어로 채택하는 한편, 학생들이 다른 '모국어'(사실상 소수 민족의 언어)와 마찬가지로 우크라이나어도 배울 수 있도록 소련 표준에 기초한 우크라이나어 교과서를 편찬할 계획이라고 발표했다.(17) 이처럼 소극적인 러시아화는 러시아 민족주의의 이중적인 성격을 반영한다. 19세기 중반 태동한 러시아 민족주의는 다수 민족 집단의 이익을 우선시하는 민족 국가 형성과 인종적·문화적으로 다양한 지역 및 인구를 지배하기 위한 제국주의 사이에서 끊임없이 갈등했다.

우크라이나뿐만 아니라 일부 서구권에서는 러시아 연방 자체를 식민지 제국에 비유하는 또 다른 시각이 힘을 얻고 있다. 이런 분석을 지지하는 이들은 러시아군 일반 병사들 사이에서 소수 민족 병사들의 비중이 과도하게 높은 점을 강조하며 이 '총알받이' 병사들의 출신 지역들에 감도는 긴장감을 면밀히 주시하고 있다. 2022년 10월, 우크라이나 의회는 아흐메드 자카예프가 이끄는 체첸 망명정부를 인정하고, 체첸을 "러시아가 일시적으로 점령한 영토"로 선언했으며, 1990년대 러시아 당국이 저지른 "체첸인 집단 학살"을 규탄했다. 2023년 1월 31일, 유럽의회에서는 러시아자유국가포럼(FNRF)이 개최됐다. '비러시아' 민족 대표들로 구성된 FNRF는 부랴티야, 야쿠티야, 타타르스탄을 비롯한 러시아 연방 변방 공화국들의 독립을 지지한다.

워싱턴 소재 싱크탱크 유럽정책분석센터(CEPA)의 한 분석가는 미국의 정책은 "러시아의 탈식민지화"를 목표로 해야 한다고 설명하며 "러시아와 관계를 맺고 있는 모든 국가는 정권 교체나 블라디미르 푸틴의 인격에 초점을 맞추기보다 이 장기적인 목표를 염두에 둬야 한다"라고 강조했다.(18) 일부 역사학자들도 이런 주장에 힘을 보탰다. 중앙유럽대학의 알렉산드르 에트킨드 교수는 러시아가 해체되면 "핵무기와 (...) 국경 분쟁을 비롯한 엄청난 문제가 발생할 것"임을 인정하면서도 "이런 전쟁들이 지금의 우크라이나 전쟁보다 더 나쁘지는 않을 것"이라는 결론을 내렸다.(19) 발칸 반도 시나리오에 핵 문제까지, 실로 낙관적인 전망이 아닐 수 없다. ⅠＤ

글·쥘 세르게이 페디우닌 Jules Sergei Fediunin
정치학자, 국립동양언어문화대학교(INALCO) 박사, 사회과학고등연구원(EHESS) 레몽 아롱사회정치학연구소(CESPRA) 박사후과정
엘렌 리샤르 Hélène Richard
<르몽드 디플로마티크> 프랑스어판 기자

번역·김은희
번역위원

(1) Michel Foucher, 'Ukraine, une guerre coloniale en Europe, 우크라이나 전쟁, 유럽에서 벌어지고 있는 식민지 전쟁', <Le 1>, L'Aube, Paris, 2022.
(2) Claudio Sergio Ingerflom, 『Le Domaine du Maître : l'État russe et sa mission mondiale 지배자의 영역: 러시아 그리고 세계를 향한 러시아의 사명』, Presses universitaires de France, Paris, 2023.
(3) Jane Burbank & Frederick Cooper, 'De Rome à Constantinople, penser l'empire pour comprendre le monde 미래의 전망 '제국'을 참조하라', <르몽드 디플로마티크> 프랑스어판, 2011년 12월호.
(4),(5) Marc Raeff, 'Un empire comme les autres? 러시아는 평범한 제국인가?', <Cahier du monde russe et soviétique>, Paris, vol. 30, n° 3-4, 1989년 7~12월, p. 321-327.
(6) 1828년 12월 14일 발생한 12월당(Decembrist, 데카브리스트) 반란은 니콜라이 1세에게 헌법 제정을 요구하는 군사 쿠데타 시도였다. 반란은 실패했고 가혹한 탄압이 뒤따랐다.
(7) Roman Szporluk, 'Nationalism after Communism: Reflections on Russia, Ukraine, Belarus and Poland', <Nations and Nationalism>, Cambridge, vol. 4, n° 3, 1998, p. 301-320.
(8) Alexei Miller, 'National Identity in Ukraine: History and Politics', <Russia in Global Affairs>, Moscow, vol. 20, n° 3, 2022.
(9) Terry Martin, 『The Affirmative Action Empire: Nations and Nationalism in the Soviet Union, 1923-1939』, Cornell University Press, Ithaca, 2001.
(10) Andreas Kappeler, 『Russes et Ukrainiens, les frères inégaux. Du Moyen-Âge à nos jours 중세부터 오늘날에 이르기까지 불평등한 형제인 러시아인과 우크라이나인』, CNRS Éditions, Paris, 2022.
(11) Mark Beissinger, 'Rethinking Empire in the Wake of Soviet Collapse', in Zlotan Barany & Robert Moser (dir.), <Ethnic Politics After Communism>, Cornell University Press, Ithaca, 2005.
(12) Juliette Faure, 'Qui sont les faucons de Moscou?(한국어판 제목: 러시아의 매파는 누구인가)', <르몽드 디플로마티크> 프랑스어판·한국어판, 2022년 4월호.
(13) Dimitri Minic, 『Pensée et culture stratégiques russes. Du contournement de la lutte armée à la guerre en Ukraine 무력 투쟁 우회에서 우크라이나 전쟁에 이르기까지. 러시아의 전략적 사고와 문화』, Éditions de la Maison des sciences de l'homme, Paris, 2023.
(14) Jules Sergei Fediunin, 'La guerre russo-ukrainienne, un conflit nationaliste 민족주의 분쟁인 러시아와 우크라이나 전쟁', AOC, 2023년 2월 24일.
(15) Nikita Taranko Acosta, 'Ukrainisation à marche forcée 속도를 내는 우크라이나화', <르몽드 디플로마티크> 프랑스어판, 2019년 5월호.
(16) Kathy Rousselet, 'Divorces à l'orthodoxe 정교회와의 결별', <마니에르 드 부아르> 프랑스어판, n° 188, 2023년 4~5월호.
(17) <Izvestia>, 2023년 4월 10일.
(18) Edward Lucas, 'After Putin', CEPA, Washington, 2022년 6월 19일, https://cepa.org
(19) <L'Express>, n° 3755, 2023년 6월 22~28일.

10월 7일 이스라엘 공격, 그 후

팔레스타인 해방 운동의 주도권을 노리는 하마스

시간이 흐르면서 하마스(Hamas)는 군사력 강화, 해외 지도부를 뛰어넘은 가자지구 지도부의 세력 강화라는 두 가지 큰 변화를 겪었다. 10월 7일 하마스가 감행한 유혈 공격은 팔레스타인 민족의 유일한 수호자 역할을 자처하고 전투가 끝난 후 정치적 핵심 역할을 차지하려는 의도를 담고 있다.

레일라 쇠라 ▎아랍정책조사연구소(ACRPS) 연구원

2023년 10월 7일 하마스의 이스라엘 공격에서 가장 놀라운 점이자, 가장 간과된 요소가 있다. 그것은 분쟁이 다름 아닌 가자지구에서 일어났다는 사실이다. 지난 10년 동안, 가자지구는 팔레스타인 저항운동의 주요 전장이 아니었다. 이스라엘군은 2014년 '프로텍티브 엣지(Protective Edge)' 작전을 비롯해 가자지구를 반복적으로 공격했고 하마스는 철저히 방어에 집중했다. 산발적인 로켓포 공격은 유지했지만 하마스는 2010년 이스라엘이 도입한 고도의 미사일 방어 시스템인 '아이언 돔(Iron Dome)'을 뚫지는 못했다. 가자지구는 완전히 봉쇄됐고 세상과 단절됐다.

이스라엘이 판단착오를 한 가자지구

분쟁이 가장 두드러진 지역은 요르단강 서안지구인 듯했다. 유대인 정착촌이 확장되고 이스라엘 정착민과 군대가 팔레스타인 마을을 공격하면서 서안지구는 성지 예루살렘과 함께 세계 언론의 관심을 독차지했다. 하마스와 여타 팔레스타인 해방운동 단체들은 서안지구를 저항의 중심지로 여겼다. 이스라엘 당국도 마찬가지였다. 지난해 10월 7일 오전 하마스가 공격을 개시했을 때, 이스라엘군은 오로지 서안지구만 주시하고 있었다. 가자지구는 이스라엘 안보에 심각한 위협이 되지 않는다고

판단했던 것이다.

하마스의 공격은 이런 가정을 철저히 뒤엎었다. 가자지구의 하마스 부대는 에레즈 국경 검문소를 폭파하고 보안 철조망을 뚫은 후 치명적인 급습을 감행했다. 민간인과 군인 수백 명을 사살하고 240명을 인질로 잡은 하마스는 물론 대대적인 이스라엘의 군사적 대응을 예상하고 있었다. 하지만 이스라엘의 보복은 상상을 초월하는 규모였다. 이스라엘이 펼친 '아이언 소드(Iron Sword)' 작전으로 최소 2만 명이 사망했다. 그중 대다수는 민간인이었다. 세계에서 인구밀도가 가장 높은 지역인 가자지구는 폐허로 변했다. 이스라엘의 보복 공격으로 세계 언론과 국제사회의 관심이 다시 가자지구에 쏠렸다. 수년간 잊혀졌던 가자지구는 이스라엘-팔레스타인 분쟁의 중심으로 복귀했다.

가자지구가 구심점으로 떠오르면서 하마스 지도부에 관해 많은 의문점이 생겨났다. 하마스에서는 최근까지도 전통적인 지도자들이 핵심 주도권을 쥐고 있는 것으로 추정됐다. 이들은 요르단, 시리아를 거쳐 2012년부터는 카타르에 피신 중이다. 하지만 이런 추측은 이제 옛말이 됐다. 야히아 신와르가 하마스의 가자지구 지도부를 장악한 2017년 이후 하마스의 무게 중심은 가자지구로 이동했다. 해외 지도부들로부터 더 큰 독립성을 확보한 신와르는 전략을 수정해 하마스를 전투조직으로 변

화시켰다. 신와르의 목표는 이스라엘에 대한 공격을 재개하고 가자지구를 전반적인 팔레스타인 투쟁과 재연계하는 것이었다.

즉, 서안지구와 예루살렘, 특히 긴장감이 고조되는 알아크사 모스크 주변의 상황에 더욱 단호하게 대응하는 것이다. 이스라엘의 가자지구 봉쇄는 가자지구를 지도에서 사라지게 하기는커녕 다시 전 세계의 이목을 집중시키는 여건을 조성했다. 정치 및 군사조직인 하마스에는 네 개의 권력의 축이 존재한다. 가자지구, 서안지구, (다수의 고위급 인사가 수감되어 있는) 이스라엘 교도소 그리고 정치국을 좌지우지하는 해외 지도부를 말한다.

1989년 제1차 인티파다(Intifada, '봉기'를 뜻하는 아랍어로 팔레스타인의 반이스라엘 투쟁을 지칭) 당시 이스라엘의 탄압으로 하마스 지도자들은 요르단, 레바논, 시리아로 흩어졌다. 2000년대 초반부터는 시리아 수도 다마스쿠스가 하마스의 주요 본부 역할을 했다. 이들은 해외 피신 중에도 가자지구에 본부를 둔 하마스의 군

사조직 이즈 알딘 알카삼 여단(IDQB)에 대한 통솔권을 유지했고, 외국 지도자들과 외교 관계를 맺었으며, 많은 기부·자선단체들의 후원을 받았다.

1990년대 초 오슬로 평화협정 체결 이후 이란 역시 하마스의 해외 지도부를 지원했다. 이 시기 하마스에서 권력의 중심부에 있었던 이들은 해외 체류 지도자들이었다. 정치국 수장 칼리드 마슈알을 비롯한 일부 하마스 지도자들은 해외 망명 생활 중 세력을 키웠다. 이들은 요르단과 시리아에 머물며 하마스의 의사결정 과정을 지배했다. 팔레스타인 영토 전역의 하마스 부대와 대원들은 해외 지도부의 전략 방침에 동의하지 않더라도 이를 수긍해야 했다.

하마스 창시자의 피살 … 알카삼 여단의 부각

2004년, 하마스의 창시자이자 정신적 지도자인 셰이크 아흐메드 야신이 이스라엘에 의해 암살됐다. 이 사건 이후 해외 지도자들의 우위에 대한 의문이 제기되기

<깃발2>('가자의 벽' 시리즈 중에서), 1992 - 라일라 샤와

시작했다. 당시 가자지구 지도부는 몇 가지 요인에 힘입어 영향력을 확대했다. 2006년 가자지구 선거에서 승리한 하마스는 2007년 6월 가자지구 전역을 장악하고 정부를 구성했다. 하마스가 선거에서 승리하자 이스라엘은 가자지구 봉쇄를 한층 더 강화했다. 가자지구의 새 '주인'이 된 하마스는 불법 지하터널을 활용한 무역으로 수입원을 확보했다. 이로써 가자지구 지도부는 해외 지도부의 재정 지원에 대한 의존도를 낮출 수 있었다.

2011년 '아랍의 봄' 민중 시위 그리고 특히 시리아 봉기로 하마스 지도부 간 권력 이양에 가속도가 붙었다. 시리아 내전이 발발하자 다마스쿠스의 하마스 지도부는 우선 바샤르 알아사드 정권과 수니파 반군 사이에서 중재를 시도했다. 시리아 정권을 전적으로 지지하라는 이란의 명령을 거부한 이들은 2012년 2월 결국 시리아를 떠나야 했다. 하마스의 2인자 무사 아부 마르주크는 이집트 카이로로 옮겨갔다. 카타르 도하로 이동한 칼리드 마슈알은 알아사드 정권과 결탁한 이란 정부, 헤즈볼라를 맹렬히 비판했다. 그 결과 2012년 여름 그리고 2013년 5월 알카삼 여단이 충성파 시리아군, 헤즈볼라와 쿠사이르 전투에서 맞붙었을 때 이란은 하마스에 대한 재정 지원을 축소했다. 연간 1억 5,000만 달러에 달했던 이란의 하마스 지원금은 7,500만 달러 미만으로 반 토막 났다.

이란과 불화를 겪고 역사적인 지도자들과의 관계가 소원해지면서 해외 지도부의 영향력은 약화됐다. 가지 하마드 하마스 대변인은 2013년 5월 가자지구에서 진행한 인터뷰 당시 "시리아와의 단절은 가자지구 지도부에 상당히 이롭게 작용"했음을 인정하며 "가자지구 지도부가 해외 지도부를 전복시켰다는 말은 아니지만 양측의 관계가 이제 좀 더 동등해진 것은 사실"이라고 말했다. 가자지구 지도부가 가진 또 다른 이점은 시리아와의 불화에도 불구하고 이란과 견고한 관계를 유지해 온 점이다. 특히 마르완 이사 부사령관을 비롯한 몇몇 알카삼 여단 지휘관들은 기회가 있을 때마다 이란을 방문했다.

알카삼 여단의 독립성 확대는 2006년 이스라엘 군인 길라드 샬리트 납치 사건 때 이미 입증됐다. 당시 납치 작전을 주도한 이는 알카삼 여단 총사령관 아흐메드 알자바리였다. 그는 2011년 하마스 대변인 가지 하마드와 함께 샬리트의 석방을 협상했고 이스라엘 감옥에 수감된 팔레스타인인 1,027명을 샬리트와 맞교환하기로 이스라엘 정부와 합의했다. 다수의 근동지역 정세 관측통들은 언론에 대대적으로 보도된 이 합의를 하마스의 승리로 평가했다. 1년 뒤 이스라엘은 알자바리를 사살하고 '방어 기둥'으로 명명한 새로운 군사 작전을 개시했다.

이스라엘의 끊임없는 가자지구 공격은 알카삼 여단의 세력을 강화하는 결과를 낳았다. 알카삼 여단은 전장과 단절된 채 카타르에서 호화로운 삶을 누리는 것으로 의심되는 해외 지도부와 달리 대(對)이스라엘 항전의 최전선을 책임진다는 자부심을 가졌다. 2017년 하마스 내부 선거 결과 알카삼 여단의 영향력을 증명하듯 소속부대원 3인이 정치국에 입성했다.

이스라엘의 가혹한 봉쇄 역시 가자지구에 저항과 희생이라는 상징적 가치를 부여했다. 하마스 지도자들은 가자지구의 상징성을 자신들의 정당성을 강화하는데 이용했다. 2012년 하마스 창설 25주년을 기념해 칼리드 마슈알은 생애 최초로 가자지구를 방문했다. 그는 '영광스러운 순교자들'과 '영원한 가자'의 어머니들에게 바치는 연설에서 "가자를 처음 방문했지만, 나는 가자로 되돌아왔다고 말하고 싶다. 마음은 항상 가자와 함께였기 때문"이라고 외쳤다.

하마스 지도자 신와르, 민중 시위 적극 활용

하지만 가자지구가 하마스 내부의 권력 구도에서 핵심적인 입지를 차지하게 된 것은 2017년부터다. 2017년, 칼리드 마슈알은 가자지구 지도부의 이스마엘 하니예에게 정치국장 자리를 내줬다. 정치국 수장 교체로 하마스는 이란과의 관계를 회복했다. 이때부터 이란은 해외 지도부를 거치지 않고 가자지구와 직접 대화하기 시작했다. 전적으로 이집트의 선의에 의지해야 하는 가자지구 출입 문제를 비롯한 여러 가지 이유로 하니예도 결국 2019년 12월 카타르 도하로 옮겨갔다. 하니예가 가자지구를 떠나자 그와 영향력 다툼을 벌이던 야히아 신와르 전 알카삼 여단 사령관이 빠른 속도로 부상했다.

신와르는 1980년대부터 알카삼 여단의 존경을 한 몸에 받아 온 인물이다. 이스라엘 감옥에 22년간 투옥됐던 그는 하마스의 새로운 옥중 지도부 구성에 기여했다. 2011년 10월, 길라드 샬리트와 팔레스타인 죄수 맞교환으로 석방된 신와르는 팔레스타인 무장 투쟁의 사전 예방적 개념, 즉 이스라엘이 협상에 임하도록 유도할 수 있는 것은 무력행사뿐이라는 신념을 구현했다. 가자지구의 강자로 부상한 그는 자신의 비전을 실현하기 위해 분투했다. 그는 가자지구를 장악한 하마스의 영향력을 이용해 이스라엘 정부의 양보를 받아내기로 결심하고 알카삼 여단의 힘을 키워나갔다. 일부 분석가들에 의하면, 2000년대 1만 명에 불과했던 알카삼 여단의 전투 대원은 2020년 3만 명 이상으로 증가했다.

하마스 내부에서 신와르의 입지 강화에 공개적으로 이의를 제기한 인물은 이스마엘 하니예의 고문을 맡았던 아흐메드 유세프 뿐이다. 유세프는 하마스의 의사결정권이 전적으로 팔레스타인 국내로 이양될 경우의 파장을 우려하며 해외 지도부가 최종 결정권을 유지해야 한다고 주장했다. 유세프는 또한 신와르와 알카삼 여단의 밀접한 관계가 전반적으로는 하마스에 해로운 요소로 작용하고 이스라엘이 가자지구를 테러리스트들의 소굴로 간주하는 추가적인 구실을 제공할 수 있다고 주장했다.

하지만 신와르는 현실감각을 지닌 지도자임을 입증했다. 2018~2019년, 그는 가자지구 국경 철조망 앞에서 '귀환 행진' 시위를 조직해 이스라엘의 봉쇄를 일부 완화시켰다. 하마스는 매주 수만 명의 가자 주민이 국경에 모여 봉쇄에 항의하는 이 민중 시위를 전략적으로 활용했다. 이스라엘군 저격수들이 비무장 시위대에게 총구를 겨누는 동안 알카삼 여단은 이스라엘 영토를 향해 로켓포를 쏘고 방화 풍선을 날려 보냈다. 이런 전략적 압박에 굴복한 이스라엘 정부는 마침내 국경 일부를 제한적으로 개방하고 카타르가 가자지구 공무원 급여용으로 지원한 자금의 동결을 해제했다.

이런 성과에도, 가자지구와 서안지구에 거주하는 많은 팔레스타인인들은 하마스에 대해 회의적이었다. 이들은 하마스가 권위주의적인 통치에 대한 비판을 잠재울 목적으로 '귀환 행진'을 이용하고 자신들의 이익만을 위해 무력을 사용한다고 비난했다. 2021년, 신와르가 신뢰를 회복할 기회가 찾아왔다. 그해 동예루살렘의 셰이크 자라 지역에서 팔레스타인 주민들이 추방당한 것이다. 이스라엘은 이에 항의하는 팔레스타인 시위대를 폭력 진압했다.

5월 20일, 알카삼 여단은 아슈도드, 아슈켈론, 예루살렘, 텔아비브를 향해 로켓포 수천 발을 발사했다. 이스라엘의 여러 도시에서는 많은 아랍인들이 자발적으로 거리로 몰려나와 추방당한 팔레스타인인들과 연대했다. 이를 계기로 하마스는 가자지구 외부의 팔레스타인인인들과의 관계를 재건하고 예루살렘의 수호자를 자처할 수 있게 됐다. 이때부터 예루살렘과 서안지구에서 열리는 모든 집회에서는 알카삼 여단의 대변인 아부 오베이다의 이름이 울려 퍼졌다.

바레인, 아랍에미리트, 모로코, 수단 등 아랍 국가들이 이스라엘과의 관계 정상화에 착수하면서 가자지구 국경 너머에서 하마스의 영향력이 강화됐다. 이스라엘의 서안지구 합병 위협이 점점 더 현실화되는 분위기 속에서 미국이 중재한 중동 화해 협력 전략인 아브라함 협정 프로세스에 동참한 아랍 국가 지도자들은 서안지구의 운명에 일말의 관심도 없음을 입증했다. 팔레스타인인들은 아랍 국가들의 이런 선택을 배신으로 간주하며, 서안지구와 예루살렘 점령 피해자들의 유일한 수호자는 하마스라고 생각하기 시작했다.

하마스의 언론 캠페인, 외부세계에 참상 전달

2021년 이후 하마스는 이스라엘의 알아크사 모스크 위협에 분노한 팔레스타인인인들의 편에 서기도 했다. 예루살렘에 있는 이 모스크는 팔레스타인의 국가적 상징이다. 이런 맥락에서 '알아크사 대홍수' 작전으로 불리는 하마스의 유혈 공격은 가자지구뿐만 아니라 팔레스타인 영토 전체를 보호하기 위해 무력을 사용한다는 논리와 일치한다. 이런 점에서 지난 10월 7일 특공대를 투입해 이스라엘을 공격한 하마스의 결정이 해외 지도부의 개입 없이 오직 가자지구 내부 지도부에 의해 내려졌다는 사실은 의미하는 바가 크다.

하마스는 이번 전쟁 초기부터 가자지구가 팔레스타인 투쟁의 주축임을 강조하고 전투가 한창인 와중에도 외부세계와 소통하는 미디어 전략을 전개했다. 이스라엘군의 대대적인 가자지구 폭격, 지속적인 인터넷 차단, 통신 인프라 파괴에도 불구하고 하마스는 이스라엘군의 성명을 반박하는 방송을 멈추지 않았다. 하마스는 폭격의 참상이 담긴 영상을 연일 내보내고 민간인을 '인간 방패'로 사용하거나, 병원 내부에 '테러 기지'가 숨겨져 있다는 이스라엘의 발표를 조목조목 반박하며 이스라엘의 반(反)팔레스타인 선전에 제동을 걸었다.

가자지구 지도부가 주도한 이런 언론 캠페인에 도하의 하마스 지도부는 관여하지 않은 것으로 보인다. 2008~2009년 이스라엘의 '캐스트리드(Cast Lead)' 공세 때 시리아 지도부의 정치국장이 언론 발표를 담당했던 것과는 다른 상황이다. 이제 이 역할은 가자 현지의 아부 오베이다 사령관의 몫이 됐다. 신와르를 비롯한 가자지구 지도부는, 자신들이 포격 세례를 받는 동안 카타르에서 호사스러운 삶을 누리는 해외 지도부를 경멸했다.

하지만 레바논의 하마스 지도부만은 예외였다. 이들은 가자지구 지도부의 정보전에 적극적으로 참여했다. 하마스 외교부장을 역임한 현 정치국 핵심 인사, 우사마 함단은 베이루트에서 연달아 기자회견을 열고 이스라엘의 담화를 반박했다. 신와르와 알카삼 여단의 밀접한 관계를 우려한 하마스 지도자들과 달리 함단은 정치와 군대의 융합을 당연한 것으로 평가하며 팔레스타인의 대의를 진전시킬 유일한 방법은 무력 동원이라는 신념을 공유했다. 함단은 2017년 베이루트에서 본지와 인터뷰 당시 "이스라엘의 네타냐후, 라빈, 바라크, 페레즈 총리 모두 군벌 출신 정치인"임을 지적하며 이 점에서는 하마스와 이스라엘 지도자들 간에 공통점이 있다고 조롱 섞인 어조로 말했다.

성명을 발표할 때마다 함단은 이스라엘과의 전쟁을 하마스만의 문제가 아니라 팔레스타인인 해방을 위한 보편적 투쟁으로 인식시키려 공을 들였다. 그는 지난해 10월 7일 하마스가 이스라엘군을 공격함으로써, 다수의 팔레스타인 수감자가 석방되고, 이스라엘 지상군을 궁지에 몰아넣었다고 주장했다. 뿐만 아니라, 레바논 접경 도시와 가자지구 인근 일부 지역에서 이스라엘 주민이 철수하는 등의 성과도 거뒀다는 것이다. 함단은 또한 이스라엘이 휴전, 이스라엘 인질과 팔레스타인 수감자 맞교환에 합의한 것도 이스라엘군이 가자지구에서 펼친 작전이 난관에 부딪혔기 때문이며, 12월 1일 이스라엘이 폭격을 재개한 것은 이스라엘군이 전쟁 초기에 목표 달성에 실패했다는 증거라고 주장했다.

일부 아랍 국가들의 관영 매체, 특히 전통적으로 하마스에 적대적인 사우디아라비아의 공식 매체는 이런 발표에 엇갈린 반응을 보였다. 그러나 아부 오베이다와 함단의 성명들이 팔레스타인인뿐만 아니라 주변 국가의 아랍인에게도 상당한 영향을 미쳤다는 사실은 부인할 수 없다. 현재 이들은 전쟁 전보다 훨씬 더 하마스에 공감하고 있다. 10월 7일 공격으로 하마스는 이스라엘이 무적이 아님을 입증했으며 무기력한 모습으로 많은 팔레스타인인들의 비난을 받는 팔레스타인 자치정부와 팔레스타인해방기구(PLO)를 더욱 약화시켰다.

'알아크사 대홍수' 작전은 하마스의 잔학 행위와 이스라엘의 무자비한 보복에도 불구하고 팔레스타인 해방 투쟁을 다시 수면 위로 떠올렸다. 이스라엘의 파괴적인 침공을 유발한 10월 7일 공격은 가자지구에 다시 관심을 집중시켰으며 이스라엘의 팔레스타인 점령 실상을 국제사회에 상기시켰다. 이는 팔레스타인과 이스라엘의 미래에 많은 영향을 미칠 것이다.

'나크바' 트라우마를 자극한 가자지구 참사

가자지구 주민이 겪고 있는 시련은 팔레스타인의 트라우마를 자극하기도 했다. 이스라엘 공보부는 가자지구 북부 가자시티 주민을 남부 해안지대로 강제 이주시킬 계획을 발표하며 이를 인도주의적 보호 조치로 포장했다. 이스라엘 정부는 또한 시나이반도 강제이주 계획도 발표했다. 이로 인해 가자지구 주민들은 1948년 시작된 오랜 추방 생활의 기억을 다시 떠올리게 됐다. 폭탄 세례를 받을 것인가, 강제이주를 받아들일 것인가? 너무나 잔인한 선택이다.

더군다나 가자지구 주민 대부분은 이스라엘 건국 이후 고향에서 쫓겨난 팔레스타인 가족 출신이다. 난민 2~3세대인 이들의 눈에는 역사의 반복처럼 보일 수밖에 없다. 이들 중 수십만 명은 가자시티를 떠나길 거부했다. 이들에게 제2의 나크바(Nakba, 대재앙이라는 뜻의 아랍어. 1948년 이스라엘 독립 선언 후 약 70만 명의 팔레스타인인이 추방당한 사건-역주)를 피할 방법은 가자에 남는 것뿐이다. 그 어떤 희생이 따르더라도 말이다.

7일간의 휴전 후 이스라엘은 가자지구 폭격을 재개했다. 이스라엘과 미국은 다양한 '전후' 시나리오들을 계속 검토해 왔다. 마흐무드 압바스 팔레스타인 자치정부 수반이 참여하는 시나리오를 비롯한 여러 사안에서 미국과 이스라엘은 서로 다른 견해를 보였지만, 단 하나 '하마스 박멸'이라는 공통의 목표를 갖고 있다. 하지만 이런 목표는 하마스의 실상을 제대로 이해하지 못한 것이다. 세계 최강의 군대인 이스라엘군이 학살에 가까운 공격을 두 달 넘게 퍼부었지만, 하마스가 완전히 제거됐다는 증거는 없다.

하마스는 살아남았을 뿐만 아니라 해외 지도부와 아랍 동맹국 그리고 이란으로부터 완전히 독립했다. 특히 이란의 경우 10월 7일 공격에 대한 사전 경고조차 받지 못했다. 10주간의 침공과 폭격에도 살아남은 하마스의 능력, 여전히 건재한 지도부, 미디어를 활용하는 전략, 하마스 지지 네트워크의 존재는 향후 가자지구 통치 관련 논의 석상에서 거론된 주장들을 무색하게 했다.

이스라엘은 목표 달성에 실패했다. 그리고 서안지구에 대한 군사적 탄압을 강화했다. 연일 치명적인 공습, 대규모 체포, 각종 수탈 행위를 이어가며 말이다. 이스라엘 정부는 또한 가자지구를 이스라엘 내 팔레스타인인 거주지역과 분리하기 위해 수년간 노력해 왔다. 이런 상황은, 이스라엘이 두 개의 전선에서 동시에 싸우는 전쟁으로 변질될 위험을 보여준다. 또한, 가자지구를 전반적인 팔레스타인 해방 투쟁과 연계하려는 하마스의 계획에, 이스라엘군이 오히려 계속 도움을 줄 가능성도 시사한다. 🄛🄓

크리티크M 8호
『날개를 단
웹툰적 상상력』

권 당 정가 16,500원

글·레일라 쇠라 Leila Seurat
아랍정책조사연구소(ACRPS) 연구원, 프랑스 형사법제사회학연구소(CAREP) 객원 연구원. 주요 저서로 『하마스와 세계(Le Hamas et le monde)』(CNRS Éditions, Paris, 2015)가 있다. 본 기사는 2023년 12월 11일 <Foreign Affairs>에 실린 영문 기사 'Hamas's goal in Gaza. The strategy that led to the war – and what it means for the future'를 프랑스어로 번역한 것이다.

영불 번역·올리비에 시랑 Olivier Cyran

불한 번역·김은희
번역위원

정치적 해법 없이 하마스에 맞서는 네타냐후 정부

이스라엘의 전략적 오류

이스라엘은 2023년 10월 7일 이스라엘 민간인과 군 기지에 대한 하마스의 습격으로 상당한 충격을 받았다. 이번 참극의 원인 중 하나는 팔레스타인 문제의 해결에 있어 이스라엘 정부가 정치적인 해법을 도외시한 데 있다. 이스라엘이 하마스의 전멸을 목표로 수행 중인 이번 가자 전쟁은 미래의 또 다른 참극을 예고한다.

샤를 앙데를랭 ▮언론인

예루살렘에 눈이 많이 내린 2003년 3월 15일, 일명 '샤박(Shabak)', 이스라엘 국내 정보기관 신베트(Shin Beth)의 수장인 아비 디흐테르는 베이트 하케렘 지구의 마티 스타인버그 집을 찾았다. 일부 구간은 걸어서 눈길을 뚫으며 그가 이 집을 찾은 이유는 신베트 수장직의 사임 의사를 알리기 위해서였다. 이로써 그는 팔레스타인 문제에 관한 국내 최고의 전문가 스타인버그와 결별했다.(1)

수십 년간 이스라엘의 해외(모사드)·군사(아만)·국내(신베트) 관련 정보기관을 차례로 거치며 주요 분석가로 활동해온 스타인버그는 그야말로 이 분야 최고의 베테랑이었다. 정부 방침에 역행할 때도 많았던 그는 2002년 3월 베이루트 아랍 정상회의에서 사우디 국왕 압둘라 알사우드가 제시한 중동 평화안(2)을 당시 이스라엘의 아리엘 샤론 총리가 거부하자 이에 대해서도 비판의 목소리를 높였다. 지금도 아랍 연맹의 공식 입장으로 남아있는 중동 평화안은 이스라엘과 주변 아랍 국가의 완전한 국교 정상화를 보장하는 대신 이스라엘이 1967년 6월 점령한 아랍 영토에서 완전히 철수하는 조건을 내걸고 있다.

스타인버그는 또한 팔레스타인 지도부를 모조리 숙청한다는 정부 방침에 대해서도 이의를 제기했다. 그는 철저히 안보 관점에서, 이스라엘 정부의 정책 방향이 조국 이스라엘을 위험에 빠뜨릴 것으로 확신했다. 그의 분석에 따르면, 이스라엘이 민주적인 유대 국가로 존재할 유일한 방법은 팔레스타인 독립 국가 수립 외에는 없다. 지금은 학계에서 저명인사로 활동 중인 스타인버그는 지난 20년간 꾸준히 자기 목소리를 냈다. 비록 성과는 없었지만, 그는 2005년에도 이스라엘 군정 당국자에게 이를 이해시키려 노력했다. 아리엘 샤론 총리에 의한 일방적인 가자지구 철수가 끔찍한 전략적 실패를 부른다고 말이다. 샤론 정부는 왜 이런 선택을 한 것일까?

당시 총리 측근의 자문관이었던 변호사 도브 바이스글라스는 일간지 〈하레츠〉에 이스라엘 정부의 진짜 의중을 누설했다. "가자지구에서 유대인 정착촌을 철수한 것은 이스라엘이 더는 정치적 수순을 밟지 않겠다는 뜻이다. 그리고 이렇게 정치적 해법을 동결하면 팔레스타인의 국가 수립은 물론 팔레스타인 난민과 국경 문제, 그리고 예루살렘 관련 문제에 대한 모든 논의가 어려워진다."(2004년 10월 8일) 가자지구 철수에 뒤이어 이스라엘 정부는 팔레스타인 자치 정부의 경찰력 강화를 반대했고, 2007년 7월에는 가자지구 장악을 위한 하마스의 무력 시위 발생 때도 팔레스타인 자치 정부 측에 이스라엘의 군 병력 지원을 못 하게끔 했다.

네타냐후와 하마스의 동상이몽

샤론 총리의 이런 전략으로, 이스라엘의 군정 당국자들은 가자지구가 하마스 수중으로 들어가는 한편, 요르단강 서안지구에서는 아바스의 자치정부 세력이 약화된 것으로 보았다. 하지만 이는 이슬람 원리주의 조직인 하마스가 가자지구는 물론, 예루살렘의 알 아크사 사원을 중심으로 한 팔레스타인 지역 전체를 이슬람 땅이라 여긴다는 사실을 망각한 처사라는 게 스타인버그의 설명이다.

2009년 재집권한 벤야민 네타냐후 총리는 하마스 세력의 가자지구 통치를 용인하는 기존 전략을 그대로 따랐다. 하마스가 카타르 쪽에서 자금 조달을 할 수 있게 허용한 것도 같은 맥락이다. 2019년에는 팔레스타인의 국가 수립을 막고자 한다면 하마스 조직의 강성과 자금 이전을 지지해야 한다고 리쿠드당 의원들에게 설명했다.(3) 2022년 12월, 이스라엘 역대 정권 중 팔레스타인 지역 합병에 대한 의지가

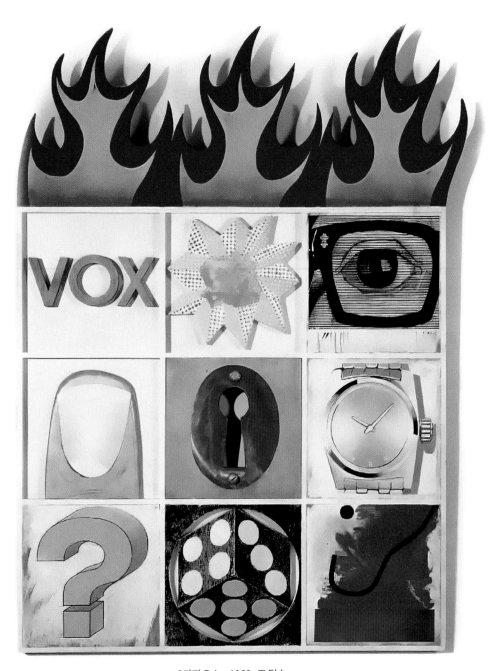

<9가지요소>, 1963 - 조 틸슨

가장 큰 정부를 구성한 네타냐후 총리는 극우 성향의 베잘렐 스모트리히를 재무장관 겸 국방 특임장관으로 임명했다. 말하자면 그를 요르단강 서안 지구의 민간 행정 책임자로 앉힌 것이다.

이로써 네타냐후 총리는 그에게 유대인 정착촌 건설을 위한 모든 권한을 부여했다. 유대인 정착촌 확대 의지가 뚜렷한 그는 2017년에도 - 그의 말대로라면 - 이스라엘의 확실한 승리를 담보할 계획안을 공표했다. 사

실상 하마스에 대한 선전포고였다. "유대 사마리아 지역의 아랍인들", 즉 요르단강 서안 지구의 아랍인들에게 "유대 국가에 남아 한 개인으로서 살아갈 기회"를 주겠다는 것이었는데, 단 여기에는 조건이 하나 붙어있었다. "민족적인 포부를 포기할 수 없거나, 이를 버리지 못하는 사람은 수많은 아랍 국가 중 한 곳으로 이주하게끔 지원해주겠다"는 것이었다.

스타인버그 교수는 학계에서의 연구에 매진하면서

도 이스라엘의 이 같은 정책 변화에 따른 팔레스타인 측 반응을 주의 깊게, 그리고 우려 섞인 마음으로 지켜봤다. 그러던 중 그는 하마스의 인터넷 사이트에서 유대인의 종말을 암시하는 발언이 급격히 늘고 있는 현상을 목격한다. 물론 하마스를 창설한 아메드 야신(1937~2004)도 2027년 "시온주의 조직체"의 종말을 공언하긴 했다. 하지만 이스라엘 정보기관 분석가 출신인 스타인버그 교수가 보기에 하마스의 신학자들은

해당 예언을 앞당기기로 결심한 듯했다.

지난해 8월 25일, 하마스 조직 내 2인자 살레 알아루리가 친 헤즈볼라 성향의 한 레바논 TV 채널에서 밝힌 바에 따르면 "베잘렐 스모트리히는 1948년에 점령한 팔레스타인 영토와 요르단강 서안 지구에서 팔레스타인 사람들을 몰아낼 대대적인 분쟁을 원하고 있다. 내 생각엔 우리가 격렬한 전투를 벌일 때가 임박해 온 것 같다. 그리고 이에 따른 결과

는 팔레스타인 및 역내 상황에 상당한 영향을 미칠 것이다."(4) 해당 인터뷰에서 알아루리는 요르단강 서안지구에 대해서만 언급했을 뿐, 가자지구에 대한 언급은 전혀 없었다. 의도적인 누락이었을까? 어쨌든 그 덕분에 이스라엘 정보기관의 관심은 가자지구가 아닌 다른 곳으로 옮겨갔다. 예외가 있다면 스타인버그 교수뿐이었다.

"이스라엘은 국제 사회의 지지를 잃고 있다"

문제의 10월 7일, 이스라엘은 아침 일찍부터 역사상 유례없는 군사적 패배를 겪어야 했다. 무장한 민병대 수천 명이 가자지구 주변의 분리 장벽을 넘어 주변 군사 기지를 포위한 후 함락시킨 것이다. 게다가, 이스라엘 군 참모부는 가자지구 병력을 요르단강 서안지구 유대인 정착촌으로 옮겨둔 상태였다. 심하트 토라(유대교 명절)를 맞이해 정착촌 인근 안보 경계 강화를 위해서였다.

분리 장벽을 넘어온 하마스 민병대는 이스라엘의 남녀 군인 수십 명을 사살하거나 포로로 끌고 간 뒤, 22개의 이스라엘 거주지로 침투해 주민들을 학살하고 나이 관계없이 민간인을 납치했다. 12월 20일 기준, 해당 공격에 따른 이스라엘 측 사망자는 민간인 859명, 군인 278명, 경찰 44명이었다. 가자지구로 끌려간 인질만도 255명이었다. (그 가운데 118명은 11월 휴전 협정 기간

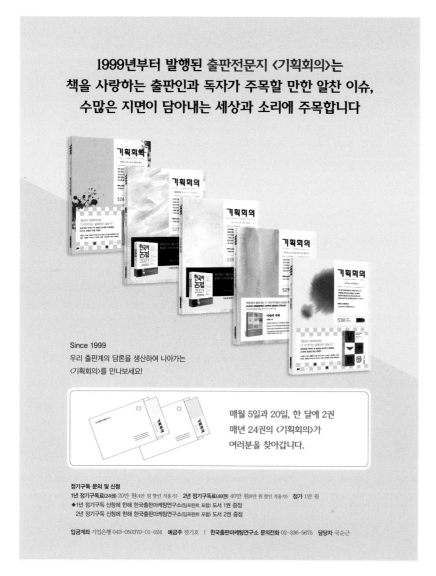

동안 석방됐다.) 하마스 측 민병대는 1,000명 가까이 사망했으며, 이스라엘 군대는 나흘 후에야 비로소 가자 지구 경계를 완전히 통제했다.

이스라엘에서는 1973년 이후 처음으로 총동원령이 선포됐고, 예비군 36만 명이 소집됐다. 반격에 나선 이스라엘 군대의 목적은 하마스의 정치적 군사적 역량을 모조리 박탈하고 가자지구에 억류된 인질을 빼내는 것이었다. 이스라엘은 공중에서 집중 폭격을 퍼부은 후 광범위한 지상 작전을 펼쳤다. 미 정부와 서방 정부 다수는 이스라엘 편에 서서 지원 공세를 펼쳤으며, 미국은 긴급 공수를 통해 미사일과 탄약을 보급했다. 하마스 보건부에 따르면, 12월 9일 기준으로 가자지구에서는 아동 약 7,000명 포함 약 2만 명의 사망자가 발생했다.(5)

유엔 집계에 따르면 주거지의 18%가 훼손 및 파괴됐다. 몇 주 동안 이스라엘을 전폭적으로 지원하던 바이든 미국 대통령도 12월 12일, "이 같은 무차별 폭격으로 이스라엘은 국제 사회의 지지를 잃고 있다"며 강한 어조로 경고했다. "베냐민 네타냐후 총리는 벤-그비르 국가안보장관을 포함한 극우 성향 인사가 포함된 내각 개편을 단행할 필요가 있어 보인다. 이스라엘 역사상 가장 보수적인 현 정부는 두 국가 원칙의 해법을 전혀 원치 않기 때문이다. 현 정부는 하마스뿐 아니라 팔레스타인 사람들 전체를 대상으로 복수하려 하며, 두 국가 수립에 기반을 둔 해법은 고려하지 않고 있다."

전략 없는 복수는 정치가 될 수 없어

네타냐후 총리는 팔레스타인 국가 수립에 대한 거부 의사를 재차 천명하며 같은 날 바로 반발했다. 가자지구에 팔레스타인 자치 정부를 들이는 것도 그에게는 안될 말이었다. "나는 이스라엘이 오슬로 협정 때와 같은 실수를 반복하지 않게 할 것이다. 테러를 교육하고 테러를 지지하며 이를 위해 돈을 대는 자들의 가자지구 출입을 막을 것이다. 가자는 하마스 지역도, (팔레스타인 자치정부를 이끄는) 파타당 지역도 아니다."

만약 대미 갈등이 빚어질 경우, 이에 대한 이스라엘 사람들의 반응은 어떨까? 이스라엘 민주주의 연구소에서 진행한 최근의 한 여론조사에서 "이스라엘이 미국의 지원을 받기 위해 두 국가 기반의 해법 원칙을 받아들여야 하는가"라는 질문에 유대인 응답자 중 35%만이 긍정적인 답변을 했고, 52%는 반대 의사를 밝혔다.(6) 해당 조사에 참여한 타마르 헤르만 교수는 "가자지구의 피해에 대해 이스라엘 사람들은 크게 개의치 않는다. 국내 여론이 상당히 과열된 상태이기 때문"이라고 설명했다. 이어 "국민들이 매일같이 인질 사망 소식을 접하고, 전장에서는 우리 군인들이 목숨을 잃는다. 내 개인적인 소견으로는 군대가 전투 윤리를 고려해 살상을 줄이고 보다 고도의 전략과 전술을 쓰면 좋겠지만, 그렇다고 이스라엘에 대한 국제 여론이 달라질 것 같지는 않다"고 전망했다.

정부의 대응 방식에 대해서는, 스타인버그 역시 매우 비판적이다. "도덕적 관점이나 법률적인 고려를 별개로, 전략 없는 복수는 정치가 될 수 없다. 군대가 가자지구 내의 민간인을 함부로 하도록 방치하는 것은 이스라엘에도 위험하다. 하마스 무장 조직은 주적인 이스라엘을 자극해, 이스라엘이 국제 사회로부터 정당성을 잃게 하려고 한다. 그럴 경우 하마스는 모종의 정당성을 부여받는다. 이스라엘이 가자에서 철수하지 않으면 도처에서 게릴라전이 벌어질 테고, 하마스는 레바논 남부에서처럼 이스라엘을 곤란하게 만들 것이다. 이는 이집트나 요르단과의 관계에 있어서도 위협으로 작용할 수 있다. 해당 국가와의 평화 조약이 문제시되는 상황에까지 이를 수 있기 때문이다. 그러면, 결국 승자는 하마스다."

그러나 이런 지적에 공감하는 이스라엘 대중은 드물다. 매일 전사자들의 장례식이 치러지는 데다, 10월 7일 하마스의 습격 사건이 트라우마로 남아있기 때문이다. 매주 토요일 저녁이면 10만 명이 넘는 이스라엘 사람들이 텔아비브 미술관 광장으로 운집한다. '인질들의 광장'이라 명명된 이곳에서 사람들은 인질 가족을 위한 연대 시위를 이어간다. 매일같이 좌절의 나날을 보내는 피해자 가족들은 인질 석방을 최우선으로 해줄 것을 정부에 촉구하고 있다.

네타냐후 퇴진을 외치는 사람들

한편, 크네세트(이스라엘 의회) 앞에서는 하마스의 습격으로 가족을 잃은 사람들이 "네타냐후 정부 퇴진"을 외치며 천막 농성을 이어가고 있다. 처음 시위를 제안한 사람은 야코프 고도(74세)다. 그는 하마스의 습격으로 지난 10월 8일 아들(52세)을 잃었다. 가자지구 인근 키부츠(집단 농업공동체) 키수핌에 살던 그의 아들은 아내와 세 딸을 구하려다 목숨을 잃었다고 한다(남은 가족들은 다행히 살아있다). 'Looking the Occupation in the Eye'라는 시민단체 소속 운동가이기도 한 고도는 요르단강 유역에서 유대인 정착민에게 공격받는 팔레스타인 목자들을 보호하는 일에 동참하기도 한다. 그는 가자지구 전쟁에 대해 "쓸모없는 전쟁"이라고 확언했다. "진작 끝났어야 하는 싸움이다. 무용한 이 전쟁으로 가자지구가 끔찍하게 파괴됐고, 수많은 사람들이 목숨을 잃었다. 물론 인질의 석방이 최우선 목표지만, 현 정부가, 그리고 그 수장이 과연 그렇게 할 수 있을지 의문이다."

1996년 네타냐후 내각의 우두머리였던 이스라엘 방위군 여단장 다비드 아그몬도 참여한 이 시위대는 이스라엘 국민 다수의 지지를 받는다. 그런 한편, 이들을 '좌파 배신자' 취급하는 리쿠드 당 지지자로부터 협박과 모욕을 당하기도 한다. 총리 쪽 지지자 한 명은 농성 중인 천막에 불을 지르려다 경찰에 붙잡혔다. 인질 가족들도 우파나 극우파 지지자들에게 종종 공격당한다. 구세주의 도래를 꿈꾸는 강경 시온주의자들은 이 전쟁을 구원의 신호라고 생각한다.

요엘 엘리추르 교수는 종교적 시온주의 성향의 웹사이트 '스루김(Srugim)'에서 10월 7일의 학살이 이스라엘 사람들을 벌주려는 신의 한 계획이라고 설명했다. "강대한 조국을 버리고 옛 선인들이 살던 도시를 저버린 채 불경한 것들에 탐닉하며 잘못된 선택을 한 이스라엘 사람들"에 대한 신의 단죄라는 것이다. 격한 반발이 일어나자 이 글은 곧 내렸지만, 유대인 정착촌을 확대해야 한다는 생각이 점점 커지고 있다. 샤론 하트만 연구소의 연구자 토메르 페르시코는 전쟁이 끝난 후 민족주의 우파와 종교계 세력의 확대를 우려했다.

"지금 벌어지고 있는 가자지구의 분쟁은 결국 이 지역의 정치적 해결 절차를 밟게 될 것이다. 만약 이스라엘이 이를 받아들인다면 실추된 명예를 회복하는 길로 접어들 것이고, 그렇지 않으면 네타냐후 정권 내내 악순환의 굴레에서 벗어나지 못할 것이다. 그렇게 되면 이스라엘은 고립된다. 경제적으로나 사회적으로나 완전히 붕괴되는 것이다."

글·샤를 앙데를랭 Charles Enderlin
예루살렘 주재 언론인. 최근 저서로 『Israël. L'agonie d'une démocratie 이스라엘. 민주주의의 고뇌』 (Seuilm Paris, 2023) 등이 있다.

번역·배영란
번역위원

(1) 마티 스타인버그(Matti Steinberg) 교수는 프린스턴 대학교와 하이델베르크 대학교에서 강의 있으며, 주요 저서로 『나크바의 트라우마 : 팔레스타인의 두 가지 접근법과 그 정치적 여파 (La Nakba comme traumatisme. Deux approches palestiniennes et leurs répercussions politiques)』 (Le Débat, Paris, 2017, & In Search of Modern Palestinian Nationhood, Moshe Dayan Center - Syracuse University Press, Tel-Aviv, 2016) 등이 있다.

(2) Ignacio Ramonet, 'La paix maintenant 이제는 평화를 추구할 때', <르몽드 디플로마티크> 프랑스어판, 2002년 4월.

(3) Tal Schneider, 'For years, Netanyahu propped up Hamas. Now it's blown up in our faces', <The Times of Israel>, Jerusalem, 2023년 10월 8일.

(4) 친 헤즈볼라 성향의 레바논 TV채널 <알마야딘(Al-Mayadin)>에서는 알아루리와의 장시간 인터뷰를 편성해 내보냈다. "우리는 장기전에 대한 준비가 돼 있으며, 전례 없는 방식으로 이스라엘과의 싸움에서 승리할 것이다" (아랍어), 2023년 8월 25일. https://palinfo.com/news/2023/08/25/847974

(5) 'Death toll in Gaza from Israeli attacks rises to 17,700 – Health Ministry in Gaza', <Reuters>, 2023년 12월 9일.

(6) Tamar Hermann & Or Anabi, 'Israelis sharply divided on the question of a two-State solution in return for US assistance', The Israel Democracy Institute, 2023년 12월 5일, https://en.idi.org.il.

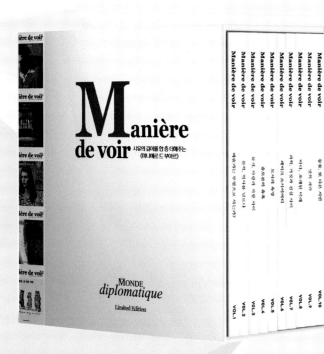

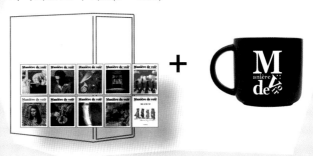

<대만 총통에 당선된 민주진보당의 라이칭더 후보>_ 관련기사 66면

MONDIAL

지구촌

영국의 EU 탈퇴 3년

브렉시트, 정말 실패인가?

영국 대법원은 2023년 11월 15일 난민 신청자들을 르완다로 이송하려는 정부 계획을 위법이라고 판결했다. 브렉시트 찬성자들이 보수당 정권 재창출을 보장하는 듯했지만, 쇠퇴한 보수당이 다시 정권을 차지하기는 힘들어 보인다. 여론조사에서는 브리그레트(Bregret), 브렉시트를 후회한다는 의견이 지배적이다. 그러나 '브렉시트는 실패'라고 단정할 수 있을까?

트리스탕 드 부르동파르므 ▌기자

서식스주의 이스트본에서 요크셔주의 반즐리까지, 웨일스의 콤브란에서 (스코틀랜드)에이셔주의 킬마녹까지 같은 포스터 150개가 걸렸다. 지난해 봄, 브렉시트에 앞장섰던 정치인 나이절 패라지가 〈BBC〉와의 인터뷰(2023년 5월 15일)에서 "브렉시트는 실패했다"라고 속내를 드러냈다. 그러자 그의 당황한 얼굴을 실은 포스터가 전국에 도배됐다. 반브렉시트 단체인 'Led by Donkeys'가 주도한 이 포스터 캠페인을 보며, 영국의 EU 탈퇴 반대자들은 나이절 패라지를 비웃었다. EU 탈퇴 국민투표를 주도한 또 다른 인물인 보리스 존슨 총리는 사임한 지 10개월이 지난 후, 용서를 구하는 듯한 느낌을 풍겼다. EU 탈퇴에 반대했던 사람들은 영국을 나락에 밀어 넣은 두 사람에 대해 앙심을 품고 있다.

실패는 인정한다, 그러나 그 범위는?

영국의 경제 상황에 대한 떠들썩한 분석들이 대거 등장했다. 영국은행의 전 총재인 마크 카니는 2022년 10월 "2016년 독일 경제 규모의 90% 정도였던 영국 경제는 오늘날 70% 이하로 떨어졌다"(1)라고 단언했다. 〈파이낸셜 타임스〉지는 '브렉시트의 여파에 대한 먹먹한 침묵'을 개탄하며, 브렉시트로 인한 GDP 4% 손실을 의심했다.(2) 〈파이낸셜 타임스〉는 영국과 유럽의 경제 기득권층의 바이블과도 같은 신문이다. 〈파이낸셜 타임스〉의 편집진과 독자들은 마거릿 대처 보수당 전 총리(임기 1979~1990)가 주도했던 유럽 단일 시장 탈퇴에 대한 나쁜 기억이 있다. 유럽 단일 시장은 노동당의 토니 블레어 총리(임기 1997~2007)의 지지로 동쪽으로 확대됐다. 그들이 대부분 런던 시민이기 때문일까? 2016년 6월 23일 EU 탈퇴 국민투표 이후, 가장 부정적인 후폭풍을 맞이한 직장인들은 런던 시민들이다.(3) 런던의 중도좌파 일간지인 〈가디언〉에서도 이 같은 트라우마가 엿보인다. 〈가디언〉에 의하면, 경제, 사회, 사교계의 모든 문제의 원인은 브렉시트다.

브렉시트의 실패를 지적하는 것은 이런 기사들만은 아니다. 영국 경제학자들도 EU

(1) Edward Luce, 'Mark Carney : "Doubling down on inequality was a surprising choice"', <The Financial Times>, London, 2022년 10월 14일.

(2) George Parker, Chris Giles, 'The deafening silence over Brexit's economic fallout', <The Financial Times>, 2022년 6월 20일.

(3) Iain Docherty, Donald Houston, 'The UK regional economy and the uneven impacts of Brexit', <UK in a Changing Europe>, 2023년 6월 30일, https://ukandeu.ac.uk

탈퇴로 인해 어려워진 현실을 인정한다. 그러나 그 범위에 대해서는 논란이 있다. 많은 경제학자들은 마크 카니가 독일 경제와 비교한 점을 비판했다. 킹스 칼리지 런던의 경제학 교수이자, 브렉시트 반대자인 조나단 포르테스 교수는 "전 영국은행 총재의 계산 방식이 터무니없다"라고 비판했다. 그는 "연간 실질 성장률을 국가 화폐로 환산해보면, 2016년 이후 영국과 독일은 거의 유사한 비율로 성장하고 있다"라고 주장했다.(4)

영국경제문제연구소 소속 경제학자이자, 브렉시트 찬성자인 줄리안 제숍은 국부(GDP)의 4% 손실에 대해 이의를 제기한다. 그는 브렉시트 반대자들이 2010~2015년의 평균을 GDP 성장 기준으로 잡은 건 아닌지, 현 GDP 평가방식을 지적한다. 제숍은 "이 기간은 2007~2008년 경제위기 이후 매우 크게 반등했던 때"라며 다음과 같이 설명했다. "영국 경제는 국채에 발목 잡힌 유로 존보다 훨씬 높은 성과를 거뒀다. 지난 20년을 기준으로 보면, 브렉시트로 인한 손실은 매우 낮을 것이다." 그는 손실을 1%~2.5% 정도로 낮춰 평가했다.

국제통화기금(IMF)은 영국의 경제 성장률이 2023년 G7 국가 중 가장 나쁠 것으로 전망했다. 그러나 영국의 경제 성장률은 2021년, 2022년에는 G7 국가 중 1위를 기록했고, 2025년~2028년에는 독일, 프랑스, 이탈리아를 앞지를 것으로 예상된다.(5) 그리고 영국 통계청은 2021년 말 영국의 GDP 성장률은 팬데믹 이전보다 1.2% 낮은 것이 아니라 0.6% 높았다고 지난해 9월에 수정했다. 영국의 GDP 성장률은 2023년 6월 1.8%를 넘어섰다.(6) 이웃 국가들과 비교했을 때 브렉시트와 코로나 팬데믹으로 영국이 크게 타격을 받았다고는 할 수 없다. 최소한 이웃 국가들과 비슷한 수준이다.

노동의 변화, "훨씬 느리고 짧아졌다"

그러나 영국 사회의 논쟁은 경제보다는 이민 문제에 집중돼 있다. 브렉시트 반대자들은 유럽 노동자들의 이탈에 대한 불안감을 뒤흔든다. 2020년 2월 말에는 EU 국적의 노동자 261만 명이 영국에서 일했다. 이는 코로나19 팬데믹 이전인 2019년 11월(266만 명)과 비슷한 수치다. 그리고 2016년 5월 브렉시트 국민투표 당시보다는 30만 1,600명 늘어난 수치다. 브렉시트 국민투표 이후, 비 유럽권 노동자의 수는 33만 4,800명 늘어난 211만 명이라고 영국 국세청은 밝혔다.(7) 10개월 후인 2021년 1월, 영국 내 EU 법령 발효가 종결됐을 때 EU 국적 노동자 16만 4,400명이 감소했고, 비유럽권 노동자는 9,300명 증가했다. 그리고 2022년 2월, 제3세계 노동자 수가 처음으로 유럽 노동자 수를 추월했다. 2022년 12월, 영국 국세청은 제3세계 노동자가 유럽 노동자보다 49만 7,100명 많다고 밝혔다.

오늘날 EU 국적 노동자는 전체 노동자의 7.7% 수준을 유지하고 있지만, 비유럽권 노동자가 9.3%로 더 많다. 이민 문제 전문가인 조나단 포르테스 교수는 "브렉시트 이후 자유로운 통행이 불가능해지고 새로운 이민 제도가 도입되면서, 특정 분야에서 하급, 저임금 노동자의 유입이 이전보다 감소했다. 그러나 정부가 이민을 자유화하면서 중급, 고급 인력과 임금 노동자의 유입은 늘었다. 장기적으로 이런 시스템은 경제에 크게 도움이 될 것이다. 현재로서는 이민이 브렉시트를 성공으로 이끌고 있다. 경제학자들은

(4) Dominic Lawson, 'Britain's economic problems have little to do with Brexit (whatever the BBC's viral videos might say)', <The Daily Mail>, London, 2022년 10월 31일.

(5) Chirs Giles, 'UK to have slovest growth of G7 nations in 2023, says IMF', <The Financial Times>, 2022년 4월 19일.

(6) John-Paul Ford Rojas, 'Economists say UK economic narrative has been "revised away" after new figures show Britain bounced back from Covid two years quicker than thought', <The Daily Mail>, 2023년 9월 2일, 'Office for National Statistics', <GDP monthly estimate, UK: June 2023>, 2023년 8월 11일.

(7) 'UK payrolled emplo-yements by nationality, region and industrey, from July 2014 to December 2022', <Her Majesty Revenue & Customs(HMRC)>, 2023년 3월 23일, www.gov.uk

이처럼 빠르고 중요한 변화를 고려하지 않았다"라고 말했다.

서머싯주 래드스톡에 위치한 캐슬미드 풀트리 농장의 작업 책임자인 리처드 니클레스는 자신이 느낀 변화에 대해 말했다. "팬데믹 이전에는 사장이 전화하면, 폴란드인 노동자들이 바로 왔다. 다른 단골 일꾼들로 교체되기 전까지 그들은 4~6개월 동안 일했다. 그들은 일하는 속도가 아주 빨랐고, 돈을 많이 벌기 위해 긴 시간 일하길 원했다. 반대로 영국인들은 훨씬 느리고 짧게 일한다."(8)

그 후 옆 마을의 폴란드 식료품점 2개가 문을 닫았다. "지난 일 년 동안, 이 힘든 일을 할 사람을 찾고 교육한다는 게 지옥 같았다"라고 리처드 니클레스는 증언했다. 25명의 노동자 중 폴란드인은 이제 5명뿐이고, 나머지는 모두 영국인으로 대부분 주변 마을에서 왔다. 2020년 이후 임금은 25% 이상 올랐다. 농업, 양식업, 임업 분야에서 유럽 노동자들이 떠났다. 이 자리를 채우기 위해 비유럽권 노동자 1만 명, 영국인 1만 5,000명을 고용했다. 영국 국세청은 브렉시트 국민투표 이후, 105만 명의 영국인 실업자들이 일자리를 찾았다고 평가했다.

이민에 대한 인식 변화

2015년 9월, 유럽에서 난민 문제가 절정에 달하던 시기에 타블로이드지들은 이 주제로 돈벌이를 했고, 영국 국민의 56%는 이민 문제를 가장 큰 걱정거리로 여겼었다. 2016년 브렉시트 국민투표가 있기 얼마 전에는 이런 수치가 40% 밑으로 내려갔다. 따라서 난민 거부는 브렉시트 찬성자들의 첫 번째 동기가 아니었던 것이다. 브렉시트 투표 승리 이후 이런 의견은 계속해서 후퇴했

고, 최근에는 고무보트를 타고 영불해협을 건너오는 무비자 외국인들이 증가하고 있다. 보수당 정부는 난민 신청자들을 르완다로 이송하는 계획을 통해, 이런 위기를 기회로 삼으려 했다.(9)

2016년 이후, 국민들은 합법적이기만 하다면 이민 자체는 문제 삼지 않았다. 변화하는 유럽의 영국 연구소(UK in a Changing Europe)의 아난드 메논과 소피 스토워스는 "이렇게 인식이 변화되는 데는, 이민 통제가 일조했다"면서 다음과 같이 분석했다. "영국에 누가 들어올 것인지, 영국 정부가 결정한다는 것에 영국 대중은 안심했다. 많은 유권자들은 순수 이민자 수의 감소에 찬성하지만, 대부분은 공중 보건, 농업, 교육 분야에서 일할 노동자의 증원을 원한다."

메논과 스토워스는 이런 인식의 변화에는 노동 비자의 취득이라는 새로운 조건의 영향도 있다고 설명한다. 영국 정부는 2024년 봄, 보건 및 개인 간호를 제외한 모든 분야에서 연간 임금은 4만 5,100유로로, 연간 임금 하한선은 3만 500유로가 될 것이라고 전망했다. 그리고 아난드 메논과 소피 스토워스는 "비유럽권 출신 이민자들은 가난한 북부 도시들보다는 런던에 거주할 가능성이 높다. 런던은 이민자들에게 관대하다"라고 말했다.(10) 맨체스터 대학의 정치학 교수 로버트 포드는 "정치인들은 불법 이민에 집중한 나머지, 이런 여론의 변화를 간과한 듯하다"라며 놀라움을 표했다. 지난해 5월, 나이절 패라지는 BBC에서 새로운 이민 시스템을 "모두에게 열린 문"이라고 소개했다.

갈팡질팡하는 여론

〈BBC〉 인터뷰에서 나이절 패라지가 언

(8) Tristan de Bourdon-Parme, 'La chasse aux serveurs est ouverte(한국어판 제목: 인력난에 시달리는 영국)', <르몽드 디플로마티크> 프랑스어판·한국어판, 2021년 12월호.

(9) <Economist/Ipsos September 2015 Issues Index>, 2015년 9월 30일, / <Ipsos Issues Index>, 2023년 11월, www.ipsos.com

(10) Anand Menon, Sophie Stowers, 'Immigration and public opinion - more than a numbers game?', <UK in a Changing Europe>, 2023년 5월 23일, https://ukandeu.ac.uk

급한 "브렉시트는 실패다"라는 말은 많은 논쟁을 불러일으켰다. 이 말은 사실 극자유주의로 전환하겠다는 약속을 실천하지 못하는 보수당의 무능력을 겨냥한 것이었다. 한편, 보수당 내 극단적인 브렉시트 찬성자들은 이렇게 주장한다. "일례로, 우리는 법인세 때문에 영국 기업들을 밀어냈다. 물론 우리가 다시 통제권을 거머쥐었지만, 영국은 EU 회원국 시절보다 영국 기업들을 더 많이 규제하고 있다."

그러나, 많은 기업들이 EU와 가까워지길 촉구하고 있다. 지난해 5월, 스텔란티스 그룹은 "영국은 생산공장을 유지하려면 EU와 통상조약을 검토해야 한다"라고 요구했다. 이와 함께 "영국의 전기차 생산 비용이 경쟁력도, 생존 가능성도 없다면 기업들은 문을 닫을 것"이라고 우려했다. 아울러 자동차 업계가 결집해 수십만 명의 노동자의 일자리가 위협받고 있다고 주장했다. 브렉시트 이전에, 임금 억제를 위해 대다수의 경제 분야가 함께 EU의 이민을 지지했던 것처럼 말이다.

EU의 기준들을 따라야 한다는 경영자들의 압박에도 불구하고, 근본적인 재협상의 가능성은 불투명해 보인다. 2022년 11월 21일, 리시 수낵 총리는 말했다. "나는 브렉시트에 찬성표를 던졌다. 나는 브렉시트를 믿으며, 브렉시트가 우리에게 무엇인가를 줄 수 있다고 본다. 규제의 자유 속에서 이미 브렉시트는 새로운 가능성과 수많은 결과물을 가져다줬다."

2025년 1월 28일 예정된 총선이 정세를 바꿀 수도 있다. 보수당은 확실히 권력을 잃을 것이다. 지난해 9월 몬트리올에서 있었던 토론에서, 키어 스타머 노동당 당수는 영국과 EU 사이에 차이가 커지는 것을 바라지 않는다고 지적했다. "우리는 식품, 환경, 노동 등에 대한 기준들을 삭제하기를 원치 않는다." 다우닝 10번지에 거주할 새로운 총리는, 처음에는 이 정도 발언에 그칠 가능성이 크다. 브렉시트 반대자들 중 패배를 수용하지 못하는 자들의 말에도, 브렉시트는 실패했다는 말에도, 여론은 갈피를 잡지 못하고 있다. 〈파이낸셜 타임스〉, 〈가디언〉, 국제 언론의 독자들보다 훨씬 혼란스러워하고 있다. **LD**

글·트리스탕 드 부르동파르므 Tristan de Bourdon-Parme
기자, 『Boris Johnson. Un Européen contrarié 보리스 존슨. 난감한 유럽』(éditions Les Pérégrines, Paris, 2021)의 저자.

번역·김영란
번역위원

뉴질랜드의 '반마오리족' 정책은 왜?

지난 12월 초, 수천 명의 시위대가 뉴질랜드 오클랜드와 웰링턴 거리에 나와 마오리족의 권리를 주장했다. 2017년 총선 승리로 집권했던 뉴질랜드 노동당은 사회적 진보에 대한 국민들의 기대를 배신했고, 새로 집권한 현 정부는 역대 어느 정권보다도 보수적으로 '반 마오리족 정책'을 밀어붙이고 있기 때문이다.

올리버 니스 ▮언론인 겸 변호사

2017년 10월, 9년간 야당으로 밀려났던 뉴질랜드 노동당(New Zealand Labour Party, NZLP)이 정권을 되찾았다. 중도 좌파 정당인 노동당은 선거 몇 주 전까지만 해도 지지율 하락의 늪에서 헤어나지 못했고, 네 번째 선거 패배를 피하기 어려워 보였다. 그러자 앤드루 노동당 대표는 당을 구하는 최후의 방법으로 당시 부대표였던 저신다 아던에게 당대표직을 이양했다. 효과는 즉각적이었다. 노동당의 인기가 치솟았다. 저신다 아던 후보의 유세장에는 전국에서 모여든 군중이 뜨거운 환호를 보냈고, 얼마 후 투표에서 아던은 집권 여당인 뉴질랜드 국민당(New Zealand National Party, NZNP; 중도우파) 후보를 이겼다.

저신다 아던은 카리스마가 넘쳤고, 소셜 미디어를 능수능란하게 다룰 줄 알았다. 아던의 사회 변화에 대한 공약은 여태껏 뉴질랜드가 열성적으로 고수해온 정통주의와도 대조를 이뤘다. 유세 기간에 아던은 "신자유주의는 실패했다"라고 선언했고, 아동 빈곤과 주택 문제를 해결하겠다고 발표했다. 당선 후에는 사회적으로 보수적이지만 반자유주의 성향인 뉴질랜드 제일당(New Zealand First Party, NZFP)과 좌파 성향인 아오

<채프먼의 호메로스> 뉴질랜드 크라이스트처치, 2011 - 마이클 파레코와이

테아로아 뉴질랜드 녹색당의 지지로 150년 만에 뉴질랜드의 최연소 지도자이자 세계에서 가장 젊은 정부 수반이 됐다.

패배의 원인은 코로나?

그로부터 6년 후, 노동당은 30년 만에 가장 참담한 패배를 맛봤다. 지난해 10월에 있었던 선거에서 27%를 밑도는 득표율을 기록했던 것이다. 그렇게 해서 기업가 출신 크리스토퍼 럭슨 신임 총리가 1990년대 이래로 가장 우경화된 정부를 이끌고 있다. 럭슨 총리는 뉴질랜드 국민당을 중심으로 초 자유주의 정당인 뉴질랜드 행동당(ACT New Zealand), 그리고 중도우파를 표방하는 뉴질랜드 제일당과 연립정부를 구성했다.

이에 앞서 2023년 1월 당시 저신다 아던 총리는 피로 누적을 호소하며 전격 사임했다. 후임 총리를 맡았던 크리스 힙킨스는 최근 선거의 패배원인을 코로나 사태와 치솟는 생활비에서 찾았다. 그러나 선거 패배는 정치 실패의 결과이기도 했다.

아던 전 총리는 야심 찬 연설로 국제무대에서 찬사를 받았고, 그런 웅변적 수사를 실현하고자 부단히 노력하기도 했다. 하지만 2023년 현실에서 그런 야망은 바닥을 드러냈고, 노동당은 뉴질랜드 좌파에 찾아온 역사적인 기회를 놓치고 말았다. 뉴질랜드의 신자유주의로의 전환은 급물살을 타고 전개됐지만, 주요 좌파 정당이 변화를 주도했다는 특징도 있다. 1980년대까지만 해도 뉴질랜드의 노동당 정부는 스칸디나비아에 버금갈 만한 '요람에서 무덤까지'라는 완벽한 복지 국가를 지향했다.

하지만 1984년 노동당은 이런 전통을 버렸다. 세계에서 손꼽힐 만큼 보호주의적

이던 시장 체제를 개방형 시장으로 탈바꿈시키고, 금융 규제를 완화했으며, 공공 자산 민영화도 추진했다. 1990년에 노동당은 실각 후 국민당에 정권을 내줬고, 여당이 된 국민당은 더욱 활발히 신자유주의 정책을 폈다. 결국 빈곤은 급증하고 불평등의 골은 더 깊어졌다.(1) 헬렌 클라크 노동당 정부(1999~2008)가 들어선 이후 극단적인 신자유주의 정책은 일부 시정됐으나, 반개혁적인 기조에는 변함이 없었다. 2017년, 사회적 지출은 경제협력개발기구(OECD)의 기준보다 낮은 수준에 머물렀다. 반면 주택 가격은 최고 수준으로 치솟았다.(2)

모순과 함정 속에 시작된 주택 정책

이런 상황에서 아던 총리는 과거와의 결별을 결심한 듯, 주택 부문의 자본주의를 "명백한 실패"라고 지적하기도 했다. 당선 직후 첫 인터뷰에서 "선진국 그 어느 국가보다 노숙자가 많은데, 경제성장이 다 무슨 의미가 있느냐"라고 지적했다.(3) 아던 정부는 아동 빈곤을 절반으로 줄이고, 10년에 걸쳐 자금을 투입해 주택 10만 채를 짓겠다고 약속했다.

하지만 아던 총리의 계획에는 애초부터 모순이 있었다. 한편으로는 신자유주의를 비난하면서도 '재정정책 운용 준칙'을 준수하겠다는 말로 재계를 안심시키려 했기 때문이다. 아던 총리는 재정 흑자를 달성하고, 공공지출을 국내총생산(GDP)의 35~30%로 줄일 것이며, 부채를 GDP의 20% 이하로 유지하겠다고 약속했다. 이는 대다수 유럽이나 북미 국가에 비해서도 매우 낮은 수준이었다.(4)

아던 총리는 모든 OECD 국가에서 시행해 왔고, 노동당도 부동산 투기 대책으로 오랫동안 내세워 왔던 양도소득세 도입을 중단

(1) Serge Halimi, 'La Nouvelle -Zélande éprouvette du capitalisme total 뉴질랜드는 전면적 자본주의의 시험대', <르몽드 디플로마티크> 프랑스어판, 1997년 4월호.

(2) OECD, 'Social Expenditure Database', www.oecd.org, 국제통화기금(IMF), 세계 주택 동향(Global Housing Watch) 보고서, 2016년 7월.

(3) Dan Satherley, 'Homeless -ness proves capitalism is a "blatant failure" – Jacinda Ardern', 2017년 10월 21일, www.newshub.co.nz

(4) Vernon Small, 'Labour-Greens have signed up to a joint position on surpluses, cutting debt', 2017년 3월 24일, www.stuff.co.nz

하기도 했다. 이렇듯 노동당 정부는 한껏 펼치고 싶다고 했던 날개를 스스로 잘라냈다. 집권 연립정부는 최저임금 인상, 사회 지출 확대, 교통수단 탈탄소화, 나무 10억 그루 심기 등의 정책을 추진하겠다고 했지만, 대출을 규제하고 부유세 도입에 반대했다.

이런 접근방식에 숨은 함정은 곧 드러났다. 노동당 정부는 널리 알려진 '키위빌드(KiwiBuild)' 정책에 따라 10년간 저렴한 주택 10만 채 건설을 목표로, 첫해에 주택 1,000채를 건설하고 매년 주택을 1만 2,000채씩 건설해 나가겠다고 했다. 하지만 사업이 시작된 지 1년이 지나도록 건축이 시작된 주택은 258채에 불과했고, 정부는 얼마 안가 기존의 계획을 포기했다.(5)

1970년대의 노동당 정권은 공공 기금을 주택 계획에 투입하기를 주저하지 않았지만, 아던 정부는 과열된 시장을 옮겨 다니며 더 큰 이익만을 추구하는 민간 부문에 더욱더 의존했다.

정치적 자산을 활용하지 못한 노동당

노동당 집권 1기에는 심각한 위기가 촉발돼 이런 사회 쟁점이 수면 위로 떠 오르지 못했다. 2019년 3월 15일, 크라이스트처치의 이슬람 사원에서 백인 우월주의자가 자동 소총으로 신도 51명을 살해하는 사건이 발생한 것이다. 사건 당일에 아던 총리는 "뉴질랜드의 역사는 영원히 바뀌었다. 이제 법이 바뀔 차례"라고 선언했다. 그 과정에서 의회는 반자동 무기를 금지하는 법안을 통과시켜 총기 6만 2,000정을 거둬들였다. 총리가 히잡을 쓰고 희생자 가족에게 위로의 말을 전하는 사진이 전 세계로 퍼져나갔다.

크라이스트처치에서 이런 비극이 일어

나기 전에도 아던 총리는 뉴질랜드 정부 수반으로는 전례 없는 세계적 명성을 누렸다. 국제 언론은 아던 총리가 당선된 것은 저스틴 트뤼도와 에마뉘엘 마크롱의 당선처럼 도널드 트럼프에 대한 전 세계적인 반발심이 원인이라고 여겼다. 테러 발생 두 달 후, 아던 총리는 마크롱 대통령과 공동으로 SNS에서 테러와 폭력적 극단주의를 조장하는 유해 콘텐츠를 퇴치하자는 취지로 '크라이스트처치 요구(Christchurch Call)'를 발표했다.

비극이 발생한 지 1년 후인 2020년 3월, 코로나 바이러스가 전 세계를 휩쓸자 아던 정부는 뉴질랜드 영토에서 코로나를 퇴치하겠다는 뜻을 밝혔다. 두 달 후, 철저한 격리 조치 끝에 바이러스는 확산을 멈췄다. 다른 나라에서 희생자 수가 계속 늘어나는 사이에 뉴질랜드인들은 거의 정상적인 일상생활로 돌아갈 수 있었다. 결국 코로나19 확산으로 인한 뉴질랜드의 사망률은 미국보다 80% 낮은 것으로 나타났다. 최근 연구에 따르면 이는 2만 명의 목숨을 구한 것과도 같은 수치라고 한다.(6)

노동당은 이 두 가지 위기에 잘 대응한 덕에 큰 보상을 얻었다. 2020년 선거에서 50%의 득표율로 74년 만에 당 최고 성적을 거두며 재집권에 성공한 것이다. 이 선거에서 노동당은 1996년 비례 투표제 도입 이후 처음으로 단독 과반을 확보했다. 첫 여성 대표의 역사적인 인기 덕에 노동당은 단독 정책 결정을 할 수 있게 됐다. 하지만 노동당은 이 정치적 자산을 제대로 활용하지 못했다.

인플레이션, 부의 독점 심화

2021년 중반부터 대다수 국민은 생활이 더 각박해졌다. 팬데믹 기간에 재정과 예

(5) Zane Small, 'Labour's flagship policy: Where did KiwiBuild go wrong?', 2019년 9월 4일, https://www.newshub.co.nz

(6) Serena Solomon, 'New Zealand Covid response saved 20,000 lives, study says', <The Guardian>, London, 2023년 10월 6일.

(7) 'Our counterproductive Covid 'rekovery', The Kākā by Bernard Hickey, 2021년 11월 30일, https://thekaka.substack.com

(8) Stats NZ Tatauranga Aotearoa, 'Annual inflation at 7.3 percent, 32-year high ', 2022년 7월 18일, www.stats.govt.nz

산 상황은 국내총생산(GDP) 대비 OECD 국가 중 최고 수준을 유지했지만, 아던 정부는 어려움에 부닥친 개인 앞으로 지원금을 직접 지급하는 대신, 기업 면세를 확대하고 기업 활동에 보조금을 집중했다. 그래서 봉급 생활자들은 일자리를 유지할 수는 있었지만, 2021년 말에 약 8,720억 뉴질랜드 달러(4,960억 유로)가 자본가들의 주머니로 들어가는 소위 '부의 이전'이 이뤄졌고, 부동산 가격이 더욱 치솟았다.(7)

설상가상으로 2022년 여름 뉴질랜드의 인플레이션은 7.3%에 달해, 32년 만에 최고 수준을 기록했다.(8) 노동당은 중앙은행의 공격적인 금리 인상을 승인했지만 그 충격을 완화하지는 못했다. 세입자 지원을 위해 소액 수표 350달러를 지급하기도 했지만, 연금 생활자들과 대다수의 복지 수혜자들은 정부 지원을 한 푼도 받지 못했다. 게다가 대중교통 요금 인하 정책마저 1년 만에 중단됐다. 정부는 대형 유통업체의 초과이윤 취득을 규제하려던 계획도 포기했다.

2023년 1월 아던 총리가 사임했을 때, 2020년의 열풍은 상당 부분 수그러든 분위기였다. 범죄 증가와 인플레이션이 뉴스 머리기사를 장식했고, 의료 보험이나 상수도 보급과 같은 주요 개혁은 호응보다는 논란을 부추겼다. 2021년 봉쇄 조치의 영향으로 열의가 좌절로 바뀌면서 뉴질랜드 정부의 코로나 대처에 대해 긍정적이던 여론도 완전히 돌아서 버렸다.

일부 유권자, 특히 지방에서는 아던 총리가 노동당 이미지를 개선하는 역할을 했을 뿐이라고 낮게 평가한다. 아던의 사임 후 총리직을 넘겨받은 노동당의 크리스 힙킨스 총리는 구매력 촉진 정책에 예산을 투입하기 위해 다수의 환경 정책을 포기하기로 했다.

그러나 우파 재집권의 위험성에 초점을 맞춘 힙킨스 총리의 선거 연설은 2017년 아던 총리만한 파급력은 일으키지 못했고, 결국 노동당은 참담한 선거 결과를 마주하게 됐다.

노동당의 두 집권기는 과연 어떻게 평가할 수 있을까? 노동당은 수당과 최저임금을 인상하고, 노동자와 세입자의 권리를 강화했으며, 사회주택 수를 늘렸다. 하지만 주거 비용은 아던 총리 취임 시기보다 더 비싸졌다. 뉴질랜드 국민의 1%가 부의 약 1/4을 독점하는 등 불평등은 줄어들지 않았다.(9) 그리고 노동당 정부는 기후 변화와의 싸움에서 로비에 굴복해, 경제에서 가장 많은 온실가스를 배출하는 부문인 농업에 대한 특혜는 끝내 폐지하지 못했다.

그렇다면 등을 돌린 유권자들은 국민당 공약에 찬성표를 던졌을까? 현 정부가 뉴질랜드 헌법의 근간이자 건국 문서로 인정받는 와이탕이 조약(Treaty of Waitangi)을 재규정할 것을 검토하자, 마오리족의 이익을 대변하는 좌파 성향의 마오리족 정당(Māori Party, Te Pāti Māori)은 전국차원의 시위를 촉구하고 나섰다. 현재 집권한 연립정부는 공공 부문 규모 축소, 부문별 단체교섭 폐지, 임대료 인하, 세입자 권리 약화, 해상 석유·가스 탐사 재도입 등을 공약으로 내세웠다.

이렇듯 노동당이 그동안 쌓아놓은 작은 성과마저 위협 받는 동안, 뉴질랜드 좌파에는 밤이 찾아왔다. 이 밤은 무척 어둡고 길 것이다. ᴵᴰ

(9) Max Rashbrooke, 'Has Labour worsened in-equality ?', 2023년 6월 13일, https://thespinoff.co.nz

글·올리버 니스 Oliver Neas
언론인 겸 변호사

영불 번역·올리비에 시랑 Olivier Cyran

불한 번역·이푸로라
번역위원

대만의 총통선거, 중 · 미 대결의 대리전

지난 1월 13일, 대만 총통 선거에서 친미 · 반중 성향인 라이칭더 민주진보당 후보가 당선됐다. 이에 따라, 당분간 중국과 대만, 중국과 미국 사이에 긴장 국면이 이어질 것으로 전망된다. 또한, 국내적으로도 갈등이 이어질 것이란 분석이 나오고 있다. 총통 선거와 동시 시행된 입법위원(국회의원과 동격) 선거에서 집권 민진당이 친중 성향 제1야당인 중국국민당(국민당)에 다수당 자리를 내줬기 때문이다. 선거 직전에 중국이 해상 무력시위를 펼치자 미국은 무기 조달로 응수했고, 시진핑 주석의 호전적인 발언이 나온 후에는 미 의회도 도발적인 반격으로 맞섰다. 그런데, 이 지역을 둘러싼 지정학적 갈등은 대만 내부에서 '국가 정체성' 논란이라는 또 다른 모습으로 나타나기도 한다.

알리스 에레 ▌타이완 주재 언론인

"누군가는 동상에서 물리적인 형태만을 보지만, 다른 누군가는 그 안의 상징적인 의미를 읽어낸다. 어디에 초점을 맞출지는 사람마다 다르다."

대만 타이베이에 있는 중정(장제스) 기념관의 한 담당자는 동상의 주인공에 관한 논란을 상대적으로 바라보려 했다. 1948년 중화민국 초대 총통에 취임한 장제스는, 1949년 국공내전에서 패한 후 타이완섬으로 중화민국 정부를 옮겼다. 이후 1975년 87세로 사망할 때까지 오랫동안 최고 지도자로 군림하며 정부 권력을 독식했다. 이렇게, 대만 역사에서 빼놓을 수 없는 인물 장제스에 대해, 기념관 담당자는 상세한 소견을 밝히려 들지 않았다. 이름을 밝히지 않던 그는 "현재 중정 기념관 문제가 매우 민감한 사안"이라면서 "익명을 보장하지 않으면, 아무도 그 질문에 답해주지 않을 것"이라고 했다.

장제스는 영웅인가, 독재자인가?

수도 타이베이의 랜드마크인 중정 기념관은 타이베이 행정 지구의 한복판에 국립도서관을 마주 보며 우뚝 서 있다. 본당으로 가려면 우선 '자유광장'이란 현판이 세워진 패방(기념으로 세운 중국식 관문의 일종)부터 통과해야 한다. 이어 두 개의 웅장한 중국식 건축물(국가희극원 및 국가음악청)이 양쪽에 위치한 광장을 지나면 그 수가 100에 살짝 못 미치는 계단이 나오고, 이를 오르면 이윽고 거대한 장제스 동상이 눈에 들어온다. 본당 건물은 광장 전체를 굽어보고 있으며, 내부에선 근위병 두 명이 늘 동상을 지키고 서 있다. 교대 공백이 생기지 않게끔 매시간 교대식이 거행되는데, 외국인 관광객이라면 흥미로운 볼거리겠지만 이를 보러 오는 대만 사람은 거의 없다.

그런데 몇 년 전부터 기념관 내부의 전시 구성에 변화가 생겼다. 장제스의 주요 행적을 살피고 그의 개인 물품을 훑어보는 공간은 그대로 남아있지만, 그에게 할애된 공간 자체가 반으로 줄었다. 대신 언론의 자유에 대한 침해나 계엄령하에서의 국민 탄압과 관계된 전시 공간이 새로이 마련됐다. 기념관 건립 이후 처음 있는 일이었다. 그전까지만 해도 야당 인사 숙청이나 비밀경찰 동원 등 장제스가 전횡을 휘두른 공포 정치 기간에 대해서는 늘 함구해왔기 때문이다.

다른 자원봉사자들과 함께 20년 이상 전시 안내를 담당해온 인타이(73세)는 "이런 내용의 전시는 중정 기념관 측이 아니라 특정 전시관 쪽에서 기획했을 가능성이 높다"며 분개했다. 팀원 가운데 일부와 마찬가지로 이젠 그 역시 전시 안내 봉사를 거부하고 있다. 그의 가

2011년 중국과 대만에서 개최된 서예축제 포스터 - 리 켄사이

운 시선으로 바라본다며 비판하기도 한다. 반면 중미 갈등에서 서방 쪽을 지지하는 민진당은 중국인과 대만인의 본질적인 차이를 내세우며 대만의 완전한 독립을 주장한다.

이를 의식한 듯 인타이 씨는 "그래도 장제스가 대만에 나쁜 일보다는 좋은 일을 더 많이 했다"고 호의적으로 평가했다. 그가 독재자를 두둔한 배경에는 필경 그의 가족사가 있을 것이다. 국공내전 후 대만으로 건너온 사람들의 후손은 대부분 아직도 중국을 잃어버린 조국이라 생각한다. 중국 본토에서 왔다고 '외성인(外省人)'이라고도 부르는 이 사람들은 신고자료 기준으로 오늘날 대만 인구의 14%를 차지한다. 그리고 원래부터 이 지역에 살고 있던 원주민 인구가 2%, 이어 '본성인(本省人)', 즉 일제강점기(1895~1945) 이전인 명·청대에 타이완섬으로 이주해온 한족이 84%를 차지한다. 본성인들은 대부분 대만이 중국 본토와 별개인 독립 국가라고 생각한다. 따라서 이들 중 상당수는 민진당을 지지한다. 중국과 완전히 다른 행보를 걸어온 대만 고유의 정체성을 부각하기 때문이다.

하지만 본성인 상당수가 그러할 뿐 전체가 다 그런 것은 아니다. 중정 기념관의 한 '본성인' 여직원도 대만의 정체성은 중국에 그 뿌리를 두고 있다고 생각했다. 익명을 요구한 이 직원의 말에 따르면, "장제스의 행동에 대한 책임은 당연히 물어야 하지만, 그렇다고 그의 사회적 공

족은 국공내전 당시 중화민국 군대와 함께 본토를 빠져나왔는데, 따라서 그 역시 장제스의 정당인 국민당을 지지한다. 장제스 부자와 함께 장기 집권해온 국민당은 2016년 민진당(민주진보당) 출신 차이잉원 총통이 집권한 이후 야당으로 밀려났다.

현재 대만에서는 민주주의 전통의 두 정당이 장제스의 역사적 유산에 대한 평가를 두고 서로 반목하는 이례적인 상황이 벌어지고 있다.

중국 본토와의 관계로 인한 상처가 큰 만큼 본토와 갈라선 지도자를 내세운 정당이라면 으레 본토 쪽에 적대적일 것이라 생각하겠지만, 실상은 그렇지 않다.

장제스는 공산주의를 반대하는 상징적 인물이기도 하지만, 중국과 대만이 하나의 민족이라는 생각을 대변하는 인물이기도 하다. 국민당의 인식도 이와 비슷한데, 그래서 혹자는 국민당이 과거의 적에 대해 고

헌을 완전히 배제해선 안 된다. 2차대전 당시 그는 수많은 나라를 도왔고, 동맹국과 협력하여 항일운동을 전개했을 뿐 아니라 이후에는 공산당에 맞서 싸우기도 했다." 장제스를 두둔하던 그는 최근 기념관 내의 전시 구성이 바뀐 것을 애석해했다. "방문객에게 역사를 알려주기 위해서라기보다는 다분히 정치적인 목적이 깔려있기 때문"이다.

"개가 떠나니 돼지가 왔다(狗去豬來)"

하지만 대만 독립 지지자들의 눈에는 중정 기념관의 존재 자체가 거슬린다. 예술가 셰이크(45세, 여성)도 "중정 기념관 자체가 없어져야 한다"라고 주장한다. 그는 전시 구성을 이렇게 바꿔놓은 것이 민진당의 타협안일 뿐이라고 생각했다. 셰이크는 중국 본토에 뿌리를 둔 외성인 집안 출신임에도 베이징 정부를 끔찍이도 싫어했다. 그는 2019년 6월에는 천안문 참사 30주년 기념으로 중정 기념관 광장에 탱크 모양의 대형 풍선을 설치하여 이목을 끌었다.(1)

"코로나19가 퍼지기 전이었고, 따라서 중국인 관광객이 아직은 대만을 자유로이 왕래하던 시기였다. 그리고 이들에게 중정 기념관은 필수 방문 코스다."

셰이크에게 장제스는 '독재자'일 뿐이다. "대만의 발전에 기여한 바가 전혀 없다"라는 것이다. 권위주의 체제를 혐오하는 셰이크는 중국과 결부되는 것을 꺼리는 다른 이들과 마찬가지로 대만의 성장이 일제의 식민 지배 덕분이라 생각했다. "일제강점기에 과도한 탄압과 학살이 자행된 건 사실이다. 당시 대만 사람 대부분은 일본인에 동화된 상태였고, 자신의 미래에 대해서는 생각할 수 없었다. 그러던 중 국민당 세력이 섬으로

건너왔고, 대만 사람들은 느닷없이 중국 내전에 휘말렸다." 셰이크를 포함한 일부 사람들에겐 장제스의 전횡이 더욱 뚜렷한 기억으로 남아있기에 일제의 식민 지배가 외려 긍정적인 이미지로 인식된다.

대만 담강대 소속 사학자 블라디미르 스톨로얀은 "대만의 민족주의가 이 시기에 형성됐다"라고 설명한다. "당시 대만 민족주의자들의 1차 목적은 일본인과 동등한 권리를 얻는 것이었다. 대만인이 2등 시민 대우를 받았기 때문이다. 이는 독립운동이라 할 수 없었다." 이어지는 그의 설명에 따르면, "먼저 대대적인 탄압 시기가 있었고, 이후 상당한 근대화 작업이 이뤄졌다. 일제강점기를 기억하는 이들은 일제의 탄압이 가장 적은 시기에 태어난 사람들이다." 게다가 국민당은 일본 식민 정권을 몰아낸 뒤 그보다 더 권위적인 전제 정권을 수립했다. 그러니 사람들이 느끼기엔 세간에 유행하던 말대로 "(괴롭히던) 개가 떠나니 (욕심 많은) 돼지가 온 격(狗去豬來)"이었다.

따라서 대만 내에서의 논란이 비단 중정 기념관 하나만을 두고 빚어지는 것은 아니다. 대만 정계를 양분하는 것은 무엇보다도 대만의 역사와 국가 정체성에 대한 인식이다. 국민당과 민진당이 비록 지금은 현상 유지에 합의하고 있으나, 기본적으로 둘은 조국에 관한 생각 자체가 다르다.

국민당은 타이완섬에 도착한 직후부터 '탈일본화'를 시도했고, 이어 빠른 속도로 섬을 중국화했다. 1945년부터 '반공 문학'과 '반공 예술'의 원칙을 표방해온 국민당은 1960년대에 접어들면 한발 더 나아가 현지 원주민 문화에 대한 공격을 시작한다. 런던 대학 동아시아 · 아프리카학 연구소 창비유 교수는 "학교와 공공장소에서 지역 방언

(1) Everington Keoni, 'Photo of the day: inflatable tank man "pops up" in Taipei', <Taiwan News>, 2019년 5월 21일.

(2) Chang Bi-yu, 'De la taïwa -nisation à la dé-sinisation, la politique culturelle depuis les années 1990, 1990년대 이후의 문화정 책: 대만화에서 탈중국화로', <Perspectives chinoises>, Hongkong, 2004년 9~10월 호.

의 사용을 금지했다"라고 설명했다. "타이완 섬 토착 원주민의 전통연극이나 민중예술은 엉성하고 뒤떨어진 것으로 인식되고 타이완 섬의 자체 역사가 거의 통째로 교과서에서 누락됐다."(2)

사실 타이완에서는 일제가 1937년부터 이와 동일한 사회문화 동화 정책을 실행했었 는데, 국민당 정권 이후 중국 문화가 기존 일 본 문화의 자리를 꿰찼다. 따라서 "중국적인 것은 위대하고 아름답고 세련된 것으로, 반 면 대만적인 것은 촌스럽고 상스러운 것으로 취급됐다." 따라서 국민당은 본토 수복에 대 한 희망을 계속 키워갔으며, 장제스 사망 후, 특히 1987년 계엄령 해제 후에야 비로소 이 같은 중국 우월주의 기반의 문화정책이 완화 됐다. 학계에서는 차츰 타이완섬 자체의 과 거사도 조망했으며, 민주화와 함께 학교에서 도 이를 다뤘다.

그르노블 알프 대학의 다미앵 모리에주 누 조교수는 "국민당이 타이완섬 내 병력을 축소하기 시작한 시점부터 현재와 미래에 대 한 자신들의 인식론을 섬 전체로 퍼뜨렸다" 고 지적했다. 그에 따르면 "대만에 관한 역사 연구는 물론 역사 교과서와 교과 과정 모두 가 수천 년 역사의 통일된 '위대한 중국' 신화 를 뒷받침해주어야 했다." 아울러 "중화 민족 의 국수주의와 민족주의를 기반으로 한 국민 당의 이 같은 교화 정책에 반기를 든 야당 세 력이 1970~1980년대를 기점으로 섬의 과거 에 대한 새로운 서사에 집중했고, 곧이어 학 계의 일부도 이에 동참했다."

맹목적 친미주의와 친중적 반미주의 갈등

일제 치하에 대한 인식을 둘러싼 논란도 주기적으로 제기된다. 1990년대 이전까지만 해도 일제 '점령'이라 표현하던 책들이 이제 는 일본 '정권'이란 용어를 쓰고 있기 때문이 다. 반면 1960년대 대만의 기록적인 경제 성 장에 대해서는 정부 주도의 계획 덕분에 대 만의 기적이 가능했다고 이야기하던 기존 평 가와는 달리 노동자들이 치러낸 대가가 부각 되고 있다.

2016년 취임 연설에서 차이잉원 총통은 "대만이 더는 그 역사로 인해 분열되지 않을 것"이라고 확언했다. 그는 1995년 리덩후이 전 총통이 시작한 특별 사법 절차를 지속함 으로써 국민 통합을 위해 노력하겠다고 약속 했다. 권위주의 정부 시절(1947~1992)의 피 해자와 '228사건' 이후 우익 세력에 의한 '백 색 테러' 피해자에 대한 법적 보상 절차를 마 무리하겠다는 뜻이었다. '228사건'이란 1947 년 2월 28일 국민당 정부가 시위대를 무력 진압하면서 빚어진 유혈 사태를 말한다. 당 시 밀수 담배를 팔던 한 여성 판매원이 체포 되는 과정에서 당국의 폭력이 개입됐고, 이 를 계기로 독재 정권에 반발하는 민중 봉기 가 일파만파로 확산되자 장제스 정부가 이를 무력으로 과잉 진압하면서 수만 명이 목숨을 잃었다.

셰이크는 "무수한 사망 건수가 제대로 규명되지도 않은 채 방치됐다. 죽인 사람이 누구인지도 모르는 상황"이라며 유감을 표했 다. 그는 특별 사법 절차만으로는 제대로 된 사건 규명을 하기에 역부족이라고 생각했다.

그러나 다미앵 모리에주누 교수의 생각 은 좀 달랐다. "위원회 덕분에 중요 기록 자 료 일부가 기밀 해제되는 소기의 성과가 있 었기 때문이다. 이를 활용하면 장제스와 그 아들 장징궈 정권의 비밀경찰이 자행한 흉책 을 낱낱이 밝혀낼 수 있다. 다만 이 작업에는 불가피하게 시간이 꽤 소요된다. 법과 헌법의 틀 안에서 작업이 이뤄져야 하는 문제도 있지만, 그뿐만 아니라 과거의 증언 기록들을 천천히 꼼꼼하게 복원하고 되짚어봐야 하기 때문이다.”

프랑스 국영 채널 〈France5〉의 한 방송(2023년 4월 11일, 'C ce soir')에서 프랑스 주재 대만 대사 프랑수아 우(중국명 우치충)는 대만이 고유의 역사를 가지고 있다며 그 독립적인 성격을 내세웠다. “보통 대만의 역사가 장제스와 마오쩌둥으로부터 시작된 줄 알지만, 대만은 사실 그보다 훨씬 이전부터 존재해온 나라였다. 맨 처음 이 섬에 정권을 수립한 이들은 중국인이 아니라 유럽인이었다. (...) 대만은 중국이었던 적이 없다. 청나라도 순수 한족이 아니었기 때문이다.”(3)

‘하나의 중국’에 집착하는 사람들이나 대미 우호 전략을 회의적으로 바라보는 사람들에게 이 같은 발언은 위험하게 여겨질 수 있다. 하지만 반대 입장에서 보면 이는 다분히 ‘친중 성향’의 분석이다. 민진당의 주력 정치인 린파이판과 리이웬은 동맹인 미국을 믿지 못하면 이는 곧 ‘모반자’로 비춰질 수 있다고 지적한다.

미국의 격월간지 〈내셔널 인터레스트(National Interest)〉에서 두 사람은 “대만에 대한 미국의 지지를 회의적으로 바라보거나 경계하는 담론들이 대중들 입에까지 오르내리는 상황”을 안타까워했다.(4) 둘의 주장에 따르면, 이런 반미적인 시각은 중국이 구상하고 국민당이 퍼 나르는 것이었다. 두 사람은 중국 이외에 전 세계 그 누구도 미국의 이타주의를 의심하지 않을 것이라고 확신했다. ⒧

(3) 대만을 정복한 청나라(1644~1912)는 한족이 아닌 만주족이었다. 수십 개 민족이 모여 사는 나라에서 다수 민족을 차지하는 한족은 간혹 역사적으로 인정받는 중화 민족으로 간주되기도 한다

(4) Lin Fei-fan & Lii Wen, 'Skepticism toward US support for Taiwan harms regional security', <National Interest>, Washington, DC, 2023년 5월 15일.

글·알리스 에레 Alice Hérait
타이완 주재 언론인

번역·배영란
번역위원

말리 투아레그족, 험난한 반란의 길

투아레그족(아프리카 5개국에 걸쳐 사는 베르베르족)은 1990년대 초부터 아자와드 지역의 독립을 주장하며 말리 북부에서 꾸준히 반란을 일으켰다. 평화협정은 맺는 족족 무용지물이 됐고, 전쟁은 갈수록 격화됐다. 설상가상 지하디스트가 준동하고 적대적 외세까지 개입하면서 상황은 악화일로로 치닫고 있다.

필리프 바케 ▮저널리스트

2023년 11월 22일, 러시아 바그너 용병단이 투아레그 반군 거점인 말리 북동부 키달에서 검은 깃발을 높이 쳐들었다. 2012년에 빼앗긴 키달을 탈환하는데 성공한 말리군도 의기양양하게 용병단과 함께 마을로 전진했다. 10월 초, 말리군은 러시아 용병단을 등에 업고 기세등등하게 가오를 출발했다. 유엔 말리평화유지군(MINUSMA)이 곧 철수할 군사기지를 점령하기 위해서다. 투아레그 반군은 알제 평화협정을 근거로 유엔기지에 대한 권한을 주장했다.

그러나 아네피스 마을과 테살리트 마을에 잇따라 격렬한 전투가 발생했다. 투아레그족은 이곳 지형에 정통했지만, 항공기와 드론으로 무장한 말리군과 러시아 용병단의 우월한 화력에 밀려 후퇴할 수밖에 없었다. 키달에서는 싸워보지도 못하고 철수했다. 말리 북부 전쟁은 사실상 50년이나 지속됐다. 이 분쟁을 이해하려면, 역사를 돌아봐야 한다.

정전협정을 깬 민간인 학살

1996년 3월 27일 말리 중부 통북투, 투아레그 반군과 아랍계 무어인이 버린 수천 개의 무기가 말리 당국과 반군 대표들 앞에서 불태워졌다. 분쟁의 종결을 상징하는 의식이었다. 이때 세워진 평화의 불꽃 기념비는 여전하지만, 평화는 무너졌다. 1990년, 리비아에서 돌아온 투아레그 청년들이 반란을 일으켰다. 리비아-차드 전쟁에서 무아마르 카다피의 용병으로 차출됐던 이 청년들은, 1963년 반란 이후 심해진 말리 북부 투아레그족에 대한 폭압을 피해 도망쳤다. 그러다가 리비아 야영지에서 니제르 출신 투아레그족을 만났다. 이들 사이에는 민족의식이 형성됐고, 이는 체계화된 운동으로 발전했다. 이때 공동체 문화 '테슈메라(Teshumera)'가 생겨났는데, 이는 프랑스어 쇼뫼르(Chômeur, 실업자)에서 유래했다. 테슈메라의 대표적 예로 투아레그족 뮤지션 '티나리웬(Tinariwen)'이 있다.(1)

초기 반란군은 아자와드의 자치독립을 주장하기 위해 다양한 투아레그족 구성원과 말리 북부의 무어인을 통합했다. 그러나 말리군을 패주시킨 이후, 부족별로 분열돼 갈등에 빠졌다. 1991년 1월, 알제리 타만라세트에서

(1) Hawad, 'Touaregs, "la marche en vrille" 투아레그족, 소용돌이 행진', <르몽드 디플로마티크> 프랑스어판, 2012년 5월호.

<내전, 에피소드2 (해방)>, 벽걸이 천 그림 시리즈 중, 2015 - 에모 데 메데이로스

말리 정부, 키달의 이포가스(Ifoghas) 투아레그족으로 구성된 아자와드민중운동(MPA)의 이야그 아그 갈리 대표, 가오 및 통북투의 무어인으로 구성된 아랍계이슬람전선(FIAA)이 모여 제1차 3자 정전협정을 체결했다.

이 협정은 다른 조직들이 부재한 가운데 체결됐으며, 아자와드에는 그 어떤 특별 지위도 부여하지 않았다. 프랑스국립과학원(CNRS) 소속 인류학자인 엘렌 클로도

아와드는 "이야그 아그 갈리는 알제리로부터 군사적 · 재정적 지원을 약속받았다"라며, 다음과 같이 설명했다. "알제리는 투아레그족이 정치 · 군사동맹을 결성하거나 독립을 도모하지 못하게 항상 감시했다. 알제리는 자국의 아랍계 무슬림 정체성에 부합하는 북부 말리의 정치 및 종교적 이해관계를 지지한다." 그러나 말리군의 민간인 학살로, 정전협정은 무용지물이 됐다.

1992년, 알제리와 프랑스의 주재 하에 아마두 투마니 투레 장군이 이끄는 임시정부와 모든 반란조직 간의 새 협정이 체결됐다.(2) 파리 1대학 교수이자 역사학자인 피에르 부아예는 다음과 같이 설명했다. "반란조직들은 사회적·경제적 안정을 위해 최우선 과제였던 독립을 잠시 제쳐뒀다. 당시 말리는 민주화 과정에 있었기 때문에 상당히 호의적이었다. 1992년 협정에 따라 전투원 일부를 다양한 제복 공무원에 편입시켰다. 국가의 보호 아래 북부 지방에 일종의 자치권 부여와 경기부양도 계획했다. 그러나 일부 투아레그족만 협정의 혜택을 누렸을 뿐, 대다수는 아니었다."

2006년, 2009년에 차례로 반란이 일어났고, 제복 공무원에 편입됐던 전투원 일부가 탈주했다. 엘렌 클로도아와드는 다음과 같이 목격한 것을 전했다. "프랑스는 협정을 토대로 말리 북부의 자치권과 정치적 권리가 강화되지 못하게 막았다. 프랑스는 몇몇 무장단체를 이용해, 정치적 영향력을 유지하려 했다."

독립운동, 그러나 쫓기는 신세가 되다

2011년, 카다피 군대에 합류했던 투아레그족 수천 명이 리비아 정권 붕괴를 틈타 다량의 무기를 탈취한 후, 말리 북부로 돌아와 독립운동을 벌였다. 그리고 아자와드민족해방운동(MNLA)을 발족했다. 그런데 MNLA는 지하드와 샤리아를 중시하는 살라프파(수니파 근본주의) 무장단체를 상대해야 했다. 알카에다 북아프리카지부(AQMI)는 인질극이 주요 임무였던 '설교와 전투를 위한 살라프파 그룹(GSPC)' 소속 알제리인들이 2007년에 만들었다. 말리 북부에 자리 잡은

MNLA는 충분한 자금 덕분에 신병을 모집할 수 있었다. 모리타니와 서사하라 사람들로 구성된 '서아프리카 통일과 지하드를 위한 운동(MUJAO)'은 가오 지역에 정착했다. 이들은 서사하라인들을 모집했고, 밀수에 뛰어들었다.

안사르디네('믿음의 수호자')는 아그 갈리가 MNLA를 탈퇴한 후 만든 조직이다. MNLA의 지도자들이 이슬람의 규범체계인 샤리아를 정책에 적용하길 거부했기 때문이다. 아그 갈리는 몇 년 전에 말리에 정착한 파키스탄 살라프파 종교를 접한 이후 극단적 이슬람으로 개종했다. 피에르 부아예 교수는 "아그 갈리는 이포가스 명문세족 출신으로 명망이 높았다"라며 "그래서 수많은 투아레그족 전투원이 이념과 무관하게 그를 따라갔다. 나머지 안사르디네 인원은 돈에 넘어갔다"라고 설명했다. 안사르디네는 인질의 몸값, 인신매매, 걸프만 국가들의 지원으로 재정적으로 번성했다.

MNLA는 살라프파 그룹과 손을 잡고, 말리군 기지 중 군사력과 사기가 약한 곳들을 공격했다.(3) 특히 아구엘혹(Aguelhoc) 기지에서는 주둔군 수십 명의 목을 베었다. 2012년 3월, 말리 장교들은 위기관리 실패, 지하디스트 조직과의 수상한 관계, 북부에 만연한 밀거래를 이유로 투마니 투레 말리 대통령을 축출했다. 쿠데타가 벌어지고 며칠 후, 말리군은 분열되어 약화됐다. 이때를 틈타 MNLA와 살라프파 무장조직이 키달, 통북투, 가오 그리고 말리 영토의 2/3를 장악했다.(4) 그러나 투아레그 반군에게는 더 이상 주도권이 없었다. 병력, 화력, 물자 모두 살라프파 조직에 비해 부족했던 투아레그족은 쫓기는 신세가 됐다.

2013년 1월, 지하디스트는 말리 진격을

(2) Philippe Bacqué, 'Nouvel enlisement des espoirs de paix dans le conflit touareg au Mali 말리의 투아레그족 반란, 평화의 조짐 또다시 사라져', <르몽드 디플로마티크> 프랑스어판, 1995년 4월호.

(3) Dorothée Thiénot, 'Le blues de l'armée malienne 말리 군인들의 슬픈 블루스', <르몽드 디플로마티크> 프랑스어판·한국어판, 2013년 5월호.

(4) Philippe Leymarie, 'La guerre du "Sahelistan" aura-t-elle lieu? '사헬리스탄' 전쟁이 터질 것인가?', <르몽드 디플로마티크> 프랑스어판, 2013년 1월호.

결정했다. 말리 당국은 즉시 프랑스에 도움을 청했고, 프랑스는 '세르발 작전'으로 지하디스트를 막았다. 말리군은 기세를 몰아 프랑스군과 함께 말리 북부의 탈환을 노렸지만, 영토의 일부만 되찾는데 그쳤다. 피에르 부아예 교수에 따르면, "프랑스군은 말리군이 통북투와 가오에서 민간인을 학살하는 장면을 목격했다. 몇몇 프랑스 장교는 MNLA와 좋은 관계를 맺고 있었기에 그들이 도시를 점령하게 내버려뒀고, 말리군은 이를 모욕으로 받아들였다." 이에 따라 말리군, 지하디스트 조직, MNLA, 친정부 투아레그족과 무어인 무장조직, 지하디스트에서 분열된 조직 간의 전쟁이 시작됐다.

2015년 6월, 이 혼돈을 끝내기 위해 '말리의 평화와 화합을 위한 협정', 일명 알제 협정이 이브라힘 부

바카르 케이타 말리 대통령, 아자와드운동연합(CMA), 친정부 무장조직 간에 체결됐다. 살라프파는 여기서 제외됐다. 1992년 협정과 마찬가지로, 알제 협정은 재편성된 군대에 반란군 편입, 난민 복귀, 국가 통합을 준수하는 북부 지방의 자치권 확대 등의 내용을 골자로 했다. 유엔 말리평화유지군(MINUSMA)은 민족화합 지원, 민간인 보호, 중앙정부의 정상화 지원 등의 임무를 맡았다. 1만 5,000명의 군인, 경찰, 직원이 말리 북부의 12개 기지에 배치됐다. 지하디스트 소탕 관련해서, 말리군은 병력 5,000명을 투입한 '바르칸 작전'의 일환으로 프랑스군의 지원을 받았다. 협정이 적용될 때까지, 북부 영토에 대한 통제권은 말리군과 서명 당사자들에게 암암리에 분배됐다. 그러나 새 협정이 체결 직후 말리에서는 회의적인 반응이 쏟아졌다.(5)

지하디스트 조직은 약탈을 저지르기 시작했다. 2017년, 안사르 디네, 알카에다 북아프리카지부(AQMI), 카티바 마시나, 목타르 벨목타르가 이끄는 알무라비툰 등은 알카에다에 충성하는 아그 갈리의 지시 하에 '이슬람과 무슬림 지지 그룹(GSIM)'과 병합한다고 선언했다. 같은 시기에 MUJAO에서 분열된 '대사하라 이슬람국가(EIGS)'는 소외된 서사하라인을 모집했고, 메나카 마을에 세력을 넓혀갔다. EIGS는 GSIM처럼 샤리아를 중시하고, 말리의 분할에 반대한다.

"이 전쟁에는 우리의 실존이 달려있다"

2020년 8월, 케이타 말리 대통령은 북부 지역의 불안정 속에 발생한 쿠데타로 축출됐다. 2021년 5월에 두 번째 쿠데타가 발생했고, 무장단체를 지지한 프랑스와의 파트너십에 이의를 제기한 아시미 고이타 대령이 대통령이 됐다. 새로운 말리 군정은 러시아를 통해 바그너 용병에게 도움을 요청했다. 2022년 2월, 말리 군정이 프랑스 대사를 추방하자 프랑스는 바르칸 병력을 말리에서 철수하기로 결정했다. 결국 말리는 프랑스와 유럽 파트너국과 체결한 방위협정을 파기했다.

브뤼셀국제학교 연구원인 이반 귀쇼아는 다음과 같이 설명했다. "말리 군정은 포퓰리즘과 민족주의를 내세워 주권을 되찾고, 말리에게 충성하지 않고 서구에게 원격조종당하는 무리에게 영토를 조금도 내주지 않겠다고 선언했다. 러시아의 개입과 전쟁 재개를 위한 무기 쟁탈은 이런 이데올로기를 더욱 부추겼다." 말리군과 바그너 용병은 말리 북부로 진격했다. 2022년 무라 마을에서 민간인 수백 명을 학살하기 까지 했지만, 결국 지하디스트의 공격을 막지 못했다. 현재 메나카 마을 부근에서는 투아레그족 주민에 대한 EIGS의 수탈이 벌어지고 있다.

2023년 6월, 말리 군정은 유엔 말리평화유지군에게 즉시 철수해달라고 요구했다. 알제 협정은 말리 군정이나 서명 당사자가 공식으로 이의를 제기하지 않더라도, 사실상 무효 상태나 다름없었다. 그 해 8월 말, 바그너의 지원으로 병력 수만 명과 항공기를 보유하게 된 말리군은 유엔 말리평화유지군이 철수한 통북투 지역의 베르 기지를 장악했다. 그리고 투아레그와 무어인 반군의 새로운 동맹 조직인 '평화, 안보, 발전을 위한 영구 전략 체제(CSP-PSD)'를 공격했다. 상황은 급속도로 격화됐고, CSP-PSD는 정당방위라는 명목으로 말리군 진영을 공격했다.

아그 갈리가 이끄는 GSIM은 분리주의자들과의 암묵적 합의에 따라 말리군과 러시아 용병에 대한 공격을 확대했다. 그럼에도 말리 정권은 계속 승리를 선언했고, CSP-PSD를 테러리스트라고 규탄하며 협상의 길을 모조리 차단했다. 2023년 11월 말, 말리군은 키달을 수복한 후 주지사를 임명했다. 새로운 주지사는 임가드(Imghad) 투아레그족으로 구성된 친정부 자경단의 창립자, 엘 하지 아그 가무 장군이다. 임가드 투아레그족은 전통적으로 키달의 이포가드 투아레그족과 적대적 관계에 있다. 무함마드 엘마울루드 라마단 CSP-PSD 대변인은 "우리는 이 전쟁에서 끝까지 싸울 준비가 됐다"라고 경고했다.

"말리군과 바그너는 투아레그족과 무어인 공동체를 대상으로 초토화 작전을 벌이고 있다. 그들은 우리 마을과 야영지를 약탈하고, 학살을 자행하므로 우리 국민은 도피할 수밖에 없다. 이 전쟁에는, 우리의 실존이 달려있다." ld

(5) Nicolas Normand, 'L'accord d'Alger entre Bamako et les rebelles armés a créé plus de problèmes qu'il n'en a réglés 말리와 반군이 체결한 알제평화협정, 해결책보다 문제 더 많이 일으켜)', <르몽드>, 2020년 7월 9일.

글·필리프 바케 Philippe Bacqué
저널리스트

번역·이보미
번역위원

국가를 집어삼키는 민간 경비산업

불가리아, '조직범죄' 자경단의 나라

불가리아의 민간 경비산업은 무너진 공산주의 공공질서의 폐허 속에서 등장했다. 오늘날 불가리아 인구는 프랑스의 1/10에 불과하지만, 민간 경비산업 종사 인구는 프랑스에 버금가는 수준이다. 민간 경비산업은 비단 재산을 보호하는 데서 그치지 않고 공공 서비스를 대신하고 있으며, 정치, 범죄 집단, 금융 권력 등 다양한 이해관계의 교차점에서 번창하고 있다.

샤를 페라쟁 ▌콜렉티프 생귈리에 소속 기자

이제 노보젤레자레(Novo zhelezare)에 살기 위해 오는 사람은 없다. 농산물 보관 창고는 햇볕에 색이 바랬고 농가는 폐허로 변했다. 트라키야 평야의 이 외딴 마을 거리에서는 점심 이후 휴식시간에도 사람이 보이지 않는다. 교회 앞부터 시청 앞 광장까지 텅 비어있다. 회색 콧수염이 재킷과 잘 어울리는 디미타르 가르고프는 흡사 미국 보안관으로 보인다. 이 지역 경비업체 트래픽 소트(Traffic Sot)에 소속된 디미타르는 겨울철 동안 식량, 의약품, 목재 배달을 하지 않을 때는 불시에 순찰을 돌기도 한다. 그는 문을 두드리며 "여기서 죽으면, 몇 달이 지나도 아는 사람이 없을 겁니다"라고 푸념했다.

마침 검은색 상복 차림의 펜카 리토바 부인이 문을 열었다. 부인은 20년 전에 이웃 마을로 이사를 왔다. "병든 부모님을 모시러 여기에 왔어요. 자식들은 모두 영국으로 이주해서 13년째 여기서 혼자 살아요. 대중교통편도 없어서 약국에 가려면 꼬박 하루를 걸어야 해요." 디미타르와 동료들은 리토바 부인을 병원에 데려다주고, 대화 상대가 되어준다. 간혹 꽃을 배달해주기도 한다. 리토바 부인은 "이 사람들이 가족의 빈자리를 채워주고 있어요"라고 알려주었다.

폴란드 영화 <The Two Mr. N>의 불가리아 포스터, 1962 - 아셰 스테레이신스키

경찰과 군인의 2배에 달하는 민간경비원

불가리아의 민간 경비원 수는 약 13만 명으로, 불가리아 경찰(2만 9,000명)과 군인(3만 7,000명)을 합친 숫자의 2배에 달한다. 인구 1,000명당 1.8명으로 프랑스(0.2명)나 이탈리아(0.07명)에 비해 월등히 많다. 민주연구원(CSD) 범죄학 전문가 티호미르 베즐로프는 "경비원들은 공공장소와 개인주택을 지킬 뿐만 아니라 외딴 마을의 사회복지 서비스까지 제공해요"라고 설명했다.

경비원들은 장소를 가리지 않는다. 노보젤레자레에서 남쪽으로 한 시간 정도를 운전해 가면 불가리아의 문화 수도이자 두 번째로 큰 도시인 플로브디프가 나온다. 이 지역 적십자 협회의 주방에서 타냐 게오르기에바 지부장이 배달할 생필품을 준비해 분류하고 있다. 적십자 협회는 트래픽 소트를 통해 배달할 전분과 식용유가 담긴 바구니를 전달한다.

"사회에서 고립된 사람들을 위해 청소, 행정 업무뿐 아니라 정서적 지원까지 해주죠. 여기서는 당장 죽어가는 게 아니면 구급차가 오질 않거든요." 하지만 경비회사의 로고가 붙은 차량은 정기적으로 협회에서 출발해 노인들을 돌보러 간다. 93세의 안나도 지팡이를 짚고 앉아서 경비원들을 기다린다. 커다란 사각형 안경을 쓴 그녀는 한탄했다. "혼자서는 집 밖으로 나가지도 못해요. 지난 3년 동안 아플 때는 이 사람들이 구급차를 대신해서 나를 병원에 데려다줬어요."

국가체계가 붕괴되는 곳이라면 어디서든 민간 경비업체가 그 자리를 채운다. 유럽연합(EU)과 마찬가지로 프랑스에서도 경찰의 고정 업무 경감을 위해 공공 당국의 경범죄 대응에는 민간 경비인력 사용을 장려한

다.(1) 불가리아에서는 1990년대 이후 쇠퇴 중인 농업지역에 장기적으로 경찰력을 대체하기 위해 민간 경비업체를 투입했다. 베즐로프는 다음과 같이 말했다. "공산주의 정권이 도입한 산업화 계획으로 농촌 인구가 급감했어요. 그 결과, 21세기 초에는 경작하지 않는 농지가 40%에 이르렀죠. 대형 농장에서는 노동력이 필요했습니다. 2000년대에는 실업률이 20%에 달하면서 사회적 고통이 농촌으로 옮겨갔고 불안감이 증폭했습니다."

2015년 8월, 불가리아 정부는 불법 이민자를 차단하기 위해 경찰 인력을 튀르키예 국경에 재배치했다.(2) 노동부는 어떤 법적 틀도, 규제도 없이 지역사회가 경비업체와 더 많은 계약을 체결하도록 장려하는 대대적인 계획을 도입했다. 비딘(Vidin)과 같은 일부 소도시에서는 지방 당국의 적극적인 도움을 받아 민간 경비업체들이 지자체 가입제도를 도입했다. 지역 질서 유지를 위해 여러 가구가 함께 민간 경비 비용을 지급하는 방식이다. 법적으로 이 경비업체들의 역할은 주택, 학교나 공원과 같은 특정 장소를 지키는 데 국한돼야 한다. 하지만 실상 민간 경비는 마을, 자치단체, 루마니아와의 국경 지역까지 훨씬 더 넓은 지역을 관할하기 시작했다. 경비원들은 아무렇지도 않게 차량 검문, 수색, 체포까지 담당한다. 때로는 민간 경비가 경찰보다 경범죄, 특히 강도 소탕을 더 잘해낸다.(3)

"국가가 통제력을 잃고 있다"

2018년, 보수당이 다수당이 되자 시장들이 민간부문과 계약을 맺고 민간업체에 시 전체의 경비 권한을 부여했다. 당시 상공회의소 소속의 민간부문 대표였던 타티아나 이

(1) 'La participation de la sécurité privée à la sécurité générale en Europe 민간 경비의 유럽 일반 보안 참여', Livre Blanc(백서), CoESS(유럽 보안 서비스 연합)/INHES(고등보안연구원), 2008년 12월.

(2) Franziska Klopfer, Nelleke van Amstel, 『Private Security in Practice. Case studies from Southeast Europe』, DCAF, Geneva, 2016.

(3),(4) Franziska Klopfer, Nelleke van Amstel, 『A Force for Good ? Mapping the private security landscape in Southeast Europe』, DCAF, Geneva, 2015

바노바는 이렇게 회고했다. "경찰의 민영화이자 봉건주의로의 회귀였습니다. 지방 당국이 자체적으로 경찰을 고용할 수 있게 된 것이죠. 저는 대통령에게 국가가 통제력을 잃고 있다고 직접 경고했어요." 결국 6개월 만에 이 법은 개정됐다. 하지만 민간 경비 부문 노조들에 의하면, 농촌 지역에서 민간 경비원이 경찰로 교체되지 않았고, 경찰이 추가로 배치되지도 않았으며, 누구도 사설 경비의 역할을 따지고 들지 않았다고 한다.

튀르키예 국경에서 멀지 않은 트라키아 평야 동쪽의 작은 공업 도시 하스코보에 가면 여러 상점과 주택에는 경비를 맡은 회사의 배지가 붙어있다. 1995년부터 이 도시에서 살았던 인상 좋은 전직 레슬링 선수 데얀 요르다노프의 배지가 유독 눈에 띈다. 그는 이렇게 말했다. "사람들은 경비 지출을 줄이고 있지만, 우리 회사 같은 소규모 업체는 학교나 낮은 연금을 받는 노년층의 경비를 맡고 있어요. 우리는 교회와 가라테 클럽 활동을 후원하기도 한답니다." 마을의 광장과 식료품점에서 종종 나이 많은 전직 경찰관들이 경비원 제복을 입고 건물 주위를 서성이는 모습을 쉽게 볼 수 있다. "소도시에는 경비 용역을 주는 곳이 많지 않습니다. 얼마 전까지만 해도 농부들이 많았지만, 농업이 산업화하면서 일자리가 사라졌습니다." 민주연구원의 보안 전문가 아타나스 루세에프가 설명했다.

경비직은 여전히 국가에서 가장 일자리가 많은 비공식 부문으로 꼽히며, 쉽게 접근할 수 있으면서도 불안정한 일자리 군이다. 몇 년 전, 하스코보에 있는 수도회사가 경비원에게 지급한 임금은 불가리아 최저임금보다 16% 낮았다. "공기관 일자리는 포기했고, 결국 불법 취업밖에 없었어요. 돈을 아끼려고 사회보장제도 납입금을 지급해야 할 시점에 직원을 해고했다가 다시 고용하는 고용주들이 있어요." 요르다노프는 쓸쓸하게 토로했다.

불가리아 산업 자본협회(Association of Industrial Capital in Bulgaria)는 상당 부분 비공식 경제 영역에 머물러 있는 불가리아의 민간 경비산업 규모가 2020년 국

과거 공산정권 관료 · 경찰, 대규모 복귀

35년 동안 독재정치로 불가리아 인민공화국을 통치한 토도르 지브코프는 베를린 장벽 붕괴 다음 날인 1989년 11월 10일, 서기장과 총리직에서 사임했다. 그 후 공산주의 정권은 2년도 지나지 않아 몰락했다. 경찰과 군대 수는 급감했고, 불가리아는 경제적, 물리적 불안에 시달렸다.(1) 1993년 법원이 선고한 유죄판결 건수는 1/3로 감소했지만, 절도 범죄가 폭발적으로 증가하면서 범죄율은 2배로 증가했다.

긴급 보안 수요는 풍부한 맞춤형 공급으로 충족됐다. 해직 경찰들과 군인들, 공산주의 정권의 총애를 누리던 전직 운동선수(복싱, 레슬링, 역도)들이 그 자리를 채웠다. 운동선수들은 공공 보조금이 대폭 삭감되고 체육시설이 폐쇄되면서 새로운 일자리를 찾아야 했다.(2)

1991년부터 민간 경비회사들은 항만, 소규모 상점, 관공서 보안을 도맡았다. 새로운 조류에 따라 과거 공산주의 정권의 관료였던 이들은 인맥을 이용해서 할 수 있는 사업을 찾았다. 그런 대표적인 인물이 바로 전 문화부 장관 일리야 파블로프다. 1990년에 그는 초기 민간 경비기업을 설립했다. 처음에는 전시회와 연주회를 주관했고, 나중에는 카지노를 사들여 돈을 벌었다.

경비 업체 SIC(Security Insurance Company)를 설립한 전직 레슬링 선수 블라덴 미할레프는 파블로프 소유 사업체의 경비를 도맡아 운전기사와 경호원을 제공했다. 밀수망을 운영한 경험(특히 구 유고슬라비아에 대한 금수 조치 시기)이 있는 전직 경찰관들도 석유밀매 등 불법 활동에 동원됐다. 1990년대에 SIC 요원들은 멀티그룹(Multigroup)의 자회사였던 바르텍스(Bartex)의 대규모 설탕 밀수 작전을 진행했다. 당시 이들은 흑해 연안의 부르가스 항구에서 화물을 하역하고 거래를 감독하는 일을 했다.(3)

1994~1997년 민간 경비기업의 수는 4배로 늘어났다. 레슬링 선수와 전직 경찰관들이 시청과 주요 은행을 감시하고, 매춘 업소와 골목 상점이 진 빚을 회수하기 위해 무력과 협박을 가하기

내총생산(GDP)의 21%를 넘어섰다고 추산했다. 연구원 루세프는 차분한 어조로 이렇게 전했다. "비공식 경제 부문은 급격하게 감소하는 추세입니다. 서유럽으로 이민을 떠나는 사람이 많아지면서 실업률이 4%까지 떨어졌습니다. 일자리가 폭발적으로 증가하고 있고, 빈곤층은 비공식 경제보다 더 나은 보수를 받는 공식 경제의 일자리로 눈을 돌리고 있습니다." 그래서 민간 경비업체를 찾는 고객이 줄었고, 불법 고용도 덩달아 줄었다. 이 연구원의 추정에 따르면, 지난 6년 동안 민간 경비업계는 기존 인력의 1/4, 많게는 1/3을 잃었다. 그런데도 합법적인 고용이 많아지면서 2012년 이후 고용 신고율이 80% 증가했고, 그 규모는 연간 약 5억~8억 유로에 달하는 것으로 추산된다.

군사기지까지 진출한 민간경비원

한편 불가리아 정부는 발전소, 항구, 심지어 군사기지 같은 주요 시설까지 민간업체에 경비 용역을 맡기면서, 최대 고객이 됐다. 2013년까지만 해도 내무부는 주택과 기업, 공공장소의 경비를 담당하는 자체 부서를 운영했다. 타티아나 이바노바는 "국가의 용역을 받은 민간 경비회사는 경찰이 가지는 법적 의무가 없어요"라고 설명했다. 자체 부서가 해체된 후, 전직 내무부 직원들이 여러 민간업체에 고용돼 재교육을 받았다. 그중에는 실력미달인 이들도 있었다. 사회학자이자 내무부 소속 국무장관을 지낸 필립 구네프는 "그들의 힘은 마약, 무기 밀매, 인신매매의 위험이 있는 국제 항구 같은 위험한 장소를 지키기에는 부족하죠"라고 지적했다.

2022년 7월에 카르노바트 인근 엠코(Emco)사의 군수품 창고에서 폭발 사고가 발생하자 불가리아군 시설을 민간 경비에 맡기는 상황에 의문이 제기됐다. 정치계는 러시아 특수부대를 의심했다. 2011~2020년 우크라이나와 조지아에 공급할 탄약을 보관하는 무기 창고에서 4건의 다른 폭발 사고가 발생했다. 2021년에 불가

도 했다. 대형 기업과 마피아 조직의 경우 적수를 제거하고, 현금 흐름을 확보했고, 선출직 공무원을 뇌물로 매수하거나 중상모략을 폈다. 사회학자 마리나 츠베트코바에 따르면, 정치계는 아주 일찌감치 경비 업체, 특히 이사회에 여러 명의 의원이 포진한 PIMB 은행과 연계된 SIC사와 돈독한 관계를 맺었다.

1994년에는 전직 대테러 경찰관들이 아폴로 시큐리티(Apollo Security)를 설립했다. 창립자 즐라토미르 이바노프는 불과 몇 년 만에 마약 밀매의 주요 인물이 됐고, 재산 보험(주택, 자동차, 사업체)으로 위장갈취 수단인 '보호비(Pizzo)' 사업을 시작했다. 보험 가입을 거부하는 사람들은 재산을 도난당하거나 훼손당하곤 했다.(4) '보호비' 제도는 1995년 이후 4개 회사(아폴로 시큐리티와 SIC 포함)가 불가리아 내에서 도난과 중고 판매망을 관리하며 널리 확산됐다. 서양산 수입 신차의 90%가 해당 보험에 가입할 정도였다. 결과적으로 이들 업체는 경찰보다 훨씬 효과적으로 고객의 도난 차량을 추적해 회수할 수 있었다.

'보호비'는 대기업과 공공기관을 포함한 모든 이들에게 영향을 미치게 됐다. 사회학자이자 내무부 장관을 지낸 필립 구네프는 법적 개혁을 단행해도 이런 협박 제도는 돈의 권력, 범죄자, 정치계층 사이에서 쉽게 끊어지지 않는 연결 고리를 형성하고 있다고 설명했다. **ID**

글·샤를 페라쟁 Charles Perragin
콜렉티프 생귈리에(Collectif Singulier, 독립 언론인 공동체) 소속 기자

번역·이푸로라
번역위원

(1) Alan Bryden, Marina Caparini, 『Private Actors and Security Governance』, DCAF, Geneva, 2006.
(2),(3) Nadège Ragaru, 'Multigroup, une trajectoire entrepreneuriale dans la construction du capitalisme bulgare(멀티그룹, 불가리아 자본주의 건설의 기업가적 궤적)', Jean-Louis Briquet, Gilles Favarel- Garrigues, 『Milieux criminels et pouvoirs politiques. Les ressorts illicites de l'État(범죄 집단과 정치권력. 불법적 국가 수단)』, Karthala, Paris, 2008.
(4) Philip Martinov Gounev, 'Backdoor traders. Illicit entrepreneurs and legitimate markets', 사회학 논문, London School of Economics, 2011년 4월.

리아 검찰은 해당 사고의 배후로 러시아를 지목했다. 불가리아에는 소련 시절부터 우크라이나 무기와 호환되는 첨단 탄약 제조를 전문으로 하는 몇 안 되는 회사(엠코 포함)가 있는데, 흑해 너머에서 러시아 우크라이나 전쟁이 발발하자 해당 기업들이 우크라이나에 탄약을 대량으로 판매했기 때문이다. 2022년 8월, 불가리아 국방부는 민간 기업의 군사기지 경비를 금지했다.

전직 군인이었던 일리얀 판체프는 민간 경비가 군사 부문에서 제외됐다는 말을 전혀 안 믿는다. 불가리아에서 두 번째로 큰 경비업체 연합회 NAFOTS 회장의 생각은 달랐다. "우리 민간업체는 경찰보다 비용이 덜 들어요. 항간의 풍문에 따르면 민간 경비가 갈등을 해소하고 증거를 수집하는 순기능이 있어 조만간 형사 사건은 민간 경비업체를 거쳐 직접 법원으로 넘어갈 것이라고 합니다." 농촌 지역에서는 미행과 같이 필수 불가결한 보안 활동의 경우 민간 경비업체가 계속해서 인적 자원과 기술 자원을 경찰에 제공한다. 4,000명이 넘는 직원을 보유한 최대 경비회사 소트161(Sot 161)의 파벨 비데노프 대표는 이렇게 설명했다. "만약 불가리아가 부국이라면 국가의 주권을 위임하는 것을 받아들이지 못하겠지만, 현재 불가리아가 처한 상황에서는 선택의 여지가 없습니다."

범죄학자 안톤 코주하로프는 법적인 틀이 불충분하다고 말한다. "경비 면허는 개인이 아닌 기업에 부여됩니다. 그러다 보니 운전기사 훈련을 받은 사람들이 경호 일을 맡는 경우도 왕왕 있습니다." 게다가 경비원의 특권에 관한 법은 매우 모호하며, 무력 사용이 허용되는 상황에 관해서는 더욱 그렇다. 비데노프는 "범인 체포와 관련한 법의 모호성 탓에 막대한 소송비용이 발생합니다"라고 지적했다. 입법부는 무기 휴대와 관련해 경비원과 일반 시민을 구분하지 않는다. 민간 차원의 수사 권한에 관한 규제도 없다.

공공입찰 조작 ⋯ 정계와 유착 악순환

소도시 라드네보 주변의 평원에는 광대한 갈탄 광산이 있는데, 과도한 갈탄 추출 탓에 토지가 심하게 훼손됐다. 이곳에서 채굴한 갈탄은 유럽에서 가장 심각한 오염 문제를 빚은 발전소로 악명 높은 2번 발전소를 비롯해 마리차 이즈토크 광산의 3개 발전소에서 전력 생산에 활용된다. 이 지역 경비업체 관리자 보리슬라브 비네프는 약국과 세차장 사이에 있는 사무실 한편에서 이 모든 상황을 주시하고 있다. 문제의 국영 회사 마리차 광산은 입찰 요청을 조작한 혐의로 여러 차례 비난을 받은 바 있다.

2014년에는 전체 산업단지(5,000만 유로 상당)의 경비 계약을 갱신하는 절차가 의도적으로 축소됐다. 경쟁 업체가 입찰에 참여하기도 전에 이 회사는 불가항력적 이유('중요' 시설로 분류된 현장)를 들어 경비업체를 직접 선정했다. 2년 후, 이 기업은 특정 계약 내용을 국가 기밀로 분류했다. 계약 상대는 하원의원이자 과두 정치인인 델리안 피브스키와 관련된 업체로, 경비 사업비 1,500만 유로를 청구했다. 이 금액이 공개되자 정부는 금액이 과다하다고 평가했다.(4)

타티아나 이바노바는 공공입찰 3건 중 2건이 조작된다고 밝혔다. 필립 구네프는 문제의 근원이 민간 경비 산업과 정치계 간의 역사적 유착 관계에 있다고 판단한다. 공산주의 국가의 급격한 몰락 이후, 새로운 부르주아 계층이 등장했다. 인맥을 활용해 돈을 벌어들인 전직 국가 기관 공무원들이다. 루세프에 따르면 경비회사 관리자의 80%는 전직 내무부 간부, 15%는 전직 장교 출신이다. 이처럼 빈틈이 많은 국가 서비스와 민간 경비산업은 서로 이해관계가 얽히고설켜 있다. 라드네보 시의원을 지낸 보리슬라브 비네프는 이렇게 말했다. "경쟁 업체들이 저를 시에서 내쫓겠다고 협박했습니다. 악순환의 연속이에요. 공금을 횡령하고, 우리 같은 소규모 기업의 고객을 빼앗고 공공 계약을 따내려고 가장 낮은 가격을 제시하거든요. 그 대가로 정치적 영향력을 얻게 되죠."

"국가가 민간에 점령당했다"

역사학자이자 정치학자인 나데게 라가루는 국가가 "점령당했다"라고 말한다. "고위 공무원들은 민간 부문

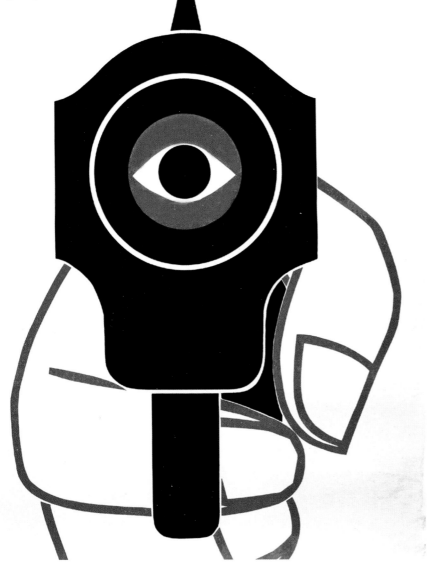

КРЪГ

СЪВЕТСКИ ИГРАЛЕН ШИРОКОЕКРАНЕН ФИЛМ

сценарий едгар дубровски и герберт рапапорт

рисьор г рапапорт В ролите   сВ коркошко еВ уралова и др

러시아 영화 <The Circle>의 불가리아 포스터, 1974 - 데미안 디미트로프

됐다. 이 사건을 폭로한 사람은 러시아가 전쟁에서 승리하지 못할 것이라는 발언으로 최근 사회당(공산당의 후신)에서 제명된 국회의원 이아보르 보얀코프였다.

"틀에 박힌 방법입니다. 투표를 마친 유권자들이 동네 식료품점에 가면 점원이 거스름돈을 터무니없이 많이 거슬러 주는 식이죠. 경비원들은 가게를 염탐하는 불순분자로부터 가게를 보호하는 역할을 해요. 이민, 농촌 이농, 낮은 투표율 때문에 후보자는 지방 자치 단체 선거에서 단 천 표만 사면 당선될 수 있거든요." 보얀코프 전 의원은 경비원들이 지역 내 다른 마을 주민들을 협박해 투표를 가로막으려고 한다고 검찰에 신고했다. "업체들은 용역을 따내 공공 계약을 유지하기 위해서라면 물불을 가리지 않습니다. 그들 나름대로 정치를 펴죠."

원칙적으로 내무부에 소속된 관리팀은 경비업체를 감시하고, 위반이 발생하면 면허를 취소해야 한다. 범죄학자 코주하로프는 이렇게 지적했다. "현재 무기한 면허를 가진 수천 개의 회사를 모니터링하는 내무부 직원은 고작 7명뿐이에요. 시장이 전혀 통제되지 않고 있다는 말이죠." 한편, 범죄학 전문가 베즐로프는 다음과 같이 설명했다. "경찰이 알면서 눈을 감아주고 있는 겁니다. 중도 해고당하지 않으면 퇴직 후에 사설 경비업체에 취직하는 경찰들이 많습니다. 미래의 고용주를 심기를 건드리지 않으려는 속셈이죠." '민간

에 이해관계가 얽혀있어서 대형 공공 계약을 이용해 지방에서 환심을 삽니다. 이런 관행은 경제의 전 분야에 그대로 적용되고요." 경비회사 델타 가드(Delta Guard)는 2019년 지방 선거 기간에 고르나오랴호비차 마을에서 보수 정당인 유럽발전시민당(GERB)의 표를 매수하다가 적발

경비 부문과 국가 최상위 계층 간의 깊은 유착 관계'를 고려할 때, 통제가 강화될 가능성은 희박해 보인다.

엘리트-경비-조직범죄단

불가리아 공산주의 체제가 무너진 후 경제, 정치 엘리트와 조직 범죄단 간에는 경비 부문에서 강력한 연결 고리가 생겨났다. 1994~2004년에는 불법적인 관행을 제재하기 위해 1) 내무부가 관리하는 면허제도 도입, 2) 보안과 보험활동 감독, 3) 경비원 최소 교육 요건에 관한 세 가지 법률이 통과됐다.

경비업체들은 법인명과 관리자를 바꾸거나, 폐업하기도 했고, 불법적인 활동을 멈추기도 했다. 그렇게 해서 정상화 작업은 어느 정도 성과를 거두었다. 1995~2003년에는 조직범죄와 관련된 민간 경비원 수가 4분의 3으로 줄었다. 경비회사들은 인맥을 활용해 에너지, 도박 산업, 관광, 건설 사업 등 다른 분야에서 새로 돈줄을 찾았다.(5) 가라테 선수 출신으로 1991년에 이폰-1(Ippon-1)을 설립한 보이코 보리소프처럼 정계로 진출한 이들도 있다. 그는 국회의원, 소피아 시장을 거쳐 세 차례(2009~2013년, 2014~2017년, 2017~2021년) 총리를 지냈다.

오늘날, 이 얽히고설킨 관계를 이해하려면 불가리아의 수도 소피아의 중심부로 가봐야 한다. 시립 은행 지점 밖에서는 덩치가 우람한 사내 두 명이 험상궂은 표정으로 순찰한다. 비정부기구인 반 부패기금(Anti corruption Fund)의 설립자인 니콜라이 스타이코프는 "현금 수송차를 기다리는 것입니다"라고 설명했다. "이 경비원들은 현금 운반 업체와 마찬가지로 보리스소프가 설립하고 운영하는 회사 이폰-1 소속입니다. 이런 것이 이해 충돌이 아니고 뭐겠어요? 이 회사에서 발칸 반도의 최대 정유 공장 루코일-네프테힘(Lukoil-Neftekhim) 창고 경비도 맡았어요. 이 공장 연료의 상당 부분이 암시장에서 팔리고 있다는 것은 세간에 잘 알려져 있습니다(불가리아 석유 가스 협회에 따르면 20~30% 내외). 유력한 용의자는 바로 경비 업체예요."

정치권력의 필수 불가결한 지원군

전직 기자였던 스타이코프는 불가리아 검찰 수뇌부, 특히 2015년까지 검찰청의 수사 책임자였던 페티오 페트로프에 관한 의문을 제기한 후 살해 협박을 받았다. 스타이코프에 따르면, 3년 전에 페트로프는 "사법부 후배들의 비호를 받으며" 불가리아 최대 승강기 공장인 이자메트(Izamet)를 소유한 일리야 즐라타노프의 공장 두 곳을 강탈하려고 했다. 페트로프 수하의 경비업체 델타 가드 요원들은 즐라타노프가 회사에 들어오지 못하게 제지했다. 페트로프는 스타이코프 측의 폭로와 '갈취', '불법 녹음' 혐의로 소송이 진행되자 행방을 감췄다.

결국 일부 경비업체는 공금 횡령부터 유권자 매수, 기업 갈취에 이르기까지 각계각층의 권력자들을 위한 사설 민병대 역할을 한다. 그리고 이 모든 일은 검찰의 비호 아래서 진행 중이다. 국가 속의 또 다른 막강한 국가 검찰은 부패 혐의가 있고 보리소프와 가까운 과두 정치인들에 대한 모든 법적 절차를 피해간다는 지적을 받고 있다.(6) 정치학자 나데게 라가루는 "체제 전환기의 정치 개혁 과정에서 사법부에 고도의 자치권을 부여한 것은 공산주의자들의 정치적 관여를 막기 위해서 입니다"라고 설명한다. "하지만 견

(5) Felia Allum, Stan Gilmour, 『Handbook of Organised Crime and Politics』, Edward Elgar Publishching, Cheltenham, 2019.

(6) Jean-Baptiste Chastand, 'Le procureur général, intouchable, figure du système judiciaire bulgare '검찰총장, 불가리아 사법 시스템의 손댈 수 없는 대상', <르몽드>, 2020년 10월 13일.

제 수단도 마련하지 않은 채 검찰에 과도한 권한을 쥐어주면, 그런 검찰이 경제 주체들과 은밀한 유착 관계를 맺을 때는 속수무책일 수밖에 없죠."

2020년 7월, '마피아 독재'의 종식, 특히 보리소프 당시 총리와 이반 게셰프 검찰총장의 퇴진을 요구하는 불가리아 시민들의 대규모 항의 시위가 일어났다. 이후 주요 정치 세력 간 연정이 결렬돼 2021년 4월부터 2023년 4월까지 총 다섯 번의 총선이 치러졌다. 그렇게 임시 내각이 이어지다가 보리소프 전 총리의 유럽발전시민당이 지난 선거에서 2위를 차지한 키릴 페트코프의 자유주의 정당 '우리는 변화를 계속한다(PP)'-민주불가리아(DB)와의 연정을 구성해 새 총리를 선출했다.

그런데 페트코프는 과거 보리소프와 그 측근들을 상대로 부패 타도를 공약으로 내걸었고, 2022년에 한시적으로 정부를 구성했지만, 내각 불신임결의로 총리직에서 물러났다. 이처럼 부자연스러운 정당 간 연합의 결과로, 사법부 최고위원회에 있는 유럽발전시민당 의원들은 게셰프 검찰총장을 해임했다. 검찰총장 해임은 사법제도 개혁과 함께 연정의 2대 조건이었던 것이다. 검찰총장에 대한 사법적 통제를 강화했고, 특히 명백한 중대 범죄에 대한 기소를 유예하는 경우 독립적인 검사를 임명해 수사하도록 하는 제도를 법적으로 인정했다.

하지만 안심할 상황은 아니다. 게셰프 전 검찰총장의 후임자인 보리슬라프 사라포프가 여전히 그의 대리인이기 때문이다. 스타이코프는 "오래된 수뇌부, 새로운 가치"라고 꼬집었다. 민간 경비업계는 무엇보다도 새로운 법 제정을 요구하고 나섰다. "2018년에 채택된 하도급 금지처럼 불합리한 조항을 폐지해야 해요. 이 법은 비공식 부문을 통제하는 조치라고 하지만, 오히려 소규모 기업이 일할 수 없도록 가로막고 있습니다"라고 일리얀 판체프는 지적했다. 타티아나 이바노바는 이렇게 강조했다. "민간 경비업계는 더 이상 내무부의 일부가 아니라 독립적인 경제활동의 주체가 돼야 합니다."

이 모든 장치가 부패와 횡령에서 벗어나기에 충분할지는 아직 확신할 수 없다. 필립 구네프는 민간 경비, 정치, 경제의 유착이 1990년대 말 이후 국가 전체 기능을 해쳐 왔다고 말한다. 일부 업체는 전통적인 범죄에서 벗어나 화이트칼라 범죄로 전환했고, 청탁과 뇌물을 대가로 계약을 맺어준 공기업 지방 당국의 졸개 노릇을 했다. 한때 경찰과 약화한 사법제도를 보완하던 민간 경비업체는 이제 모든 정치권력의 필수 불가결한 지원군으로 전락하고 말았다. 🄛

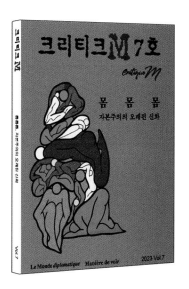

크리티크M 7호
『몸몸몸, 자본주의의
오래된 신화』
권 당 정가 16,500원

글·샤를 페라쟁 Charles Perragin
콜렉티프 생귈리에(Collectif Singulier, 독립 언론인 공동체) 소속 기자

번역·이푸로라
번역위원

불안정한 캅카스 지역의 지정학

나고르노-카라바흐 전쟁, 아르메니아의 비극

아제르바이잔 대통령 일함 알리예프는 나고르노-카라바흐 문제를 해결하기 위해 무력을 선택했고, 이에 따라 이 지역에 있는 아르메니아계 사람들은 대탈출을 감행했다. 튀르키예와 이스라엘 무기를 전달받은 덕분에 가능했던 이 군사적 '해결 방안'은 아르메니아의 고립을 초래했다. 불안정한 캅카스 지역 문제도 임시로 땜질되는데 그쳤다.

비켄 슈테리앙 ▎제네바 대학 국제관계 교수

아제르바이잔군이 지난해 9월 19일 나고르노-카라바흐를 공격했다. 나고르노-카라바흐는 아제르바이잔 영토 내 위치하지만, 아르메니아계 주민이 대다수인 지역이다. 아제르바이잔은 이번 군사 공격으로 나고르노-카라바흐 지배권을 얻었고 아르메니아계 주민들은 대탈출에 나섰다.(1)

아제르바이잔 당국은 나고르노-카라바흐 지역에 대한 공격적 발언을 쏟아내며 해당 지역을 9개월 동안 봉쇄하고 이 지역의 아르메니아계 주민들이 문화 · 정치적 권리를 누릴 수 없도록 막았다. 사실상 인종 청소가 벌어지는 가운데 아르메니아계 주민들은 대규모로 탈출했다. 공식적으로는 나고르노-카라바흐 지역은 아르메니아계 주민들에게 여전히 열려있는 상태다. 그러나 실질적인 안전을 보장받을 수 없는 데다 30년간 쌓여온 적개심 때문에 나고르노-카라바흐에서 아르메니아 자치 세력이 유지될 가능성은 희박해 보인다.

고립된 아르메니아, 힘을 키우는 아제르바이잔

지금으로부터 36년 전인 1988년, 나고르노-카라바흐 지역의 아르메니아인들은 민족자결권을 주장했다. 고지대 카라바흐 지역에서 아르메니아와 아제르바이잔 사이에 1차전이 벌어진 이후, 아르메니아는 이 지역에서

거주하는 자국민을 지원하기 위해 아제르바이잔 영토의 약 13%에 해당하는 지역에서 아제르바이잔인들을 쫓아냈다. 이번 전쟁으로 나고르노-카라바흐 지역에서 벌어졌던 아르메니아와 아제르바이잔 사이의 오래된 분쟁이 막을 내리는 것일까? 그럴 가능성은 희박하다. 아제르바이잔이 내건 슬로건에서는 아르메니아 공화국을 '서방의 아제르바이잔'이라고 명명하고 있다. 영토 확장 주의 요소를 담고 있는 이 문구는 마치 앞으로 발발할 전쟁을 예고하는 듯하다.

이런 위협 속에서 아르메니아는 고립됐다. 2020년 전쟁으로 대거 군사력을 잃은 아르메니아는 군대를 재정비하고 군사력을 모으고 있으나 턱없이 부족하다. 아르메니아의 전통적인 안보 파트너인 러시아는 4억 달러짜리 무기공급 계약이행을 거부하고 있다. 2021~2022년 아제르바이잔군이 아르메니아를 공격했다. 이 전쟁에서 아제르바이잔은 전략적 우위를 차지해 양국 간의 국경을 자신에게 유리하도록 재정립하는 데 성공했다.

그러나 이 공격에 대해 러시아도, 아르메니아가 소속된 CSTO(Collective Security Treaty Organization, 집단안보 조약기구)도 아제르바이잔을 제재하지 않았다. 게다가 아르메니아 영토 보호 조치도 취하지 않았다. 이렇게 고립된 아르메니아는 새로운 동맹국을 찾아, 특히 무기조달을 위해 인도와 프랑스로 눈을 돌리고 있다.

(1) Philippe Descamps, 'Le Haut-Karabakh replonge dans le silence 나고르노-카라바흐, 침묵에 빠지다', <르몽드 디플로마티크> 프랑스어판, 2023년 11월호, https://www.monde-diplomatique.fr

(2) Vicken Cheterian, 'Relations Russie-Turquie : le prisme du Haut-Karabakh 러시아와 튀르키예의 관계, 나고르노-카라바흐의 프리즘', <Confluences Méditerranée>, 2023년 1월, pp. 55-68.

이렇게 아르메니아가 서방 세계로 눈을 돌리자, 오랜 동맹국인 러시아와의 관계는 악화되기 시작했다. 반면, 아제르바이잔은 전략적 동맹 관계인 튀르키예와의 관계를 더욱 공고히 하면서 동시에 러시아, 미국, 유럽연합과 동맹 관계를 구축하기 시작했다.

러시아의 배신, 서방의 무관심

2020년 11월, 러시아는 아제르바이잔이 나고르노-카라바흐 지역을 점령하지 못하도

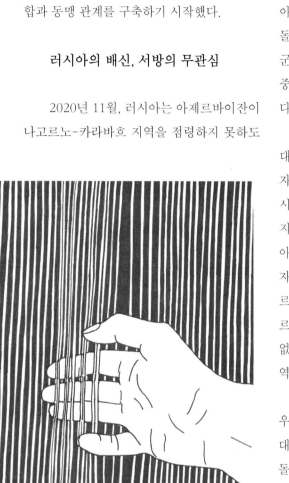

록 개입했다. 그런데 어째서 지금은 아제르바이잔을 방치하는 것일까? 2020년 전쟁과 이번 분쟁은 지정학적 배경이 다르다. 2020년 캅카스의 화약고로 불리는 나고르노-카라바흐에서 발생한 전쟁은 아제르바이잔과 아르메니아 두 정부가 직접 개입하면서 충돌한 싸움이다. 튀르키예는 아제르바이잔에 군사적·정치적 지원을 했고 러시아는 교전 중인 두 국가 사이에서 중재 역할을 담당했다.(2)

2020년 11월, 블라디미르 푸틴 러시아 대통령이 나고르노-카라바흐 지역에 조정자로 나선 것은 그 전략적 지역을 이용해 러시아 군사력을 확대하기 위함이었다. 그리고 지금 카라바흐 지역 문제를 방치하는 것은, 아르메니아와 아제르바이잔 사이에서 중재자 역할을 독점하기 위함이다. 그러나 아제르바이잔은 나고르노-카라바흐 지역에서 아르메니아 주민의 안전을 보장할 생각이 전혀 없다. 심지어 이들의 자치권을 빼앗고 이 지역을 완전히 지배하기를 원하고 있다.

2020년과는 다르게 2023년엔 러시아-우크라이나 전쟁으로 러시아와 서방 세력이 대립하는 가운데 캅카스 지역에서 양국이 충돌했다. 우크라이나 전쟁 때문에 러시아군이 어려워지자 푸틴 대통령에게 아제르바이잔과 그의 동맹국인 튀르키예는 전략적으로 중요한 상대가 됐다. 그에 반해 아르메니아의 중요성은 이전에 비해 줄어들었다. 러시아가 우크라이나를 상대로 '특별 군사작전'을 시작하기 이틀 전, 일함 알리예프 아제르바이잔 대통령은 모스크바에 있는 크렘린궁에서 동맹 조약에 서명했다.(3)

<양탄자 길(Route du tapis)> 시리즈, 2022-2023 - 아누쉬 다브티안

이때부터 아제르바이잔은 러시아가 석유를 재수출할 플랫폼 역할을 담당하며 서방 세력의 제재를 우회할 수 있게 돕는 중요한 파트너가 됐다.(4) 이에 따라, 러시아는 2023년 9월 아제르바이잔 군이 나고르노-카라바흐 지역을 공격하는 것을 방관했다. 이는 사전에 러시아와 아제르바이잔이 합의가 있었음을 시사한다. 나고르노-카라바흐에 거주하는 아르메니아계 정치적·군사적 지도자들은 그동안 러시아군의 보호를 받고 있었다. 이들이 아제르바이잔 당국에 의해 체포될 때도 러시아는 방관했다.(5) 아르메니아는 주요 동맹국인 러시아의 배신을 인식했고, 니콜 파시냔 아르메니아 총리는 서방에 도움을 요청했다. 그러나 실질적 지원을 찾을 순 없었다. 유럽연합은 캅카스 지역에서 러시아의 영향력이 약해지길 원하기 때문에 아르메니아와 러시아 관계가 악화하는 현

(3) 'Declaration on allied interaction between the Republic of Azerbaijan and the Russian Federation', 2022년 2월 22일, https://president.az

(4) Constant Léon, 'L'Armé-nie en quête de soutien 지원국을 찾는 아르메니아', <르몽드 디플로마티크> 프랑스어판, 2023년 5월호.

(5) 'Bako Sahakian et Arkadi Ghoukassian ne voulaient pas quitter l'Artsakh 바코 사하칸 대통령과 아르카디 구가시안 외무부 장관은 아르바흐 공화국을 떠나길 원치 않는다' (아르메니아어), <Aravot>, Erevan, 2023년 10월 13일, https://www.aravot.am, https://www.aravot.am/2023/10/13/1376444/

나고르노-카라바흐 분쟁지역

출처 : International Crisis Group ; https://caucasus.liveuamap.com ; Le Monde.

황에 만족해하고 있다. 반면 아제르바이잔의 신임은 잃지 않으려고 애쓰고 있다.

아제르바이잔의 '에너지 권력'

2022년 7월, 유럽연합 집행위원장인 우르줄라 폰 데어 라이엔은 아제르바이잔 수도인 바쿠를 방문했다. 기존 80억㎥인 아제르바이잔산 천연가스 수입을 올 2023년 120억㎥로 늘리기 위해서였다. 나아가 "몇 년 안에 두 배 수준인 200억㎥까지" 늘릴 예정이다.(6) 이 새로운 계약 덕분에 아제르바이잔의 예산은 매년 약 156억 유로 증가할 것으로 보인다.(7) 이런 상황에서 유럽연합은 이 계약 이행을 위한 선제 조건을 제시할 필요가 없다고 판단했다. 그래서 카라바흐 문제의 평화적 해결, 이란이나 인권운동가와 관련성이 깊다고 여겨지는 일부 종교 단체에 대한 탄압 중단과 같은 조건을 내세우지 않았다.

나고르노-카라바흐가 봉쇄됐는데도 유럽연합은 입장을 바꾸지 않았다. 아제르바이잔의 영향력이 중요하기 때문이다. 아제르바이잔 수출 품목의 92%를 차지하는 탄화수소는 주로 유럽으로 수출된다.(8) 러시아에 대한 서방 제재로 가스와 석유 시장에서 긴장감이 돌고 있는 가운데 유럽연합은 러시아 외의 에너지 수출국을 확보하려 했고, 아제르바이잔은 이 혜택을 톡톡히 누리고 있다.

미국 역시 매우 신중한 태도를 보였다. 겨우 5일 만에 나고르노-카라바흐 지역에서 아르마니아계 주민 대부분이 탈출하는 상황에서 미국은 지난해 9월 6일 제재 위협만 가했을 뿐, 이를 실행하지 않았다. 그 사이에 아제르바이잔은 군대를 집결시켰다.(9) 미국이 이처럼 소극적으로 행동하는 이유는 아르메

니아의 패배를 통해 얻고자 하는 부가적 이익이 있기 때문이다. 그것은 나고르노-카라바흐에서 러시아군이 철수하는 것이다.

그러나 이것이 확실한 것은 아니다. 아제르바이잔이 단기간 내에 러시아군 철수를 요구하리란 법이 없고, 러시아가 주요 소통의 자리에서 자신의 입장을 재조정할 수도 있다.(10) 그 와중에 러시아는 계속해서 아제르바이잔이 요구하는 육교를 안전하게 보호하기 위해서 러시아 국경수비대를 배치해야 한다고 주장한다. 이 육교가 개방되면 카라바흐 지역에서 나히체반 자치공화국 나아가 튀르키예까지 직접 연결하는 통로가 생기게 된다.

이란-아제르바이잔-이스라엘

아제르바이잔과 아르메니아, 두 국가의 남쪽에 이웃하고 있는 이란은 나고르노-카라바흐 지역에서 이 육교가 개방되는 것에 대해 항상 반대 입장을 표명해 왔다. 이는 2020년 휴전협정에 명시된 조항인데 아르메니아는 이를 지킨 적이 없다. 이 지역 내에서 다른 국가와 소통의 문을 여는 일도 마찬가지다. 튀르키예와 아르메니아 사이의 국경은 여전히 닫혀 있다. 이란은 육교가 개방되면 캅카스 지역 내 존재하는 국경을 재논의하는 분위기가 형성될 것을 염려하고 있다. 이란의 북부 지방에는 아제르바이잔 민족이 대거 거주하고 있는데, 이 지역에서 아제르바이잔계 분리주의 세력이 득세하는 것을 크게 경계하고 있는 이란 입장에서는 국경 재논의는 용납할 수 없는 일이기 때문이다.

2020년까지 이란 이슬람 공화국은 캅카스 남부 지방이 현재 상태를 유지할 것이라고 여기고 러시아를 믿었다. 그러나 러

(6) 'Statement by President von der Leyen with Azerbaijani President Aliev', <European Commission>, 2022년 7월 18일.

(7) Adrien Pécout, Faustine Vincent, 'Arménie : la hausse des importations de gaz d'Azerbaïdjan met l'Europe dans l'embarras 아르메니아, 유럽이 아제르바이잔산 천연가스 수입을 늘리면 훗날 곤경에 처할 것', <르몽드>, 2023년 10월 7일.

(8) Ingilab Ahmadov, 'Azerbaijan Is Among the Exporters of Low Value-added Variety of Products', <Baku Research Institute>, 2023년 9월 4일.

(9) International Crisis Group, 'Responding to the Humanitarian Catastrophe in Nagorno-Karabakh', 2023년 9월 29일.

(10) 'Contingent russe de la paix au Haut-Karabakh 나고르노-카라바흐 지역 평화를 위한 러시아의 역할', <infographie>, 2023년 11월 11일, https://mil.ru/russian_peacekeeping_forces/infograf.htm

시아의 방관적 태도에 놀랐다. 북대서양 조약 기구(NATO, North Atlantic Treaty Organization)의 가입국인 튀르키예 같은 외부 강대국이 직접적 군사 개입을 해오는 데도 러시아가 침묵한 것이다. 게다가 이란은 아제르바이잔이 그의 앙숙인 이스라엘과 군사 협력을 하는 것은 아닌지 염려하고 있다.

스톡홀름 국제평화연구소(SIPRI)에 따르면, 2014년부터 이스라엘은 아제르바이잔에 8억 5,000만 달러 이상의 무기를 공급했다. 이에 따라 아제르바이잔은 인도에 이어 두 번째로 가장 많은 양의 이스라엘산 무기를 구입한 고객이 됐다.(11) 아제르바이잔은 이 무기 덕에 2023년 9월 침공을 준비할 수 있었고 군사적 우위도 점할 수 있었다.(12) 이란은 또한 자국의 북서부 지역 내 국경 안보를 걱정하고 있다. 이스라엘 군대가 주둔한 지역인 데다가 이들은 이란 영토 깊숙이 은밀하게 침투해 군사작전을 펼칠 수 있는 역량이 있기 때문이다. 이스라엘과 튀르키예 영향력이 강화되자 이란은 소비에트 연합 붕괴 이후 최초로, 2021년 10월 대규모 군사작전을 감행했다.

철도 건설로
대화의 길을 튼 이란

이런 이란의 군사작전에도 아제르바이잔은 별 반응을 하지 않았다. 그래서 이란은 대화의 길을 모색했다. 이란은 아르메니아의 최남단에 위치한 슈니크주의 회랑 지대에 이란으로 이어지는 통행로를 건설하는 것을 대안으로 제시했다. 분리주의와 민족 병합 주의로 아르메니아와 갈등이 심화하고 있는 와중에 아제르바이잔의 관심을 돌리기 위한 목적이었다. 지난해 10월 6일, 아제르바이잔과

이란은 철도 건설을 위한 협약에 서명했다.

같은 날, 아제르바이잔의 장길란(Zangilan) 주에 위치한 아그반드 마을에서 아제르바이잔과 이란의 국경 세관 인프라와 도로 교량 기초 건설을 축하하는 행사가 열렸다. 10월 말, 알리예프 아제르바이잔 대통령의 외교 고문으로 있는 히크메트 하지예프는 미국 언론매체 〈폴리티코〉에 아르메니아 남부 지역 회랑은 아제르바이잔 입장에서 예전만큼 중요하지 않다고 말했다. 그리고 이 회랑을 아제르바이잔식으로 '잔게주르(Zanguezour)'라고 부르면서도 "이 지역을 힘으로 차지할" 의도가 없다고 덧붙였다.(13)

전 세계 지정학적 현황을 보면, 캅카스 지역은 계속 안정되긴 어려워 보인다. 우크라이나 전쟁, 가자 지구에서의 이스라엘 군사 공격 같은 심각한 전쟁은 지역 내에서 대화의 장을 분열시킨다. 러시아, 튀르키예, 이란, 미국, 이스라엘 그리고 그 외 국가들같이 캅카스 지역 문제에 연관된 강대국들은 각기 다른 영토에서 격렬한 경쟁 구도에 있다. 2020년까지 카라바흐 문제 해결은 러시아, 프랑스, 미국이 공동으로 주재하는 유럽안보협력기구(OSCE, Organization for Security and Cooperation in Europe) 산하 민스크 그룹에서 담당했다. 어떤 다른 기구도 이 역할을 대체하지 못했다. 스페인과 미국이 차례로 평화협정을 수용할 것을 요구했다.

그러나 일함 알리예프 아제르바이잔 대통령은 서방 세력이 편파적이라는 점을 들어 협상에 참여하기를 거부했다. 그러나 향후 단기적으로는 군사적 전투로 영토를 탈환할 일은 없을 것으로 보인다. 2023년 11월 9일, 나고르노-카라바흐 지역의 수도였던 스테파나케르트, 이제는 아제르바이잔식으로

(11) SIPRI, 2023년.

(12) Avi Sharf, Oded Yaron, '92 flights from Israeli base reveals arm exports to Azerbaijan', <Haaretz>, Tel-Aviv, 2023년 3월 6일; Isabel Debre, 'Israeli arms quietly helped Azerbaijan retake Nagorno-Karabakh, to the dismay of region's Armenians', <AP>, 2023년 10월 5일.

(13) Gabriel Gavin, 'Avoiding another war in the former Soviet Union', <Politico>, 2023년 10월 30일.

(14) 'Ilham Aliyev: "We do not need a new war"', <JAM>, 2023년 11월 9일.

한켄디라 불리는 도시에서 군대 열병식이 열렸다. 이번 전쟁에서 승리를 거둔 여세를 몰아 열린 행사에서 아제르바이잔 대통령은 다음과 같이 발표했다. "우리는 새로운 전쟁을 원하지 않습니다. 우리는 목적을 달성했습니다."(14)

그러나 이 약속은 아직 확실치 않다. 아르메니아의 세 지역에 대한 예민한 난제가 남아있기 때문이다. 특히 아르메니아에 있는 타부시주와 아라라트 평원은 아제르바이잔이 여전히 권리를 주장하는 곳이나. 현재 완전한 평화협정이 체결되는 일은 유보된 상태

다. 일함 알리예프 아제르바이잔 대통령은 나고르노-카라바흐 전쟁에서 승리했을지는 모르지만, 캅카스 지역의 불안정한 긴장 상태는 아직 종식될 기미가 보이지 않는다. **Ld**

글·비켄 슈테리앙 Vicken Cheterian
제네바 대학교 국제관계 수업 담당 교수

번역·이정민
번역위원

기후변화 적응의 한계

지구 기온이 4도 상승한다면, '악몽의 시나리오'

냉난방 시설이 완벽한 미래의 도시 두바이에서, 2023년 12월 초에 제28차 유엔기후변화협약 당사국총회(COP28)가 열렸다. 2015년 파리기후변화협약에 서명한 국가들의 주된 목표는, 현재 진행 중인 기후변화에 적응하는 방법을 재정적으로 지원하는 것이다. 프랑스 역시 21세기 말까지 지구의 기온이 4도 이상 상승한다는 시나리오에 대비할 방법을 고민하고 있다. 악몽 같은 일이다.

알랭 그랑장 ▌경제학자
클로드 앙리 ▌물리학자 겸 경제학자
장 주젤 ▌기후학자

2022년 기준으로 지구의 평균기온은 산업혁명 이전보다 1.15도 높았다. 기온은 특히 육지에서 더 크게 상승해, 프랑스의 경우에 지금과 같은 온난화 속도라면 3도 미만으로 상승도를 제한하는 것조차 어려워 보인다. 2023년 여름에 열린 공청회에서 프랑스 정부가 제안했던 대로, 우리는 지구의 기온이 3도 이상 상승한다는 시나리오에 지금부터 대비해야 하는 것일까? 지구의 기온이 3도 이상 상승하면 프랑스의 기온은 4도 이상 올라갈 것임이 분명하다.

과학 자료와 각종 예측에 따르면, 이런 시나리오가 현실이 될 경우 인류는 더 이상 지구에서 현 수준의 생활을 영위할 수 없다. 우리는 이미 극단적 기상 이변, 즉 가뭄 및 폭염과 그로 인해 발생한 화재가 수확량을 크게 떨어뜨리는 것을 목격했다. 기후 현상이 가진 관성에 따라, 이런 경향은 앞으로 더 많아지고 더 심해질 것이 분명하다.

따라서 온실가스 배출량을 획기적으로 줄이지 않는다면 "지구의 기온은 기준점을 넘어서서 더 높게 상승할 것이고 그로 인해 각종 폐해가 도미노처럼 일어나 걷잡을 수 없는 상태에 이르게 될 것"이라고 지구과학 전문가인 윌 스테픈과 요한 록스트룀은 경고했다.(1)

전 세계가 이 최악의 시나리오를 받아들인다는 것은, 열대 우림이 사바나로 변해 '지구의 폐' 역할을 하지 못하게 되는 등 돌이킬 수 없는 일로 초래되는 엄청난 위험을 모두 감내하겠다는 뜻이다.(2) 극지방의 만년설은 점점 더 빨리 녹을 것이고, 이는 해수면의 수위를 높이며, 그 결과 세계 여러 지역의 기온을 조절하는 대규모 해류의 움직임은 약화할 것이다. 우리는 또한 기후변화가 가져올 전 지구적인 이동이 프랑스와 유럽 지역에 미칠 영향도 간과하고 있는데, 전염병의 확산, 수용할 수 없을 정도로 많은 인구의 대이동 등이 대표적인 예다.

2015년 12월 파리기후변화협약에 전 세계의 모든 국가가 서명하면서, 앞으로 온실가스 배출량이 대폭 줄어들 것이라는 기대감이 커졌다. 그런데 정반대의 결과가 나왔다. 서약을 지키는 국가가 극히 드물었기 때문이다. 사실 이 서약조차도 공동의 목표에 도달하기 위해서는 불충분한 수준이었는데도 말이다. 관련 기업들은 화석연료의 개발과 채취 그리고 유해한 화합물의 사용 다각화를 위한 투자금을 오히려 크게 늘렸다. 2016년 이후 이 분야의 투자금은 2억 2천만 달러에 달했다. 2030년까지 수많은 기업이 관련 프로젝트를 추진하고 있다.

환경 범죄는 반인류 범죄

석탄 분야의 차이나 에너지, 석유 분야의 토탈에너지스와 사우디 아람코가 대표적이고, 기후변화를 엄청나게 악화시킬 수 있다는 뜻에서 '탄소 폭탄'이라 불리는 분야에 투자한 기업도 여럿이다. BNP 파리바, 크레디 아그리콜, 소시에테 제네랄을 포함한 대부분의 대형 국제 은행도 이런 활동에 막대한 자금을 지원하고 있고 또 그로부터 어마어마한 이득을 취하고 있다. 이런 기업들은 반인류 범죄와 환경 범죄를 부추기는 것이나 마찬가지다.

온난화로 인한 높은 기온에 적응하기 위해 헛된 노력을 기울이기보다, 당국은 온실가스 배출량을 줄이고 지구상의 생명체를 파괴하는 기타 모든 활동을 억제하는 일을 최우선 과제로 삼아야 한다. 따라서 이에 책임이 있는 기업들을 규제해야 한다. 파국을 향한 달리기는 지금이라도 언제든지 멈출 수 있다. 방법은 분명히 존재한다.

- 기업이 인류와 환경에 피해를 끼치며 얻은 이익을 계산해봐야 한다. IMF의 추산에 따르면, 이 금액은 매년 5억 달러가 넘는다.(3) 기업에 인류의 건강과 천연자원에 준 이익과 피해를 대차대조표에 기록해보면, 이익은 거의 없다는 사실이 드러날 것이다. 결국, 기업은 주주에게 부정한 배당금을 지급하는 셈이다.(4)

- 공공 자본을 개편해야 한다. 기업이 이런 피해를 유발하는 것을 막는 동시에 기후변화에 적절히 적응할 수 있도록, 공제 및 보조금 지원 시스템, 즉 공공 자본을 개편한다.

- 제재를 강화해야 한다. 인류의 건강과 천연자원을 파괴하는 일을 계속해서 지원하는 기관들에, 마약 밀매, 테러 등 범죄를 지원했을 때와 똑같은 제재를 가한다.

- 불평등을 타파해야 한다. 세계 인구의 상위 10%에 해당하는 부유층이 온실가스 배출량의 60%에 책임이 있다. 이들은 간접적인 조세 압력에도 쉽게 대응하고 심지어 우회할 수도 있다. 따라서 소득, 재산, 영향력 등 그들이 누리는 특혜를 공격해야 한다. 프랑스 스트라테지가 보고서에서 권고한 이례적이고 임시적인 증세안은, 여전히 낮음에도 재정경제부 장관에 의해 혹독한 비판을 받았다. 장관은 이성을 잃은 것일까, 아니면 그들과 공범일까?(5)

- 자본을 이동시켜야 한다. 기후변화에 역사적 책임이 있는 선진국들로부터, 언제나 가장 먼저 희생됐던

개도국들로 막대한 금액의 자본을 이동시켜야 한다. 미국의 기후특사 존 케리는 이동해야 할 자본액을 연간 3~4억 달러로 예상했다.(6) 최근의 한 연구에서는 연간 약 6억 달러로 추산했다.(7)

지구 기온의 4도 상승에 '적응'해야 한다는 주장을 비판한다고 해서, 그 주장을 부정하는 것은 아니다. 적응해야 하는 상황을 대비할 필요성은 분명히 있다. 다만 소득과 재산을 대대적으로 재정비하지 않으면, 물질적 조건이 부족한 이들에게는 온난화가 치명적인 사태라는 사실을 기억해야 한다. 이 '적응'의 과정을 실제로 보여주는 몇몇 사례가 있다. 미국 네브래스카주의 곡물 생산자들은 토양과 식물 줄기의 상태를 고려해 구획별로 살수량을 조절하는 시스템을 사용한다. 이 시스템 덕분에 이전에 사용하던 물의 양의 20%만으로 농사를 지을 수 있게 됐다. 한편, 프랑스 푸아투샤랑트주의 곡물 생산자들은 지상의 인공 저수지와 연결된 지하수층에서 무제한으로 물을 공급받는다.

이렇게 미국의 곡물 생산자들은 물 사용의 효율성을 높이는 기술을 도입했지만, 산업형 농업이 초래하는 다양한 형태의 폐해에는 무지하다. 이런 생산방식의 경우, 토양의 성분과 주변 환경은 비료와 살충제 없이 유지할 수 없다. 그런데, 이 두 종류의 화학물질(비료와 살충제)은 토양 자체뿐만 아니라 하천, 수생 환경, 해수를 심각하게 오염시킨다. 그리고 기후에도 악영향을 미치는데, 이는 아산화질소의 배출 때문이다. 아산화질소는 이산화탄소의 280배에 달하는 온실효과를 일으키는 물질로, 장기적으로는 사용하지 않는 것이 바람직하다.

온 지구가 심각한 기후변화를 겪고 있는 가운데, 인도의 농업종사자 수백만 명은 재배 효율이 높은 품종을 선택하고 화학물질을 적극적으로 사용하는 '녹색 혁명'의 폐해를 체감했다. 이에 인도 남부 안드라프라데시주의 농업종사자들은 당국의 지원을 받아 농업생태학을 시도하고 있다. 한 가지가 아닌 여러 종의 식물을 나란히 또는 원형으로 심으면 토양이 비옥해지고 해충을 막는 데도 효과적이다. 또 이 식물들 사이사이에 나무를 심으면, 물의 흐름을 조절하고 공기 중의 질소를 흡수해, 나무도 잘 자라고 주변의 식물들도 잘 자라게 한다. 유럽의 농학자와 경제학자로 구성된 한 팀은, 사람들이 기존의 입맛과 소비 습관을 개선하기

만 한다면 농업생태학의 방법만으로도 유럽연합의 모든 시민이 충분히 살아갈 수 있다는 사실을 증명했다.(8)

대규모의 환경 조성을 통해서도 기후변화에 현명하게 대비할 수 있다. 일례로 해수면 상승은 이미 불가피하므로, 해안지역의 보호에 힘써야 한다. 네덜란드는 더 이상 높은 제방을 건설하지 않고, 염전, 버드나무숲, 굴이나 홍합 양식장 등 폭풍우의 파괴력을 흡수할 수 있는 생태계를 해안지역에 조성 중이다. 시민들 자신도 바다의 위협에 대비해야 한다. 최근 로테르담은 경고 네트워크를 촘촘히 구성하고, 시민 교육 및 지원 프로그램도 마련했다.

미화되는 환경파괴자들을 규제해야

이런 접근법은 폭우로 인해 홍수가 발생했을 때, 어떻게 정비하고 관리하는지에 따라 이를 확대할 수도, 막을 수도 있는 강 유역의 정비에서도 본보기가 될 수 있다. 또한 거리, 정원, 도시 공원 등 소규모 공간의 정비에 관한 모범사례도 있다. 일례로 영국의 로열 보태닉 가든은 연못을 만들 때 연못의 가장자리에는 가뭄에 강한 식물을 심고, 연못의 바닥에는 물의 양이 많을 때 물을 흡수했다가 이를 천천히 배출할 식물을 심는다고 한다.

전 세계적으로 대도시의 인구는 점점 늘고 있지만, 대도시의 생활조건은 특히 폭염으로 인해 계속 악화하고 있다. 2007년 그르넬 국제환경회의에서는 건물의 에너지 효율을 높이는 리노베이션을 최우선 과제로 설정했다. 그러나 이는 건물 소유주와 세입자들을 위한 기술적, 행정적, 재정적 지원이 뒷받침돼야 하는 사안이라 진행이 매우 복잡하고 느리다. 다만 적외선을 흡수하는 유리의 시공, 건물 내부에 다양한 식물을 심어 내부 온도를 8~10도 낮추는 것 등 해결책은 많다.

기후변화에 대한 긍정적인 적응법의 핵심은, '평등'이다. 노력도, 성과도 공평하게 나누는 방향으로 사회를 변화시키는 것이다. 우리는 과연 어떤 미래를 기대할 수 있을까? 우리들 중 21세기에 태어난 세대는 또 어떤 미래를 기대할 수 있을까? 환경을 파괴하는 행동을 즉시 그리

고 적극적으로 멈춘다면, 우리는 조금 불편하지만 희망의 불씨가 살아있는 미래와 만나게 될 것이다. 이런 노력에 덧붙여 우리는 소송의 개념을 달리 생각해야 한다.

최근 '에코 테러리스트'라는 용어를 흔히 볼 수 있다. 무절제한 세계시장을 방해했다는 이유로 괴롭힘을 당하고 때로는 구속되고 수감되는, 대개 청년층의 활동가들을 일컫는 말이다. 반면, 환경파괴에 큰 책임이 있는 이들이 주목받고 심지어 미화되기도 한다. 우리가 감시하고 제압해야 하는 대상은 인류 역사를 가장 심각하게 위협하고 약탈하는, 이런 미화된 이들이 아닐까? 📖

글·알랭 그랑장 Alain Granjean
경제학자, Carbone 4의 창립 회원, 기후고등위원회(HCC) 회원
클로드 앙리 Claude Henry
물리학자 겸 경제학자, 에콜 폴리테크니크와 컬럼비아 대학교(뉴욕)의 명예교수, 대표 저서로 『Pour éviter un crime écologique de masse 대규모의 환경 범죄를 막으려면』(Editions Odile Jacob, Paris, 2023)이 있다.
장 주젤 Jean Jouzel
기후학자, 기후변화에 관한 정부간 전문가 그룹(GIEC)의 전 부대표, 대표 공저서로 『Climat : l'inlassable pionnier 기후 : 지칠 줄 모르는 개척자』(Editions Ouest France, Rennes, 2023, 폴 구피와 공저)가 있다.

번역·김소연
번역위원

(1) Will Steffen, Johan Rockström, coll.(2018), 'Trajectories of the earth system in the Anthropocene', <PNAS>, Oxford, vol. 115, n°33, 2018년 8월 6일.
(2) Chris Boulton, Timothy Lenton and Niklas Boers, 'Pronounced loss of Amazon rainforest resilience since the early 2000s', <Nature Climate Change>, London, vol. 12, 2022년 3월.
(3) Ian W.H. Parry, Simon Black, Nate Vernon, 'Still not getting energy prices right : A global and country update of fossil fuel subsidies, <IMF Working Papers>', 2021년 9월 24일.
(4) Transition énergétique : "La comptabilité des entreprises oublie le carbone" (tribune cosignée par Alain Grandjean) 에너지 전환 : "기업의 회계장부에는 탄소가 없다." (알랭 그랑장의 연설), <르몽드>, 2023년 4월 28일.
(5) Jean Pisani-Ferry, 'Selma Mahfouz, Les incidences économiques de l'action pour le climat 기후를 위한 행동이 경제에 미치는 영향', France Stratégie, 2023년 5월.
(6) 'Responsabilité historique des pays riches et délocalisation de la pollution 선진국들의 역사적인 책임과 오염의 이동', <르몽드 디플로마티크>, 2021년 11월.
(7) Andrew Fanning, Jason Hickel, 'Compensation for atmospheric appropriation', <Nature Sustainability>, n°6, London, 2023년 9월.
(8) Michele Schiavo et al., 'An agroecological Europe by 2050 : What impact on land use, trade and global food security?', Study, 프랑스 지속가능 발전 및 국제관계 연구소(IDDRI), Paris, n°7, 2021년 7월.

올림픽 기간에 여유로운 산책이 가능할까?

안전 내세워 '자유와 익명성' 위협

대도시들은 대규모 행사 개최를 두고 경쟁한다. 올림픽, 국제 정상회담, 교황 방문 등을 유치하기 위함이다. 당국은 사고, 테러, 무질서를 막는다는 명분을 앞세워 지난 세기부터 이어진 안전관리법을 바꾸고 있다. 국민의 자유를 제한하고, 군중의 흐름을 통제하기 쉽게 공간을 정비하고 있는 것이다.

토마 쥐스키암 ▎기자

2023년 7월 14일 파리. 샹젤리제를 지나는 군사 퍼레이드에 이목이 쏠리는 동안, 한쪽에서는 파리 경찰청이 구축한 보안 체계가 펼쳐졌다. 파리시 20개 구 중 11개 구를 관통하는 1차 보안 구역에 주차가 부분 금지됐다. '바스티유 습격' 기념장소에 가까워질수록 제한조치는 늘고, 검문검색은 강화됐다. 5km^2에 달하는 면적에서 차량 통행이 금지됐고, 인파가 몰리는 것을 방지하고 군중의 흐름을 통제하기 위해 RER(일드프랑스 지역 급

시리즈 <파리를 비우다> 중에서, 2001 - 니콜라 물랭

행열차)와 지하철 13개 역이 폐쇄됐다. 파리 시내 중심부에는, 시 행정명령에 따라 약 1.5㎢ 구간에서 "모든 종류의 항의 집회"를 금지하고,(1) 관중들의 몸수색을 위해 19개의 검문소를 마련했다. 관중들에게는 유리병 소지와 음주가 금지됐다. 또한, "얼굴 일부나 전체를 고의로 가릴 수 없다."(2) 감시 카메라와 드론 수백 대도 현장을 주시했다.

프랑스 당국은 대규모 행사가 열릴 때를 대비해, 테러 등의 위험을 방지하고자 이런 보안방식을 확대하고 있다. 시위장소에서는 군중 통제를 위해 공간 재정비 작업을 시행하고, 공항의 보안 체계와 유사하게 자유로운 왕래도 제한했다. 이런 방식은 18세기 산업화의 시작을 경험한 프랑스 엔지니어들이 도입했던 합리적 인파 및 물자 관리 방법에서 일부 유래했다. 19세기에 이르러서는 초기 철도 관계자들이 군중의 움직임을 관리하고 혼란을 피하고자 동일한 방식을 적용했다.(3)

군중을 가두는 방식도 진화한다

공간을 구획해 사람들이 선로 위를 마음대로 돌아다니지 못하도록 했고, 도난을 방지하기 위해 많은 사람이 한데 모이는 것을 제한했으며, 차표 소지자와 무임승차자를 분리했다. 이런 공간 안정화는 기차역을 방어 요새처럼 변모시켰다. 각종 울타리와 분리대는 승객들을 일정한 방향으로 유도했고, '관리 감시 요원들'은 사람들을 계층에 따라 서로 다른 대기실로 안내한 뒤 일시적으로 가뒀다.(4) 객차별로 승객을 구분해서 탑승시키는 방법은 혹시 모를 위험한 움직임에 대한 해결방안으로 여겨졌다.

1842년, 베르사유에서 파리로 향하던 열차의 탈선으로 42명의 탑승객이 열차에 갇힌 채 불에 타 사망했다. 이런 열차 사고들과, 객차별 탑승 구분의 불편함 때문에 철도 관리자들은 승객 분류방식을 재고하게 됐다. 관리자들에게는 안전과 승객 관리, 수익성을 조율해야 하는 문제이기도 했다. 광업-통신 연구소(IMT)의 플로랑 카스타니뇨 교수에 따르면, "여행객의 안정적인 통행을 위해, 지나치게 폐쇄적이고 통제적인 방식으로 군중을 가둔 채 관리하는 방식에서, 자동 제어 및 표적 관리를 목표로 하는 보안 메커니즘으로 바뀌었다."

이런 체계는 오늘날까지도 이어져 기차역이나 공항 등 대중이 모이는 기반시설과 대규모 도심 행사의 안전을 책임지고 있다. 그러나 '스타드 드 프랑스' 축구 경기장과 2019년 비아리츠에서 개최된 G7 정상회담 사례에서 보듯, 안전 관리 규모와 기능은 예전보다 훨씬 너 확대되고 발전했다. 유명 범죄학자 알랭 보에의 설명처럼,(5) 두 행사 모두 한정된 공간을 분할해서 보호하던 방식에서 벗어나 공간을 찾는 사람들의 안전을 적극적으로 보장하는 방식으로 군중을 관리했다.

2015년 테러 대상이 됐던 스타드 드 프랑스는 8만 석의 좌석과 응원단의 충돌 등 여러 이유로 위험이 큰 시설이다. 건축가는 전직 소방청 소방감의 조언에 따라, 상황별 예방 기술에 중점을 두고 문제를 줄일 수 있도록 공간을 정비했다. 그 결과, 군사 건축물인 요새의 개방된 경사면처럼 완충 지대가 경기장을 둘러싸면서, 공격자들이 몸을 숨길 수 없게 만들었다. 경찰들의 감시와 개입 능력을 강화한 배치이기도 하다. 또한, 사람들이 한곳에 머무르지 않도록 구석진 공간, 사각지대, 좌석 및 편의시설은 제거하거나 최소한으로 줄였다. 감시 카메라를 장착한 고성능 가로등을 설치했기 때문에 어두운 곳이 줄었다.

원격 조작이 가능한 개폐식 문은 경기장 보안 요원과 경찰의 업무를 용이하게 한다. 관중들은 고속도로 나들목을 출입하는 자동차들처럼, 때에 따라 각기 다른 3개의 RER역을 통해 보행자 전용 도로로 유도돼 경기장에 도착하는데, 이는 서로 다른 응원단 간의 만남을 피하게 해준다. 또한, 관중들은 역에 도착한 순간부터 경기장 좌석에 다다를 때까지 철저한 감시를 받는다. 건축가 폴란다우어의 표현을 빌리자면, 수도 외곽에 위치한 "계엄령이 내려진 경기장"(6)의 시스템이 도시 중심부로 옮겨오고 있다.

2019년 G7 정상회담이 열렸던 도시 비아리츠에서는 네 구간으로 이뤄진 원형 보호 구역을 설정하고, 중심에 가까울수록 통제를 강화했다. 마치 도시 일부를 돔 안에 가둔 듯한 통제였다. 에마뉘엘 마크롱 대통령이 각국 국가 원수와 대표단, 기자 등 약 8,000명을 맞이하는 장소로 비아리츠를 선택한 이유다. 비아리츠는 중간 크기의 도시로, 주민 수가 2만 5,000명에 불과하며 국가권력을 상징하는 주요 기관이나 은행 본사가 없어 시위대의 목표가 될 가능성이 적었다.

이틀에 한 번 시행된 '특수 조치'

행사의 안전을 담당한 내무부가 전략적으로 지정한 4개 구역은 각각 고유한 역할을 수행했다. 가장 중요한 '정상회담 구역'의 면적은 1km^2 미만으로, 이곳에 출입하려면 신분증과 특별 허가서를 제시해야 했다. 특별 허가서는 주민과 일부 상인 및 직원, 의료 인력 등만 받을 수 있었다. 당국은 또한 해변 3km 이상 구간에 대해 차량 통행, 해수욕 및 기타 해상 활동 등을 금지했으며, 해당 구역 내 공영 주차장을 폐쇄했다. 면적이 약 1.5km^2인 두 번째 구역은 '보호 구역'으로, 주민과 허가를 받은 이들만 출입증을 소지한 채로 통행할 수 있었다. 장크리스토프 모로 전 G7 의장단 부총재는, 2만 2,000대의 차량을 검사하고 5만 명을 선별해 보호 구역 내 이동을 허용하는 통행증을 발급했다고 발표했다.[7]

특별 구역 설정을 통한 보안 조치는 도시 경계 너머까지 확장됐다. 군사경찰이 담당한 세 번째 구역에서는, 기차역과 공항을 임시 폐쇄했고, 스페인 국경에 검문소를 설치했으며, 비아리츠, 바욘, 앙글레를 잇는 삼각지대의 모든 도로를 통제했다. 마지막 구역은 프랑스 영토 전체로, 프랑스 및 주변국의 정보기관이 협력해 위험인물들을 차단하고 450건의 입국 금지 명령을 내렸다. 또한, 이웃 도시 앙다예에 모인 G7 반대시위대의 과격 행동을 막기 위해, 당국은 검사 17명을 동원하고, 유치장 내 구금실 300개를 비웠다.[8]

이런 보안 조치를 위한 공식 예산은 3,640만 유로로, 2018년에 G7 회담을 개최했던 캐나다가 행사 안전을 위해 사용한 1억 9,000만 유로에 비하면 적은 금액인

듯 보인다. 캐나다는 미주정상회의(SOA) 개최 당시 교도소 한 곳을 통째로 비워둔 것으로도 유명하다.[9] 다만, 프랑스 정부는 보안 인력 동원에 소요된 막대한 비용을 공식 예산에 포함하지 않았다.[10]

자유와 익명성이 사라진 파리

국제 올림픽 위원회(IOC)의 안보 책임자인 알드리치 루데셔에 따르면, "평화의 시대에 세계에서 가장 중요한 안보 행사"[11]인 2024년 파리 올림픽은, 군중 감시와 관리에 있어서 큰 도약을 약속한다. 파리 올림픽에는 외국인 100~200만 명을 포함한 관객 1,500만 명이 방문할 것으로 기대되고, 파리 지역 25곳의 경기장을 포함한 35곳의 경기장에서 경기가 열리며, 개막식 관중은 50만 명, 외부 '응원 구역'에 800만 명 등이 집결할 것으로 예상된다. 선수 1만 7,000명, 기자 2만 5,000명, 운영 인력 30만 명(자원봉사자 5만 명 포함), 그리고 국가 원수 100~150명을 비롯한 저명인사들에 대한 통행증 발급과 관리도 상당히 복잡할 것으로 보인다.[12] 이런 전망은 기업들의 관심을 불러일으킴과 동시에 당국의 불안을 키운다.

당국은 우선 사회·도시 마찰을 방지하고자 노력하고 있다. 노숙자와 불법 이민자 등 불청객들을 다른 지방에 위치한 수용센터로 옮기는 조치를 마련했고, 시 행정명령을 통해 수도 북부 지역에서의 무료 식품 배급을 금지할 예정이다. 파리 경찰청은 내무부의 요청에 따라 파리와 센생드니에 '범죄 제로' 계획을 세우고, 순찰을 강화하며 검문을 확대하기로 했다.

파리 경찰서에 따르면, 파리의 특징인 자유와 익명성은 올림픽 동안 소멸할 예정이다. 지난 11월 말, 로랑 누네즈 파리 경찰청장은 테러 방지법에 따라 올림픽 개회식 당일 대규모 보호 구역을 설정해 관리하겠다고 발표했다. 이런 특수 조치는 2017년 11월 1일부터 2021년 4월 30일까지 총 612회,[13] 그러니까 이틀에 한 번 시행됐다.[14]

수도 전체 면적의 5%를 차지하는 보호 구역에는 주

민 차량, 병·의원 이송 차량, 수리용 차량(승강기, 배관), 장애인 이동 차량의 통행이 금지된다. 자전거 이용자들의 출입도 금지되며, 보행자들은 검색을 받는다. 두 번째 구간은 면적이 20㎢로(파리 면적의 20%) 가사 도우미 서비스 및 버스를 포함한 모든 자동차의 통행이 '제한'될 예정이다. 마지막 구간에서는, 이동 목적(집, 직장, 병원 방문 등)이 확인되는 경우에 한해 차량 통행이 허용된다.

그런데, 이 보안 시스템은 제대로 작동할까? 경찰은 7월 14일 혁명기념일 행사와 G7 정상회담에서 드러난 효율성을 높이 평가했다.(15) 하지만, 경기장 주변에서 벌어지는 혼란은 여전히 뉴스 헤드라인을 장식한다. 2022년 5월 리버풀과 레알 마드리드의 축구경기에서 일련의 소요사태가 발생해 프랑스와 영국의 외교 문제로까지 비화한 것처럼 말이다. 더 중요한 것이 있다. 도시 디지털 보안 시장 전문가인 국립과학연구소의 미르티유 피코 연구원은, 이런 축제와 후원의 순간들은 기업들이 "프랑스의 능력을 세계 시장에 드러내 보일 수 있는 아주 좋은 기회"라고 설명했다.

동시에 "기술적으로나 법적으로 무엇이 가능한지 한정된 시간 동안 무엇을 안정화할 수 있는지 실험하는 시간"이기도 하다. 수년간 불법적으로 사용됐던 알고리즘 기반의 영상감시가 공식적으로 시행될 예정이고,(16) 이와 더불어 2019년 국립연구청(ANR)과 국방 및 국가안보국(SGDSN)이 시작한 프로젝트 공모는 "이런 대규모 행사의 안전 문제에 대응하기 위한 최상의 기술적 해결책을 개발하는 것"이 목표다. 이들 사업에 투입되는 공적 자금은 "안보 산업이 체계화되고, 혁신적이며 국제적 명성을 얻을 기회"를 제공해야 한다.(17) 2022년 4월, 산업전략위원회(CSF)가 내무부와 협업해 시작한 또 다른 프로그램은, "89개 기업의 참여 덕분에 공공 공간을 200개의 해결책을 실험할 연구실"로 변화시킨다.(18) 파리가 공항처럼 변해가는 동안, 도시 안전 분야의 챔피언들은 이미 금메달을 획득했다. ℒᗪ

글·토마 쥐스키암 Thomas Jusquiame
기자

번역·김자연
번역위원

(1) 경찰청, 2023년 7월 14일 군사 퍼레이드를 위한 보호 구역 설정 및 경찰 조치 수립에 관한 제2023-00817호 행정 명령.
(2) 경찰청, 2023년 7월 14일 파리 정부 행사 시 파리에서 적용 가능한 경찰 조치에 관한 제2023-00838호 행정 명령.
(3) Florent Castagnino, 'Les chemins de faire de la surveillance : une sociologie des dispositifs de sécurité et de sûreté ferroviaires en France 감시하는 철도: 프랑스 철도 안전 조치의 사회학', 박사 논문, université Paris-Est, 2017.
(4) Isaac Joseph (dir.), 『Villes en gares 기차역의 도시』 (Éditions de l'Aube, La Tour d'Aigues, 1999)중 Georges Ribeill, 'D'un siècle à l'autre, les enjeux récurrents de la gare française 한 세기에서 다음 세기까지, 반복되는 프랑스 기차역의 문제들'.
(5) Alain Bauer, 'Undefensible Space, terrorisme: sanctuariser les lieux ou protéger les personnes ? 방어할 수 없는 공간, 테러리즘: 공간을 성역화하거나 사람들을 보호하라?', www.geostrategia.fr, 2018.5.9.
(6) Paul Landauer, 『L'Architecte, la ville et la sécurité 건축, 도시와 안전』, PUF, Paris, 2009.
(7) Hugo Robert, 'Sécurisation des sommets internationaux : retour d'expérience sur le G7 de Biarritz et le G20 de Buenos Aires (Milipol) 국제 정상회담 안전: 비아리츠 G7 정상회담, 부에노스 아이레스 G20 정상회담(Milipol)의 경험 돌아보기', www.aefinfo.fr, 2019.11.22.
(8) 'Biarritz : Les anti-G7 sont prêts, la justice aussi 비아리츠: G7 반대시위대는 준비됐다. 사법당국도 마찬가지다.', France24, 2019.8.20.
(9) 'Sommet des Amériques : le libre-échange au programme 미주정상회의. 의제에 오른 자유무역협정', 2001.4.18, www.lemonde.fr
(10) Cédric Pietralunga, 'G7 à Biarritz : un budget aux contours flous 비아리츠 G7 정상회담: 불투명한 예산', <르몽드>, 2019.8.24.
(11) 'Les Jeux comme vecteurs de transformations et d'héritages 변화와 유산의 매개로서 올림픽' 좌담회, <Milipol Paris>, 2023.11.17.
(12) Stéphanie Fever, Fabien Lacombe, 『Sûreté des grands événements sportifs et des JO Paris 2024 주요 스포츠 행사 및 2024 파리 올림픽의 안전』, VA éditions, Versailles, 2020.
(13) 상원, 법률위원회 Marc-Philippe Daubresse, Agnès Canayer, 보고서 n° 694(2020~2021), 2021년 6월 16일 상정.
(14) 최대 하루 한 번으로 계산함.
(15) 상원, 법률위원회 Marc-Philippe Daubresse, 정보 보고서 n° 348(2019~2020), 2020년 2월 26일 상정
(16) Thomas Jusquiame, 'Les cuisines de la surveillance automatisées(한국어판 제목: 국민을 감시하는 지능형 CCTV의 공작술)', <르몽드 디플로마티크> 프랑스어판 2023년 2월호, 한국어판 2023년 9월호.
(17) 프랑스 국립연구청, 2019년 3월 22일자 보도자료.
(18) 주요 행사 및 2024년 올림픽 일반 보안 계획. 프랑스 육상 및 항공 방위·보안 산업그룹(GICAT), 2023년 11월.

'스테이크 한 조각'을 위한 권투는 사라지고

복싱에 더 이상 '아우라'는 없다

무하마드 알리라는 권투선수가 있었다. 전 시대를 아우르는 위대한 복서였던 그는, 이제는 전설이 됐다. 1974년 킨샤사 세계 챔피언 타이틀매치의 영웅, 무하마드 알리와 더불어 복싱계에서 명예의 전당에 이름을 올린 선수로는 마르셀 세르당, 록키 마르시아노, 마이크 타이슨이 있다. 한편, 수천 명에 달하는 무명선수들은 평범한 노동자다. 복싱이 과거에 누리던 영광은 이제 사라졌다.

셀림 데르카위 ▮기자

나의 아버지는 프랑스 노르망디 지역 아마추어 복서였다. 아버지는 프랑스 배우 알랭 들롱과 장폴 벨몽도 앞에서 프로선수처럼 상의를 벗고 링에 서 있을 자신을 상상하곤 했다. 그러나, 현실은 그런 모습과는 거리가 멀었다. 장폴 벨몽도는 복싱 팬이었고, 알랭 들롱이 야망에 불타는 복서로 나온 〈로코와 그의 형제들〉은 아버지가 가장 좋아하는 영화 중 하나였다.

아버지의 추억

아버지는 파리에서 이스라엘 선수와 붙은 적이 있다. 아버지의 상대인 슈뮈엘 야콩은 이스라엘의 복싱 챔피언으로, 올림픽 준준결승까지 올랐고 여러 국제 경기에서 우승한 선수였다. "아주 대단한 놈이었지!" 그때를 회상할 때마다 아버지의 눈은 감탄으로 반짝였다. 당시 27세였던 아버지는 노르망디의 아마추어 챔피언에 올랐고, 그것만으로도 이미 엄청난 성과였다.

프랑스 방송사 〈카날 플뤼스〉는 이 경기를 촬영했다. 아버지가 말했다. "링에 올라가는데 상대 선수의 이력을 끝없이 읊는 거야. 내 차례가 됐어. '노르망디 챔피언, 데르카위 선수.' 그게 끝이었어. 심판은 나를 매의 눈으로 훑더니 내 코치한테 조용히 말하더라. '이건 프로

경기예요. 그쪽 선수, 상의 벗어야지!' 옷을 벗었어. 온 세상 사람들 앞에서 발가벗고 있는 느낌이었어. 진짜 경기장에 내던져진 고깃덩이 같았다니까. 부르주아 인사들이 다 있었어. 이 사람들에게 잘 보이려고 무대에 선 느낌이었어." '이스라엘의 기품 있고 멋진 슈뮈엘 야콩, 데르카위 꺾을 것', 한 스포츠 신문에 실린 아버지와 야콩 선수의 사진 캡션이었다. 아버지는 그 경기를 이렇게 회상했다.

"난 1라운드부터 다운됐어. 머리가 지끈지끈 울렸지. 3라운드는 심지어 기억도 안 나. 탈의실에서 깨어나 링 사이드쪽의 의사를 보고 '내가 진 거요?'라고 물으니 그 사람이 '판정으로 졌어요!'라고 하더군. 심지어 의사는 내가 그때 기억을 잃었다는 걸 알아채지 못했고, 코치는 입을 다물었어."

복서와 고깃덩어리

이스라엘 복서와의 시합 후, 아버지는 진짜 '고깃덩이'가 됐다. '쇼'를 위해, 그리고 이겼을 때 코치의 주머니 속으로 빠르게 들어가는 지폐 몇 장을 위해 복싱을 하는, 얼굴이 뭉개진 프롤레타리아 복서 말이다. 청년 시절 싸움꾼이었다가 아마추어 복서가 된 미국 작가 잭 런

<권투선수>, 1964 - 콜라드 뤼그

던은 복싱에 대한 단편소설을 몇 편 썼는데, 그중 최고는 역시 『스테이크 한 조각』(1)이다.

　우울한 이 단편은 퇴물이 된 노년의 복서 톰 킹의 이야기다. 전성기가 지난 톰은 가족에게 스테이크 한 조각 사줄 수 없을 만큼 가난하다. 그럼에도 용기를 내, 유망주인 젊은 샌델과 링에서 겨루기로 결심한다. 그의 목적은 돈, 우승해서 상금을 받는 것이다. "이기면 30파운드로 빚을 다 갚고도 좀 남아. 지면 한 푼도 없어. 집으로 갈 차비도." 톰은 말한다. 결국, 슬픈 현실이 펼쳐진다. 톰은 경기에서 지고, '유통기한 지난 고깃덩이'보다 싱싱

한 현역 선수에게 판돈을 거는 쪽이 맞음을 관객에게 증명한다.

　왜 이렇게 고기가 자주 언급될까? 로익 아르티아 연구원은 "권투가 막 자리 잡을 당시, 권투선수 중 상당수가 직업적으로 고기를 다룰 만큼 근력이 좋은 도살장 직원이었다. 그래서 붉은 고기 섭취가 에너지 공급에 최고라는 인식이 있다. 가축 도살장 직원은 고기라는 최고의 선택지에 대한 접근성이 좋다"라고 말했다.(2) 유명한 복싱 영화 〈록키〉의 주인공 록키는 '연습 벌레'라는 별명이 있는 헤비급 챔피언(1970~1973) 조 프레이저처럼,

필라델피아 도살장에서 일한다. 그리고 냉동실에 걸린 고깃덩어리를 샌드백 삼아 훈련한다.

아마추어 복서는 획득한 메달이나 승리에 따라 수당을 받을 수 있었다. 그런데, 이제는 그것조차 없어졌다. 아마추어 복서였다가 1992년 코치로 전향하고 프랑스 올네수부아 지역에서 체육관을 운영하는 나세르 라라위가 어려워진 현실에 대해 설명했다. "5~6년 전만 해도 아마추어 복서는 라운드 당 15~20유로를 받

았다. 아마추어는 3라운드로 진행된다. 아마추어 복싱 국가대표에게는 경기당 100~400유로의 수당이 주어졌다. 그런데, 이제 복서들도, 트레이너들도 수당을 한 푼도 받지 못한다. 이동거리에 따라 계산되던 트레이너 사례도 없어졌다."

프로 세계의 경우 그나마 낫긴 하지만, 보수가 거의 오르지 않았다. 라라위는 "라운드 당 신인은 100~150유로, 검증된 선수는 200~300유로를 받는다. 최고 선수

들은 1,000유로까지 받을 수 있다. 타이틀이 있으면 최소 1만 5,000유로에서 수백만 유로까지 받을 수 있다. 세계타이틀을 보유하거나 복싱 스타면 말이다"라고 설명했다. '복싱 사업'은 승부 조작이나 사기도박, 불공평한 매치를 선호한다. 라라위는 "프로 복서 에이전시는 돈을 벌려고 있는 것이다. 다른 곳과 마찬가지로 보통 10%를 뗀다. 그렇지만 자기네 좋을 대로 복서의 몸을 돈 버는 수단으로 생각해 사기 치는 에이전시들이 있다"라고 덧붙였다.

어떻게 하면 관심을 끌까?

프로 경기는 아마추어 경기보다 훨씬 격렬하다. 경기시간도 길다. 3라운드에서 12라운드까지 늘어난다. 상대 선수가 한 번 이상 다운된 후에도, 더 이상 일어날 수 없을 때까지 경기가 계속된다. 펀치 수는 줄어도 강도는 더 높다. 보호대는 마우스피스 등 최소한에 그친다. '쇼'는 반드시 흥행해야 한다. 프로 복서의 인기는 상대 선수들이 KO를 당할 때마다 올라간다.

아마추어 복싱에서는 빠른 펀치를 특히 선호한다. 아마추어 경기에서는 펀치가 더 많고 빠르지만 세기는 프로 복싱보다 약하다. 헤드가드 덕분에 강도가 약해지기 때문이다. 프로 복싱이 특히 엔터테인먼트적인 요소로 만들어졌다면 아마추어 복싱은 좀 더 스포츠 정신에 치중돼 있다. 사회학자 파브리스 뷔를로 박

사가 질문을 던졌다. "강력한 펀치를 날리며 상대 공격을 잘 버텨 명성을 쌓아야 하는 중요한 경기에서, 어떻게 하면 관전자의 시선과 감정을 사로잡을 수 있을까?"(3)

20세기 초, 상대 선수를 경기 불능으로 만드는 경기를 관전하는 것은 강렬한 감각을 추구하는 관객의 흥미를 불러일으켰다. 관객들의 복싱 취향은 그저 폭력적인 공연을 뛰어넘어 적법한 스포츠로서의 복싱 그 자체를 즐기는 방향으로 점차 발전하고 있다. 이런 변화를 통해 관객들은 경기의 가치와 선수들을 높이 평가할 수 있다. 이런 식으로, 경기나 대회의 질을 평가하는 체계가 마련된다. 뷔를로 박사는 "경기에 참여하는 선수는 평가에 따라 다음 대회가 결정된다. 어떤 기획자가 기획한 대회에, 어떤 챔피언을 맡은 어떤 매니저가 대회에 가치를 부여하고 관객을 끌어모은다"라고 밝혔다.

신분 상승? 먹고 살기도 힘들다

어린 권투선수들은 권투를 사회적 지위 상승의 수단으로 삼을지도 모른다. 1920년 광부의 아들이자 1차 세계대전 당시 전투기 조종사로 훈장을 수여받은 조르주 카르팡티에는 세계 챔피언에 백만장자까지 된 첫 번째 프랑스인이다. 그렇게 '권투'는 초기에 스포츠 스타를 여럿 배출했다. 라라위는 "요즘 프로 복싱 수입은 괜찮지만 그건 몇몇 엘리트들에만 국한된 이야기"라며 지적했다.

"복싱계에서 마지막으로 배출한 프랑스 최고의 스타는 매체에 자주 등장했던 크리스토프 티오조(1990년 당시 WBA 슈퍼미들급 세계챔피언이었던 한국의 백인철을 프랑스로 불러들여 6회 TKO승으로 타이틀 획득-편주)인데 8시 뉴스에도 출연했다! 티오조 전에는 장클로드 부티에가 있었다. 그렇지만 이들 복싱 스타 이후 방송에 등장하는 복서가 더 이상 나오지 않았다. 우리 곁에서 커리어를 마무리한 센생드니 출신의 장마르크 모르멕 같이 몇몇 위대한 챔피언들이 있었는데도 말이다. 복싱에는 더 이상 예전 같은 아우라가 없다."

그럼에도, 그는 복싱에 대한 진한 향수를 간직하고 있다. 프랑스 프로 복싱선수 450명으로, 축구선수(1,361명)의 1/3에 그친다. 이런 현실이니, 복싱을 세계 수준으로 발전시킬 수 있을까?

22세 무스타파 자우슈의 경우를 보자. 크고 날렵한 체격의 이 청년은 올네수부아에서 라라위와 알림 샤라비에게 훈련을 받고 있다. 그는 샌드백에 펀치를 두 번 날리는 사이에도 코치들에게 농담을 던진다. 그렇다고 목표에 집중하지 않는 것은 아니다. 그는 내게 자신의 이력에 대해 자랑스럽게 늘어놓았다. 전국 선수권 대회 청소년부 준결승, 전국 선수권 대회 준준결승 진출 등에 대해 말이다.

"저는 2020년 6월에 프로로 전향했습니다. 아마추어일 때보다 매일 아침저녁으로 훈련을 두 배로 늘렸어요. 먹는 이유도 사는 이유도 복싱 때문입니다! 아직까지는 파리 체육관에 운동 코치를 부업으로 하고 있지만 언젠가는 복싱으로 생활이 가능했으면 좋겠습니다. 그렇게 되기가 쉽지 않다는 것은 잘 알지만요."

우리는 오랫동안 복싱으로 큰 돈을 번 청년 노동자들을 조명했다. 그러나 현실은 스폰서도 찾기 너무나 어렵고, 대전료는 야박하기 짝이 없다. 무스타파 자우슈를 비롯해, 많은 프로 복서들이 훈련을 계속하기 위해 부업을 하고 있다. **ID**

글·셀림 데르카위 Selim Derkaoui
기자, '르 파사제 클랑데스틴' 출판사의 2023년 책 『반격의 펀치 ─ 권투 그리고 계층들의 싸움』의 저자. 본 기사는 해당 저서에서 일부를 발췌한 것이다.

번역·이보미
번역위원

(1) Jack London, 『Un steak 스테이크 한 조각』, Libertalia, Montreuil, 2010년(초판: 1909년).
(2) Loïc Artiaga, 'Rocky Balboa ou la revanche de l'Amérique blanche 록키 발보아 또는 미국 백인의 설욕전' <Ballast> 2023년 3월 6일, www.revue-ballast.fr
(3) Fabrice Burlot, 『L'Univers de la boxe anglaise. Sociologie d'une discipline controversée 영국 복싱의 세계, 논란 많은 분야의 사회학』, INSEP(Institut National du Sport, de l'Expertise et de la Performance, 프랑스 국립 전문 스포츠원), Paris, 2013년.

2024년 4월 10일,
'대한민국의 봄'은 어떤 얼굴을 하고 있을까

김민정 ▌중앙대 교수

퓨 전 사극부터 정통 사극까지 2024년 대한민국은 사극 열풍으로 뜨겁다. 270억 원의 제작비가 투입된 KBS 대하드라마 〈고려거란전쟁〉은 정통 사극 최초로 넷플릭스 국내 1위를 기록하며 역사드라마의 막강한 존재감을 발휘 중이다. 흥미롭게도 한국 역사드라마의 부흥기는 한반도의 정세와 밀접하게 연관돼 있다. 역사드라마의 '역사'는 '오늘'을 읽어내는 시대의 좌표이자 '미래'를 보여주는 시대의 나침판이다.

1996년에 방영된 KBS 대하드라마 〈용의 눈물〉은 방영 당시 대통령 선거를 1년 앞둔 시점에서 조선 건국의 피비린내 나는 '정치'를 이야기해 큰 화제를 모았다.

600년 전 오래된 과거의 역사를 '오늘'의 정치로 치환해 멀티버스 속 또 다른 버전의 현실 세계로 실감을 부여한 것이다. 〈용의 눈물〉은 조선 건국에 관한 이야기이면서 대한민국 제15대 대통령 선거에 관한 이야기였다.

역사드라마의 역사는 과거완료가 아니라 현재진행형으로서 지금 여기 현재를 살아가는 사람들의 마음에 깊게 파고든다. 과연 우리는 어디로 가고 있는 것일까. 일상의 감각으로 복원된 스크린 속의 '살아있는 역사'는 '삶으로서의 정치'의 유의어로 자리매김한다. 대한민국 제21대 국회의원 선거를 앞둔 2019년, 정치드라마가 여러 편 방영됐다. 〈60일 지정생존자〉, 〈위대한 쇼〉, 〈보

좌관〉… 그리고 올해 4월, 22대 국회의원 선거가 있다. 2024년 대한민국의 봄은 어떤 얼굴을 하고 있을까. 갑진년 푸른 용의 해. 2024년의 화룡점정을 미리 '찍는' 마음으로 최근 방영되거나 방영 중인 역사드라마를 통해 우리 안의 미래를 깊게 들여다보는 건 어떨까.

크고 작은 용'들'의 눈물

〈용의 눈물〉 이후, 밀레니엄 시대를 맞이한 대한민국은 특수상황이었다. 세기가 바뀌고 경제적 환란(IMF)이 오고 정치적 격변기를 겪었다. 새로운 시대를 향한 비전과 강력한 리더십에 대한 열망으로 뜨거웠다. 조선 최초의 여자 어의의 일대기를 다룬 드라마 〈대장금〉(2003), 현대그룹을 세운 정주영 회장의 일대기를 다룬 드라마 〈영웅시대〉(2004), 고구려 건국을 다룬 드라마 〈주몽〉(2006) 등 시대의 역경과 고난을 극복하고 자기만의 길을 개척한 사람들의 이야기가 많은 인기를 끌었다. 낡은 시대를 돌파한 용감무쌍한 영웅담인 동시에 현실에 유용한 처세술을 배울 수 있는 '한국판 손자병법'으로 주목을 받았다. 바야흐로 '국민 사극'의 시대였다.

최근 역사드라마는 비슷하면서 좀 다르다. '잘 살기 위한 처세'가 아니다. '살아남기 위한 처세'다. '삶'이 아닌 '생존', '희망'이 아닌 '절망'을 준비하는 '각자도생'의 시대. 좀비 아포칼립스에 버금가는 암울한 시대 인식이다.

넷플릭스 오리지널 시리즈 〈킹덤:아신전〉(2021)의 주인공 아신은 조선에 귀화한 여진족으로 태생부터 최하위 계급이다. 당시 조선에 사는 여진족은 어느 쪽에도 속하지 못한 채 핍박과 멸시를 받았다. 그중 아신은 부모가 없는 어린 고아 여자아이였기에 극심한 생존 위협 속에서 살아야만 했다. 훗날 성인이 된 아신은 사랑하는 사람을 모두 잃고 조선 땅과 여진 땅에 살아있는 모든 걸 죽여버리겠다고 복수를 결심한다. 아이러니하게도 그 복수심은 지옥과도 같은 극한의 삶에서 아신 혼자 살아남게 하는 강한 생존력으로 작동한다. 세상을 향한 분노와 인간을 향한 불신이 그만의 생존 비법이 된 셈이다.

각자도생의 생존 위협은 최상위 계급에도 예외는 아니다. '조선시대판 스카이캐슬'로 불린 드라마 〈슈룹〉(2022)은 중전과 후궁들의 흥미진진한 사교육 열풍을 전면에 내세워 큰 화제를 모았다. 하지만 그 이면에는 금수저 계급 안에서 펼쳐지는 잔혹한 무한경쟁이 자리한다. 같은 '금수저'지만 어머니의 신분과 처지에 따라 왕자들의 등급이 또 나뉜다. 그리고 그 경쟁은 단순히 왕위가 아닌 생존을 위한 싸움이다. 왕이 되지 못한 왕자들은 죽음을 피하기 어렵기에 목숨을 걸고 치열하게 싸워야만 한다.

극중 가장 유력한 왕위 계승 후보였던 계성군은 역사드라마에서는 보기 드문 성소수자 캐릭터로 등장한다. 이런 설정은 과거를 배경으로 하는 역사드라마의 시의성과 현재성을 높이기 위한 서사 전략의 일환이다. 동시에 최상위 계층의 왕자에게 소수자성을 부여해 드라마 안의 생존 모티프를 강조하기 위함이다. 계성군의 어머니인 중전은 아들이 성소수자인 것이 밝혀져 위험에 처하게 될까 봐 고군분투한다. '크고 작은 용'들의 목숨을 건 치열한 눈치 싸움이 바로 〈슈룹〉이다.

'그럼에도' 살아남아야한다

'절대적' 갑은 이제 존재하지 않는다. 갑의 세계 안에서도 계급이 나뉜다. 갑도 생존의 위협을 느끼며 언제든 을의 위치로 추락할 수 있다. 갑과 을로 이루어진 계급 피라미드의 정상만을 바라보던 우리의 신념과 의지는 허무하게 배신당했다. 세상을 바꾸고자 했던 혁명의 불길은 사그라들고 다크 히어로가 일으킨 찰나의 불씨도 꺼져버렸다. 절대성의 몰락. K-세계관의 붕괴는 갑을 세계관의 폭력성과 배타성마저 낭만적인 추억으로 간직하고 싶을 만큼 체제 파괴적이다. 최소한의 방어벽조차 사라진 세계, 생존 지능이 디폴트값이 돼버린 비극적 시대 인식, 그리고 남겨진 사람들.

드라마 〈연인〉(2023)은 병자호란 이후로 조선이 직면한 '각자도생'의 처절한 생존기를 그린다. 왕은 자신의 목숨을 위해 왕자를 청나라 볼모로 보내고, 왕자는 자신의 목숨을 위해 백성을 청나라 포로로 남겨둔 채 귀환한다. 그렇게 왕과 왕자는 청나라로부터 목숨을 보전받기 위해 자기 자식을 버리고, 자신을 아버지처럼 따르는 백성을 버린다. '갑'의 상황이 이럴진대 '을'의 상황은 더욱 처절하고 참혹하다. 백성들은 제각각의 이유로 아들을 버리고, 아내를 버리고, 남편을 버리고, 나라를 버리고, 신념을 버리고, 목숨을 버린다. 모든 가치와 질서가 무너진 세상에서 개인 단독자로서 생존 투쟁에 내몰리며 극도의 불안과 공포에 시달린다.

적은 내부에만 있는 게 아니다.

밖에도 있다. 더욱 막강한 적이 밖에 있었단 사실을 깨닫는 데는 그리 오랜 시간이 걸리지 않았다. 갑의 갑, 슈퍼 갑의 등장, 그리고 슈퍼 갑의 등장에 따라 새로운 약육강식의 세계가 펼쳐진다. 더 배타적이고 더 폭력적인 세계로의 초대. 절대적 세계관의 붕괴가 아니라 상대적 세계관의 확장이다. K-세계관이 통째로 하부 체제로 흡수되는 글로벌 세계관의 재편성이 시작된 것이다. 백성, 왕자, 왕, 조선, 그리고 청나라. 그리고 거란족. 그리고 여진족. 그리고

몽골족. 그리고…

드라마〈고려거란전쟁〉(2024)은 거란족에 의한 발해의 멸망으로 만주라는 방어막을 상실한 한민족의 처절한 생존 투쟁이 벌어지던 11세기를 배경으로 한다. 거란족·여진족·몽골족과 같은 외세의 잦은 침략 앞에서 한반도의 모든 계급은 생존 서바이벌에 내몰린다. 생존을 위한 각개전투. 백성뿐 아니라 왕의 피를 물려받은 '용손'까지 맨몸 생존 서바이벌을 해야 할 정도로 극강의 공포사회가 펼쳐진다. 왕위 계승을 앞두고 19세의 대량원군은 끊임없이 살해 위협을 받는다.

왕이 되고 나서도 여전히 고난의 연속이다. 허수아비 왕 노릇을 강요받는 험난한 황실 적응기가 펼쳐지는 가운데, 내부의 적에 이어 외부의 적 '거란'까지 전쟁을 선포하며 그를 압박해온다. 배타적인 절대성의 세계가 있던 자리에 불안과 공포의 불확실한 상대성의 세계가 세워진다. K-역사드라마는 세계사를 무대로 또다시 수치와 굴욕의 역사를 되새김하며 생존을 위해 반복 학습하는 중이다.

'살아있는 대항의 역사' … 대한민국의 봄이 오고 있다

을에 의한, 을을 위한, 을의 대한민국이 오고 있다. 4월 10일 국회의원 선거일을 고작 두 달 남겨둔 시점에서 무언가 심상치 않다. 2024년을 향한 불안과 공포가 일상의 임계

점을 넘어서고 있다. 모든 가치와 질서가 무너진 순간, 사람들의 선택이 갈리고, 그 갈림길에 놓인 그들의 선택 기준은 하나다. 생존, '그럼에도' 살아남아야 한다. 생존 의지와 생존 본능이 지금 여기 오늘을 살아가는 한국인에게 가장 필요한 역량이자 최고의 능력으로 간주된다.

미디어에서 재현된 현실 세계는 대중의 공감과 지지를 토대로 현실을 재구성한다. 드라마의 '생존' 모티프는 대한민국의 현주소이자 민심의 동향이다. 2024년 대한민국의 봄은 어떤 얼굴일까. 우리는 과연 어떤 봄을 맞이하게 될 것인가. 아니, 우리는 어떤 봄을 맞이해야 하는가.

넷플릭스 오리지널 시리즈 〈도적: 칼의 소리〉(2023)는 대한민국의 가장 어두웠던 시기 '일제 강점기'를 배경으로 자신의 터전과 자신의 사람들을 지키기 위해 죽고 죽이는 싸움에 내던졌던 사람들의 이야기를 그린다. 세계열강의 이권 다툼으로 아수라장이 된 1920년대 격동의 간도에서 그들은 살아남기 위해 중국 마적과도 싸우고 일본 경찰과도 싸우고 친일 조선인과도 싸운다. 일제 강점기는 이제 더 이상 굴욕과 수치로 얼룩진 패배의 역사가 아니다. 그것은 피와 땀과 눈물, 그리고 무수히 많은 목숨으로 얻어낸 투쟁의 역사다.

독립군의 항일무장투쟁과는 무관한 그들의 삶을 드라마는 치열하게 기록한다. '생존'을 위한 모든 몸부림을 항일무장투쟁의 한 방식으로 인정하고 존중하듯이 말이다. 드라마 〈연인〉의 병자호란도, 드라마 〈고려거란전쟁〉의 고려거란전쟁도 동일하다. 시대의 어둠에 잠식되지 않고 살아남은 사람들을 향한 거룩한 애도. 2024년 역사 드라마의 생존자는 사적 생존 그 이상의 의미를 지닌다. 그 생존은 '그럼에도 여기 사람이 있다'는 묵직한 고백이 되고, '살아있는' 대항역사가 된다. 그렇게 한 사람의 삶이 우리의 소중한 일상을 기록하고, 대한민국의 역사를 지켜낸다.

2023년 최고의 화제작 영화 〈서울의 봄〉을 단순히 수도경비사령관 이태신 한 명의 영웅담으로 치부할 수 없는 이유가 여기에 있다. 영화 〈서울의 봄〉을 '한 사람'이 지켜내고자 했던 '1980년 대한민국의 봄'으로 기억해야 하는 이유가 여기에 있다. 바로 우리가 절대 잊어서는 안 되는 '한 사람'의 존재. 한 사람이라도 살아남는다면 삶은 계속된다. 그렇게 봄은, 계속돼야 한다. 어제를 살아낸 오늘의 당신이 나는 참으로 자랑스럽다. 우리가 힘써 찾던 그 '한 사람'은 바로 당신일 수 있다. 4월 10일, 대한민국의 봄이 오고 있다. **ID**

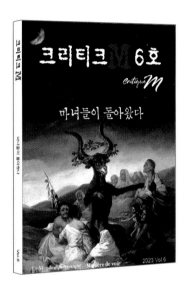

크리티크M 6호
『마녀들이 돌아왔다』
권 당 정가 16,500원

글·김민정
중앙대 문예창작학과 교수. 문학과 문화, 창작과 비평을 넘나들며 다양한 글을 쓰고 있다. 구상문학상, 젊은작가상, 르몽드문화평론가상, 그리고 2022년 중앙대 교육상을 수상했다. 저서로 『드라마에 내 얼굴이 있다』 외 다수가 있다.

1등만 살아남는 K-오디션

목수정 ▌작가, 파리 거주

나는 노래 부르는 것을 좋아한다. 어릴 적에 교회는 건성으로 다녔지만 교회 성가대엔 열심이었고, 대학 시절에도 4년 내내 노래패를 했었다. 거기 살 때도, 여기 살면서도 고장 난 라디오처럼 언제나 어디서나 노래를 흥얼거리며 지내왔다. 물론 노래를 듣는 것도 좋아한다. 하여, '싱어게인3'를 손꼽아 기다리며 봤다. 천재적인 가수들이 들끓는 이 나라에 또 어떤 이들이 나와서 내 마음에 단비를 적셔줄까 기대하며. 일주일에 한 번씩, 매번 감탄하고 감사하며, 선물 상자를 열어보듯 두근거리는 마음으로 새로운 얼굴들이 들려주는 노래를 들었다.

그렇지만 이번에도 역시 마냥 노래를 즐기기엔 괴로운 점들이 적지 않았다. 무명이어서 서러운 가수들을 본선에 이르기 전까진 이름을 가리는 것도, 본선 이후론 매번 억지스럽게 조를 이뤄서 둘 중 하나를 떨어뜨리는 방식도 여전했다. 매번 더 잘하는 사람을 뽑아야 한다면, 그 잘하는 사람을 뽑으면, 즉 절대 평가를 하면 될 일이다. 왜 굳이 두 명씩 짝을 지어, "네가 죽어야 내가 사는 구조"를 만드는 걸까. 그렇게 하면 특별히 재미가 있나? 누군가가 더 즐거운가?

마지막 회에 가서는 출연자 7명을 세워놓고, 7등부터 1등까지 낱낱이 발표했다. 그 대목에선 제작진의 잔인함에 기가 찼다. 그 7명의 뛰어난 가수 중 누가 꼴등인지를 우리가 왜 알아야 하며 굳이 그 점수까지 세세히 밝혀져야 하는가?

탑 7에 오른 사람과 거기에 오르지 못한 채 들러리를 선 6명 사이에도 명확한 실력 차이를 말할 수 없다. 전자가 좀 더 운이 좋았을 뿐. 그런데 우승을 차지한 출연자에게는 3억, 2등과 3등에게는 3,000만 원씩 상금이 수여됐다. 10배나 되는 상금의 차이는 무엇을 웅변하는 걸까?

만인이 만인을 향해 죽도록 싸워야만 하며, 서로 협력하고 연대하여 행복한 공존을 이루는 건 금물인 바로 그 지점이 젊은이들로 하여금 더 이상 연애도, 결혼도, 출산도 하기 싫은 시대를 만드는 게 아닐까. 인류는 적자생존보다 협업과 공생을 통해 지금까지 번성해왔다. 그게 린 마굴리스가 세포 내 미토콘드리아의 존재를 통해 밝힌 공생진화론이다. 그녀의 학설이 정설로 굳어진 지도 20년이 넘었다.

어디에서나 1등은 한 명뿐이고, 그 한 명의 영광을 위해 나머지는 엑스트라로 만들어 버리는 한국 사회를 싱어게인 제작진은 다시 한 번 보여줬다. 스타가 아니면 루저가 돼버리는 세상을 오늘도 열심히 만들면서, 우리는 여전히 왜 출산율이 '0'을 향해 전력질주하는지 궁금해하는가? ID

글·목수정
한국과 프랑스의 경계에 서서 글쓰기를 하는 작가 겸 번역가. 주요 저서로 『뼛속까지 자유롭고 치맛속까지 정치적인』, 『야성의 사랑학』, 『파리의 생활좌파들』 등이 있다.

욕망의 사인화(私人化), 변모하는 한국형 괴수물

윤필립 ▌영화평론가

1. 공안형 원귀에서 욕망의 사이코패스로

영화학자 로빈 우드는 공포영화와 관련해 '억압된 것의 귀환'이라는 개념을 제시했다. 그에 따르면 공포영화 속 괴물들은 사회가 억압(하려)했던 타자들이다. 〈살인마〉(1965, 이용민), 〈너 또한 별이 되어〉(1975, 이장호), 〈여곡성〉(1986, 이혁수), 〈여고괴담〉(1998, 박기형 감독), 〈폰〉(2002, 안병기) 등 한국 공포영화에 종종 등장하는 처녀귀신을 떠올리면, 이 주장의 타당성을 알 수 있다.

처녀귀신들은 가부장제 내지는 남성 중심의 사회문화라는 사회적 억압으로 인해 희생된 이들이다. 그들은 원귀로 귀환해 서슬 퍼런 복수를 감행하고 원한의 대상을 처단하는 양상을 보인다. 이를 근거로, 공포영화 속에서 괴물들이 보이는 가공할 파괴력은 사회적으로 억눌린 욕망이 거침없이 폭발하는 장면이라 해석되며, 이런 괴물들의 행태는 관객들에게 공포와 쾌감을 동시에 선사한다.

이 한국 공포영화 속 '원귀', 억압받는 여성들은 2000년대 초 한국영화의 르네상스 시기부터 점차 자취를 감췄다. 그리고 2000년대 후반부터 〈검은 집〉(2007, 신태라)의 '이화'처럼 여성 사이코패스로 귀환하기 시작했는데, 이런 경향은 〈썸바디〉(2022, 정지우)의 '김섬'까지 이어진다. 여기서 주지할 것은, '이화'나 '김섬'은 사회적으로 희생을 강요당한 '억압받는 여성'이 아니라, 자신의 욕망에 충실한 독립적이고 주체적인 여성이라는 점이다. 이는 한국 사회가 급변하면서, 처녀귀신 영화의 원귀로 박제됐던 여성들이 또 다른 공포 장르인 미스터리나 스릴러 속에서 사인화(私人化)된 욕망을 품은 가해자로 변모한 것이라 볼 수 있겠다.

<검은 집> 포스터

2. 사인화된 욕망에 사로잡힌 한국형 괴수의 등장

이런 '욕망의 사인화'는, 한국형 괴수물에서도 포착된다. '괴이한 짐승', 괴수가 주로 등장하는 한국영화가 바로 한국형 괴수물이다. 대표적으로, 〈대괴수 용가리〉(1967, 김기덕), 〈용가리〉(1999, 심형래), 〈괴물〉(봉준호, 2006), 〈차우〉(2009, 신정원), 〈7광구〉(2011, 김지훈), 〈물괴〉(2018, 허종호) 등이 있고, 오티티(OTT) 시리즈 영화 〈스위트 홈〉(2020, 이응복)과 〈경성 크리처〉(2023, 정동윤) 또한 이런 괴수물에 속한다. 또한 인간성을 상실한 인간의 모습을 좀비로 표현한 영화 〈괴시〉(1981, 강범구), 〈부산행〉(2016, 연상호)과 오티티 시리즈 〈킹덤〉(2019, 김성훈), 〈지금, 우리 학교는〉(2022, 이재규, 김남수) 등도 괴물로 변한 인간을 그리고 있다는 점에서 괴수물로 볼 수 있다.

이렇듯 '한국형 괴수'들은 사회적으로 억압당하며 사소화되는 개인이 아니라, 한 사회의 잘못된 공적 시스템 그 자체를 재현한 것이다. 그리고 작품 속 개별 캐릭터들은 이야기 전반에 걸쳐 그것의 파괴와 전복을 시도한다. 즉, 공포영화에서는 사회적으로 억압당한 인물들이 원귀로 귀환해 가공할 파괴력으로 시스템의 전복을 시도하는 반면, 봉준호 감독의 〈괴물〉 등 한국형 괴수물에서는 사회적으로 억압당하는 캐릭터들이 그들을 억압하는 괴물에 맞서며 시스템의 전복을 꿈꾸는 것이다. 이 지점에서 한국 공포영화에 주로 등장하는 원귀와 한국형 괴수물의 괴물이 차별화된다. 다시 말해, 한국 공포영화의 원귀는 한 개인의 억압된 욕망이 귀환한 결과물(원귀=개인)이라면 한국형 괴수물의 괴물은 한 개인이나 사회를 억압하는 시스템 그 자체(괴물=시스템)라는 것이다.

그런 흐름에 균열을 낸 것이 연상호 감독의 〈부산행〉이라 할 수 있는데, 이 영화는 본격적인 한국형 좀비물로 평가된다. 흔히 괴수물에서 좀비는 조지 로메로 감독의 〈살아 있는 시체들의 밤〉(1968)에서처럼 말초적인 욕망만 남은 채 모든 것을 상실한 인간의 모습으로 여겨진다. 이는 〈부산행〉의 괴수들 즉, 좀비로 변한 인간들에게도 그대로 적용할 수 있는데, 이전의 한국형 괴수물 속 괴물들이 처단되고 전복돼야 할 사회적 시스템 그 자체였던 것과 달리 〈부산행〉의 좀비는 한 사회의 시스템 내에서 인간성을 강탈당한 각 개인 욕망을 재현한 것이라는 점에서 큰 차이가 있다. 그 모습은 어둡고도 거대한 시스템 속에 갇힌 채 무수한 말들 속에 파묻혀 자아를 상실하고 욕구마저 통제당하는 현대인과 닮아있다. 당장은 그렇게 억압당하고 있으나 기회를 포착한 순간 자신 외의 모두를 먹잇감으로만 인식하는, 인간의 육체를 한 괴물이 될 수 있는 것이다.

〈부산행〉이 인간의 욕망과 그 파괴적 성향을 인간

의 육체로 귀환한 좀비를 통해 보여줬다면, 오티티 시리즈 〈스위트 홈〉과 〈경성 크리처〉는 그 반대편에 서 있다. 즉, 억압됐던 개인의 욕망이 폭발함으로써 스스로 괴물의 육체로 재탄생하며, 그 몸집은 각각의 욕망에 비례해 파괴적인 힘을 발휘하는 것이다. 이 가운데 〈스위트 홈〉의 괴물들은 인간성을 상실한 채 무차별적인 파괴를 일삼는 욕망의 결정체로 등장하기에 스릴러적 쾌감을 선사한다. 반면, 〈경성 크리처〉의 성심(강말금 분)은 스토르게 즉, 혈육의 정을 기억하고 있는 인간적인 괴물로 변모하는데, 이것이 이 작품에서 가장 핵심적인 신파적 요소로 작동한다는 점은 자못 놀랍다. 그것은 아마도 성심이 억압할 수밖에 없었던 욕망 즉, 딸을 만나고자 하는 그리움의 크기에 비례하는 것으로 보인다.

3. 한국형 괴수물의 보수성

앞서 언급했듯, 이제 한국형 괴수물은 공안적 성격이 강했던 이전 작품들과 달리 '개개인의 특수화된 욕망'

〈스위트홈2〉 포스터

<잠> 포스터

에 집중하기 시작했다. 프로이트에 따르면 인간의 욕망은 억압될지언정 결코 사라지지 않는다. 억압된 욕망은 무의식 중에 잠겨 있다가 어떤 형태로든 귀환한다. 이런 프로이트의 이론에 기반해 로빈 우드의 '억압된 것의 귀환'이라는 개념이 탄생한 것이다. 이렇게 억압된 것이 귀환해 극 속에서 모든 것을 전복할 만한 힘을 가지게 된다는 것은 그 자체로 관객들에게 쾌감을 선사한다. 평범한 환경에서는, 그 누구도 쉽게 시스템의 전복과 파괴를 시도하지 못한다. 그러나 그것이 꿈이나 가공된 환상일 때, 사람들은 자신을 짓누르는 사회적 규범을 상상 속에서 파괴함으로써 쾌감을 얻는다는 것이다. 이것이 바로 관객 혹은 시청자들이 영화 <부산행>이나 오티티 시리즈 <스위트 홈>, <경성 크리처> 등에서 얻게 될 쾌감이기도 하다.

한편으로, 최근의 한국형 괴수물에서는 잘못된 사회적 시스템이 아니라 사인화된 욕망을 지닌 개인이 처단 대상이 된다는 점에서 이 장르의 보수성을 지적할 수 있다. 이 같은 양상은 주로 80년대 초까지 활발하게 제작됐던 공안형 처녀귀신 중심의 한국 공포영화에서 나타난다. 현재 한국형 괴수물 또한, 사회적 전복을 꿈꾸던 기존의 괴수물처럼 각 개인의 욕망을 사회 시스템 전복에의 의지로 활용하기보다, 자체를 처단 대상으로 본다는 점에서 상당히 보수적이라 할 수 있다. 아울러, <차우>, <7광구>, <물괴> 등에서는 여전히 점프 스케어(Jump scare)에 의지한 채 관객들에게 짜릿한 악몽을 선사하는 데에만 몰두함으로써 기존 한국형 괴수물의 한계를 넘어서지 못했다는 점도 지적할 만하다.

4. 글을 맺으며

<기생충>(2019, 봉준호), <킬링 로맨스>(2023, 이원석), <잠>(2023, 유재선) 등 한국 영화를 아끼고 사랑하는 이들에게 2023년 12월 27일은 어떻게 기억될까 궁금하다. 누군가는 동시대를 살았던 한 배우의 뛰어난 연기를 다시는 볼 수 없다는 점에서 공허함을 느낄 것이다. 그러면서 여전히 분노하고 있을지도 모른다. 언젠가부터 한 개인을 향한 공적 인격 살인이 적법한 수사라는 이름으로 당당해지기 시작한 것에 대해서. 게다가 거기에 동조하며 기득권에 편승하려는 일부 언론사들의 보도 행태를 보면 일말의 윤리성도 찾아볼 수가 없다. 한국 영화나 드라마 속의 괴물들은 현실에도 늘 존재했던 것이다. 그래서 더욱 소름끼친다.

한국형 괴수물에서 등장인물들이 괴물들의 가공할 파괴력에도 끝까지 맞서 싸우듯, 현실 세계에서도 이런 괴물들의 등장과 끔찍한 그 괴물들과 함께 하는 일상에 결코 익숙해져서는 안 될 것 같다. 🅛🅓

글·윤필립
세종사이버대학교 한국어학과 초빙교수. 동아일보 신춘문예에 영화평론이 당선됐고, 만화평론상, 대종상, 서울국제프라이드영화제의 심사위원을 역임했으며, 대학에서 담화분석, 문화교육, 문학치료 등의 연구에 집중하며 강의하고 있다.

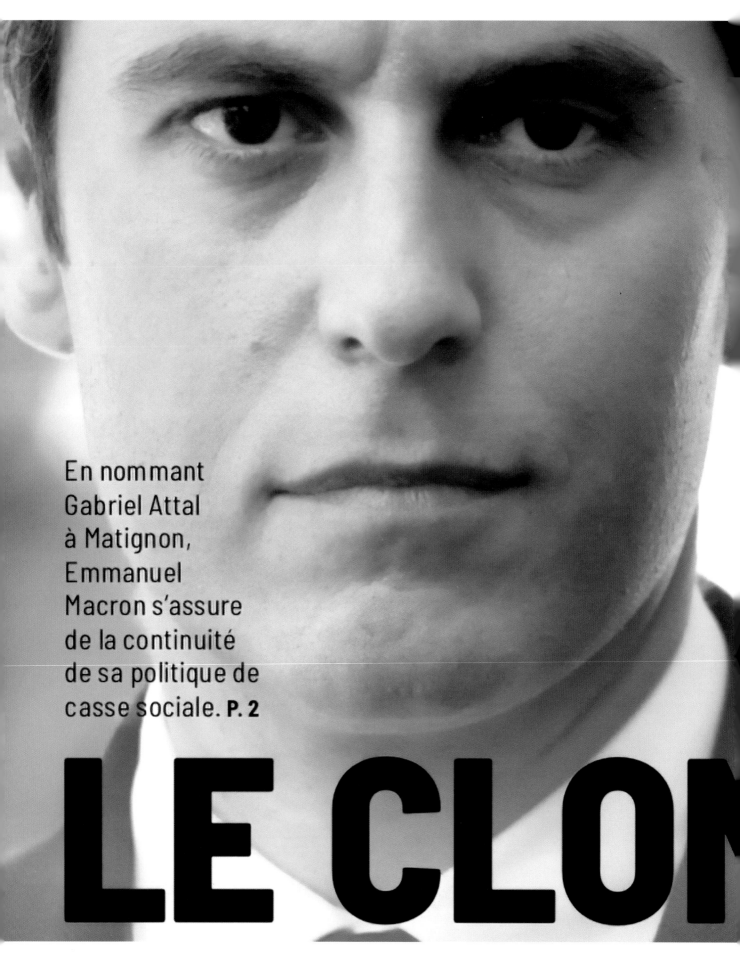

En nommant
Gabriel Attal
à Matignon,
Emmanuel
Macron s'assure
de la continuité
de sa politique de
casse sociale. **P. 2**

LE CLO

마크롱 대통령과 아탈 총리지명자를 'LE CLONE'(복제)이라고 표현한 <뤼마니테> 표지 _ 관련기사 112면

POLITIQUE

정치

39세 대통령, 34세 총리

〈뤼마니테〉는 왜 이 둘을 '클론'이라고 불렀나?

목수정 ▌작가, 파리 거주

마트에서 구입한 푸아그라와 샴페인에 적셔진 연말 휴가를 마치고, 신년을 시작한 프랑스인들은 총리가 교체됐다는 소식을 접했다. 주름 깊은 얼굴에 늘 어두움이 드리워 있던 62세의 여성 총리 엘리자베트 보른의 후임으로 등장한 사람은 34세 청년 가브리엘 아탈이다. 그가 교육부 장관으로 임명됐다는 소식을 들은 지 불과 5개월이 지난 시점이었다. 난데없이 교복 이야기로 잠시 세상을 시끄럽게 하던 그가, 이제는 정부의 수장이 됐다.

아탈은 특별히 잘한 것도, 못한 것도 없다. 왜냐하면, 그는 아무것도 하지 않았기 때문이다. 총리의 비주얼이 젊은 버전으로 달라졌다는 사실 외에, 사람들은 어떤 기대도 실망도 가질 수 없었다. 맥락도 사연도, 따라서 어떤 설득력도 없는 사건이 거듭될 때, 사람들은 게임의 룰이 바뀌었음을 감지할 뿐이다. 젊음이 약속해 주는 것은 아무것도 없다는 사실을 충분히 학습하기도 했다.

교육부 장관이 되기 전에 그는 1년간 공공회계부 장관이었다. 장관 취임 직후, 어떤 조세 포탈도 용납하지 않겠다는 포부를 밝혔으나, 집권 후 꾸준히 세금 조사관 수를 축소(1,600명)해온 마크롱 정부의 기조를 이어갈 뿐, 아무 변화도 만들지 못한 채, 더 묵직한 자리로 옮겨갔다. 2017년 대통령 취임 직후, 마크롱이 한 달 이내에 노숙인이 없는 나라를 만들겠다고 공언했으나, 5년 후 프랑스 노숙인 수가 2배로 늘어난 것과 비슷하다.

반면, 프랑스의 슈퍼리치들(한화기준 1조 원 이상을 소유한 자산가들)은 지난 3년간 자산 규모를 평균 65.5% 증가시켰다. 취임 즉시 부유세를 폐지함으로써, 그들에게 깍듯이 답례한 마크롱의 행동과 그들의 두둑해진 금고는 깊은 관련이 있다. 치솟은 물가와 급격히 늘어난 노숙인 수가 관련이 있는 것과 마찬가지로.

'젊고 로맨틱한 대통령', 정치는 어디에?

국민 앞에서 공언한 말을 '정반대'로 실현했다는 사실 외에도 두 사람은 프랑스 진보 매체 〈뤼마니테(L'Humanité)〉가 '클론'이라 표현할 만큼, 많은 유사성을 가지고 있다. 그중 가장 두드러지는 점은 미디어가 그들을 포장하는 방식에 있다.

2015년부터 2017년 사이, 당시 대선 후보였던 멜랑숑, 몽트부르, 아몽에게 할애됐던 모든 기사보다 마크롱 1인에게 바쳐진 기사가 더 많았다. 미디어는 마치 마크롱 쿼터라도 채워야 하는 듯, 그를 앞다투어 표지 모델로 실었다. 언론들은 일제히 그를 '젊고', '역동적이며', '잘생겼고', 특정 이념에 치우치지 않은 '실용주의자'로, 24세 연상의 부인과의 파격적인 러브 스토리로 진보적인 인상까지 담아 매력적인 신상품으로 포장했다.

그를 표현하는 미사여구 속에 그가 프랑스를 보다 살기 좋은 나라로 만들어주겠다고 약속하는 내용은 없었다. 새해 벽두, 아니, 실은 아탈이 교육부 장관이던 시절부터 미디어가 마크롱 등장 때와 비슷한 코드로 작동하고 있음을 많은 이들이 포착할 수 있었다.

휴가지에서 휴식을 즐기는 모습, 명품 옷을 입고 화보를 찍은 사진들이 주간지 〈파리 마치〉에 실리고, 어린 시절 교우들 사이에서 왕따 경험을 했다는 짠한 스토리

텔링이 대중의 동정심을 자극하기도 했다. 같은 어휘, 같은 톤, 같은 식의 호들갑이 4년 전 정계 진출 이후, 아무것도 한 게 없는 가브리엘 아탈의 포장에 동원됐다. 이번 주자는 친구 엄마와 결혼하는 대신 공개적인 동성애자라는 점이 조금 다를 뿐이다.

마크롱의 정당 '엉 마르슈(En Marche)'의 창립 멤버이자 당 대변인으로 본격적으로 정계에 발을 딘 은 가브리엘 아탈은 2020년 정부 대변인을 맡으면서 대중에게 얼굴을 알렸다. 그는 방송에 빈번히 얼굴을 내밀며 마크롱과 그의 노골적인 자본가 정부가 벌이는 행각에 대해 변호 및 변명을 하기 위해 충성을 다하는 모습을 꾸준히 보여줬다. 어딘가 순진하고 조금 억울해 보이는 표정, 종종 말을 더듬으면서도, 상대의 말을 재빨리 받아치는 단타를 구사하며 뼈대 없는 논리를 극복해온 그는 제법 주인을 만족시켰던 듯싶다. 훈련된 말발과 번듯한 허우대, 주인에 대한 충성심 외에 그 어떤 공적인 쓸모도 입증되지 않은 가브리엘 아탈이 이제 프랑스의 황태자라는 사실을 미디어는 일제히 주입하기 시작했다.

부르주아 패거리 과두정치 (Oligarchy)

놀랍게도, 지금 벌어지는 일을 6년 전에 정확히 예측한 한 인물이 있다. 가브리엘 아탈의 중고교, 대학(파리정치학교) 동기인 후

마크롱 대통령과 아탈 총리지명자를 'LE CLONE'(복제)이라고 표현한 <뤼마니테> 표지.

안 브랑코. 그는 2018년 출간된 저서『황혼(Crepuscule)』에서 "에마뉘엘 마크롱의 부상이 자발적인 민주주의적 현상이라기보다는 과두정(Oligarchy)의 조작에 기반한 것이었으며, 이들은 곧 가브리엘 아탈을 똑같은 방식으로 끌어올릴 것"이라 명확히 기술한 바 있다.

『황혼』은 마크롱과 함께 본격적인 장이 열린 부르주아 패거리 과두정치의 현실과 그 타락한 황금마차에 올라탄 오랜 급우 아탈을 통해 과

두정에 참여하는 인물들의 위험성을 폭로한 책이다. 위키리크스의 창시자 줄리안 어산지의 변호인이기도 한 후안 브랑코는, 변호사보다는 문제적 현실을 폭로하고 위선을 고발하는 활동가, 여러 저서를 집필한 작가로 더 잘 알려진 인물이다.

"오늘날 정치인이 된다는 것은 매년 우리가 생산하고, 탐욕스러운 관료들이 수집하는 수십억 유로의 분배를 결정하는 것이다. 이 권력이나 저 권력에 유리하게 결정하고, 입

맛에 맞는 자를 고위직에 임명하고, 정보기관이 수집한 정보를 받아 끊임없이 (패거리들을) 보호하고, 특권과 특혜를 분배하고, (유권자들을) 억압하고 파괴하는 사람이 되는 것을 의미한다."

마크롱 당선 직후, 후안 브랑코의 책이 출판됐고 수십만 권이 팔렸다. 재벌과 미디어, 일부 테크노크라트가 한패를 이룬 과두제 체제의 주체들은 민주주의를 가장하기 위한 노력조차 거추장스러워한다. 노란 조끼의 격렬한 폭동에도, 2년 내내 나라를 마비시켰던 그 맹렬한 연금 개혁 반대 시위에도, 마크롱 정부는 눈썹 하나 까딱하지 않았다. 그에게 권력을 준 것은 국민이 아니었고, 앞으로도 아닐 것이기 때문이다. 헌법은 개정된 바 없으나, 세상은 어느새 그렇게 새로운 판으로 짜여 흘러가고 있었다.

알스톰 스캔들

2012년까지 로스차일드 투자 은행의 직원이던 마크롱이 2017년 프랑스 대통령이 된 과정엔 알스톰 스캔들이 있다. 기괴한 산업 스릴러를 연상케 하는 이 놀라운 사건은 미국 기업과 국가가 TGV로 유명한 프랑스 알스톰사의 간부를 구속, 협박해 프랑스의 기간 산업을 빼앗고, 그 과정에서 소수의 사람들이 거액을 취득한 사건이다. 마크롱은 이 사건에서 미국 기업 GE와 이 거래의 최대 수혜자인 로스차일드가를 위해 거래를 성사시켰다. 130억 유로(약18조원)에 달하는 이 거래는 프랑스 58개 원자로의 터빈 유지 보수를 외국 그룹에 맡겼다는 점에서 반대 측에서는 '국가적 스캔들'로 불려왔다.

2013년, 알스톰사의 원전업체인 알스톰 에너지의 간부 프레데릭 피에루치가 뉴욕 공항에서 FBI에 의해 체포되면서 사건은 세상에 알려졌다. 그에게 적용된 혐의는 '해외부패방지법(FCPA)' 위반. 이 법은 다른 나라 기업이라도 부패 혐의가 포착되면 있으면 구금, 처벌할 수 있게 한다. 검사는 그가 10여 년 전 인도네시아에서 한 프로젝트를 진행하는 과정에서 현지 관료에게 뇌물을 준 것을 문제 삼았다. 사내 자체조사에서 무혐의 결론이

난 사건이었다. 미국의 부패방지법은 해외 기업을 인수합병함에 있어 기업 간부들의 약점을 잡아 미국에 유리한 협상을 견인하는데 남용됐다. 그들의 목표는 진실도 정의의 구현도 아니었다. 합법을 가장한 미국식 약탈의 도구였을 뿐이었다.

프레데릭 피에루치의 구속 후, 미국 연방검사는 알스톰사의 최고경영진 구속을 목표로 수사 강도를 높였고, 보석은 허락되지 않았다. 그 사이 GE사로부터 알스톰 최고 경영진에 인수요구가 전달됐고, 이에 저항한다면 피에루치가 당하고 있는 것은 본보기일 뿐임이 분명해졌다. 궁지에 몰린 알스톰 경영진은 매각에 동의하기에 이르나, 당시 재경부 장관 몽트부르가 결사적으로 반대를 하고 나섰다. 10년 치 해외 수주가 예약된 알스톰 에너지는 매각할 이유도 없을 뿐 아니라, 프랑스 58개 원자로의 터빈 유지 보수를 담당하는 이 회사를 외국에 맡기는 것은 국가 안보 차원에서도 불가한 일이었다. 그러자 당시 올랑드 대통령은 몽트부르를 경질하고, 이 매각에 협력하던 마크롱을 경제부 장관에 임명했다. 한 달 후 알스톰 에너지의 GE 매각이 결정됐다.

알스톰의 에너지를 손에 넣은 GE에 프랑스의 모든 원자력 기술, 심지어 프랑스의 핵 항공모함 드골호의 핵심 설계까지도 GE에 넘어갔다. 법의 이름으로 약탈을 계획한 미국의 합법적 마피아에 마크롱이란 젊은 피가 투입된 셈이다. 2019년, 이 사건에 대한 프랑스 국회 청문회를 주도하며 사건을 조사해온 공화당 올리비에 마를렉스 의원에 따르면, 알스톰 매각에서 발생한 수수료의 상당액이 마크롱 후보의 주머니에 들어갔다. 사건에 대한 수사는 검찰로 넘어갔으나, 현직 대통령이 과거에 저지른 부패 사건에 대한 수사는 제대로 진행되지 않았다.

인수 7년 뒤, GE는 알스톰 에너지를 다시 프랑스에 매각했다. 필요한 기술을 다 빼 간 후, 중고품 시장에 내놓은 회사를 프랑스전력공사가 사들였다. 외환은행을 헐값에 매입한 후, 우리은행에 되팔았던 론스타처럼. 그동안 프랑스는 약 5,000명의 실업자를 양산했으며, 샤를드골 항공모함에 대한 온전한 통제력도 빼앗긴 상태였다. 〈마리안느〉 2019년 9월 27일자에서는 GE-알스톰 에너

지 인수 사건에서 영-미국계 로펌인 호건 로벨스와 함께, 로스차일드, 뱅크 오브 아메리카가 최대 수혜자였으며, 마크롱 대선 캠프의 첫 후원자가 로스차일드가의 5개 계열사였다고 보도한 바 있다.

2년간 미국 감옥에 수감됐다가 풀려난 피에루치는 이 사건을 처음부터 취재해온 언론인 마티유 아론과 함께 자신이 겪은 모든 과정을 저술해 『미국 함정(Le Piège Américain)』이란 이름으로 2019년 출간했고, 국내에서도 『미국 함정』이란 제목으로 번역 출간됐다.

영리더가 가져올 미래

"문제는 앞으로 일어날 일이 상상하기 어려운 방식으로 폭력적일 것이라는 점이다. 나는 완벽하게 통제된 미디어 환경에서 수많은 성공을 거둘 수 있는 학살의 게임이 벌어질 것이라고 예측한다. 그리고 우리 모두는 그에 대한 공동의 책임을 져야 할 것이다. 우리 사회는 인류를 통째로 약탈하며 번성하고 있다. 이 사회는 더 이상 인류를 풍요롭게 하려는 자들을 보호하거나 약탈만을 목표로 하는 자들에 맞설 무기를 갖고 있지 않다." 6년 전 예측이 현실로 벌어진 후, 후안 브랑코는 페이스북에 올린 장문의 글을 통해 다시 한 번 앞으로 벌어질 세계를 예견했다.

과두 체제의 부름을 받아, 자국에 명백한 위해를 가한 청년은 그 대담한 행위를 통해 실력(!)을 인정받으며, 양손에 칼을 부여받는다. 그리고 자신과 똑같은 인물을 키워 비슷한 행위에 서슴없이 나설 수 있도록 훈련시킨다. 우연찮게도 다보스포럼이 영리더로 키운 정치인들의 리스트에 마크롱과 아탈을 나란히 리스트에 올렸다. 그들은 젊지만, 지구상의 가장 오래된 권력의 지배를 받는 어린 꼭두각시들이다.

총리 취임 후 처음 프랑스 국회에 출석한 가브리엘 아탈을 향해, 녹색당 대표 시리엘 샤틀랭 의원은 이렇게 질문했다. "마크롱 정부는 지금까지 의회 없이 (헌법 49조3항에 의거, 정부 단독으로 법안 처리한 경우가 무려 23회에 이름) 독단으로 정부를 운영해 왔다. '부자들에 의한, 부자들을 위한 정부'로 당의 슬로건을 붙여도 좋을 만큼, 마크롱 정부는 특정 집단만을 대변해 왔다. 당신에게 한 가지만 묻겠다. 마크롱의 낙점으로 총리가 된 당신은 특정 계급의 이해를 대변하면서 우리의 민주주의를 약화시킬 것인가?"

아탈은 즉답을 피하며 특유의 말장난 테크닉으로 상대를 공격하며 위기를 면한다. 그는 이 질문을 들을 귀도, 그 질문에 대해 고민할 심장도 갖고 있지 않다. 마크롱 행정부에 프랑스 의회는 거추장스러운 구시대의 유산일 뿐 논의의 상대가 아니다. 그들은 단독 드리블로 플레이하고, 득점하며 필요하다면 반칙과 폭력을 서슴지 않을 것이다.

아탈이 총리의 옷을 입고 대중 앞에 선 날, 유럽에선 농민 봉기가 시작됐다. 독일과 루마니아, 네델란드, 폴란드 그리고 프랑스에서. 다국적 농공기업들의 이해 극대화를 위해 자국의 독립적인 농민들을 죽이거나 철저히 복속시키라는 유럽연합(EU)의 지침은 유럽 농민들이 트랙터를 끌고 도로와 도심을 점령하며 저항하는 결전의 상황을 야기했다.

대결이다. 피할 수 없는. 🄛🄓

글·목수정
파리에 거주하며, 칼럼 기고와 책 저술, 번역을 하고 있다. 2023년 최근 저작으로 『파리에서 만난 말들』, 역서로는 『마법은 없었다』 (알렉상드라 앙리옹-코드 저)가 있다.

"지금은 민주진보진영이 모두 힘을 합칠 때"

"청년 정치는 마이너리그가 아니다. 정책으로 평가받아야"

〈르몽드 디플로마티크〉 한국어판은 4월 10일 총선에 앞서 청년 정치의 가능성과 새로운 정치세력의 등장을 전망하고자, 청년 정치의 아이콘으로 활발하게 의정 활동을 벌이는 기본소득당의 용혜인 의원을 만났다. 지난달 이준석 신당 대표에 이은 두 번째 청년 정치인 인터뷰다.

용혜인 ▮ 기본소득당 의원
성일권 ▮ 본지 발행인

– 무척 바쁠 시기에, 귀한 시간을 내줘서 감사하다. 우리 정치권에 청년이라는 이유로 발탁되고 가산점을 받아 여의도에 입성한 청년 정치인들이 단역으로 끝나는 경우가 많다. 여야 정치권이 선거 때 '청년'의 피를 수혈하고 버리는 듯하다. 마치 젊음을 유지하고자 피를 빠는 뱀파이어들처럼 말이다. 청년 정치인이라면 패기있게 자신만의 정치적 철학과 신념을 보여줘야 한다고 본다. 청년 정치인으로서 어떻게 생각하는가?

"청년 정치에 실망감을 표하는 국민들이 많으시다. 나는 그 사실을 잘 안다. 실망의 원인은 청년 정치인 개개인의 한계에도 있겠으나, 그보다 인물에 기대왔던 한국 정치의 문법에 있다고 본다. 국회에 '누가' 들어오는지도 중요하지만, 그보다는 '어떤' 정치세력이 남고, 또 등장하는지에 방점을 찍어야 한다고 본다. 매번 총선을 치르면 초선의원이 약 50%로 절반이다. 21대 국회의 초선의원 비율도 절반이 넘는다. 국회의원의 절반이 새로운 인물로 바뀌는데도, 정치는 새로워지지 않는 현실인 것이다. 물론, 민생도 크게 달라지지 않았다. 나는 스스로를 청년 정치인이라고 잘 소개하지 않는다. 정치라는 게 있고, 청년들의 정치 리그, 즉 마이너 리그가 따로 있는 것처럼 인식되면, 기성세대는 물론, 청년 정치인들 스스로가 마이너라고 생각하게 된다. 그런 인식은 편견을 부른다. 청년 정치인이라면 청년 관련 의제만 말해야 한다는 식으로 말이다. "청년들의 인구 비례에 따라 청년 국회의원들도 몇 퍼센트가 돼야 한다"는 식의 할당 이야기도 그 결과다. 나는 그것이 우리 대한민국의 정치가 청년을 대하는 태도라고 생각한다. 국회에 와서 그런 한계를 강하게 느꼈다. 국회라는 곳은 원래 연령과 무관한 곳 아닌가? 청년이든 중년이든, 장년이든 노년이든 정치인이라면 모두 동등하게 대한민국의 미래에 대해 논의하는 입법기관이 바로 국회 아닌가?"

– 현실적으로 나이도 경륜도 적은 청년 정치인이 살아남기 어려운 곳이 국회이기도 하다. 그런 한계를 느껴본 적은 없는가?

"청년 정치인 개개인의 부족함을, 마치 청년 정치인 전체의 문제인 것처럼 흔히들 이야기한다. 실상 기성세대 정치인들도 부족한 사람들이 많다. 그러나 이 경우 그 세대 정치인 전체의 문제라고 말하지는 않는다. 기성 정치인이든 청년 정치인이든 정치인으로서 평가받을 수 있는 정치적 문화와 국민들의 인식 전환이 필요하다. 청년이라는 게 특권은 아니다. 나는 연령을 떠나 정치인들을 평가해야 한다고 생각한다. 그런 측면에서, 청년 정치인들에게만 역량 부족을 지적하는 것은 불합리하다고 생각한다. 한편, 그런 편견과 역량 부족을 극복하기 위해 청년 정치인 개개인이 더욱 노력해야 한다고 생각한다."

– 최근 용 의원이 비례연합정당의 구상 아래, 기본소득당, 열린우리당, 사회민주당을 주축으로 한 개혁연합신당을 주도적으로 추진 중인 것으로 알고 있다. 더불어민주당 측에도 개혁연합신당 합류를 제안한 것으로 아는데, 진행은 순

> "청년 정치요? 마이너 청년 리그가 따로 있는 것처럼 여겨지는 것이 청년 정치를 가로막는 장벽이라고 생각합니다. 어떤 새로운 정치세력이 국회에 들어오느냐가 핵심이라고 봅니다."

조로운지? 민주당에도 비례의원 자리를 탐내는 정치인들도 많고, 그밖에도 지나야 할 신호등이 많아 보인다.

"우선적인 목표는, 윤석열 정권의 독주를 막기 위한 선거연대다. 선거연합에 대한 이야기는 지난해 말부터 진보진영에서 계속됐으나, 전혀 진전도 성과도 없었다. 민주당은 병립형이냐 연동형이냐, 선거제도를 어떻게 할 것이냐에 대해 고민을 주로 했다. 한편, 정의당은 녹색당과의 선거연합을 추진했다. 그러나 비례연합정당에 대한 기류가 변화한 것은 내가 지난해 12월 중순 기자회견에서 공식 제안한 후다. 진보당도 마찬가지다. 모든 진보진영 정당의 결단이 필요하다."

– 진보진영이 모두 함께하면, '진보의 재구성'을 도모하는 것인가? 과거는 묻지 말고 미래만 생각하자는 의미인가? 진보진영 연합에 대한 구상은 언제, 어떻게 시작됐는지?

"지난해 12월 2일부터 40여 일 동안 전국을 다니면서 의정보고회를 하며 4,000여 명의 국민들을 직접 만났다. 만난 국민들 모두 "윤석열 정권을 반드시 심판해달라", "22대 국회에서도 성과를 내달라", "기본소득당이 그런 역할을 해달라"고 말씀하셨다. 물론 진보진영 정당과의 연합에 대해선 찬반 논란이 좀 있었다. 제가 자의적으로 '누구는 되고, 누구는 안돼'라고 규정짓는 것보다는, 연대 연합의 원칙을 정하고, 이 원칙에 동의하면 함께하는 게 옳다고 본다."

– 지난 4년 동안 가장 인상적인 의정활동을 꼽는다면?

"성과보다는 아쉬운 점이 많다. 소수정당이기 때문에 선거제도 관련 논의에 적극적으로 개입할 수 없었던 것도 굉장히 아쉬웠고, 마음에 큰 과제로 남았던 건 '이태원 참사 특별법'의 제정이다. 유가족들이 제안한 내용을 바탕으로 야 3당이 공동으로 발의하는 형식이었다.

그 법안을 심사하며 안건조정위원회 위원으로 최선을 다했지만, 1년 이상 법안 통과가 지체돼 늘 안타까웠다. 하지만 여당의 요구를 최대한 가능한 만큼 받아서 양보하고 또 양보해서 통과를 시켰는데, 대통령의 거부권이 검토되고 있는 상황에서 유가족들은 계속 단식과 삭발을 하고... 마음이 무겁다. 21대 국회기간 중 벌어진 참사였던 만큼, 반드시 21대 국회에서 일단락 지어야 한다는 생각을 가지고 있다."

– 앞으로 4년의 임기가 주어진다면, 역점을 두고 싶은 정책은?

"지금 한국 사회는 복합적인 위기에 직면해있다. 중층적 위기를 어떻게 극복할 것인지의 국가전략이 사라진 게 대한민국 정치위기의 본질이라고 본다. 예를 들어 노무현 정부에는 '지역균형발전', 문재인 정부에는 '소득주도성장'이 있었다면, 윤 정권은 임기 2년 동안 대기업과 부유층의 각종 세금을 줄여주고, 모든 예산을 삭감해왔다. R&D예산 삭감, 사회적 경제 예산 삭감, 청소년예산 및 청년 일자리 예산삭감, 여기에 잼버리 망신... 이루 헤아릴 수 없다. 디지털 전환, 기후위기, 양극화, 불평등, 인구위기, 지역 소멸위기 등 이런 중대한 문제를 어떻게 해결할 것인가? 이에 대한 국가전략이 전혀 보이지 않는다.

내게 더 일할 기회가 주어진다면, 그런 국가전략을 국민들과 함께 만들어가는 것을 최우선 정치 과제로 삼고 싶다. 기본소득당은 오래전부터 '미래투자국가'라는 전략을 제안드렸다. 말 그대로 미래에 투자를 주도적으로 하는 국가다. 디지털 전환과 에너지 전환, 이 두가지 영역에서의 산업 전환을 주도적으로 해내고, 필요하면 R&D기술 개발까지도 정부가 주도적으로 추진해, 그 성과를 소수의 플랫폼 기업들과 재벌들이 독점하는 게 아니라 국민 배당을 통해서 다시 국민들에게 돌려드리고 사회통합과 국민통합을 이뤄나가는 방식이다."

– 지역 인구소멸도 심각하지만, 그보다 더 심각한 것은 출산율 저하로 인한 국가적 인구소멸인 듯싶다. 용 의원이 육아 문제의 어려움을 호소하기 위해 자신의 아기를 안

고서 본회의장에 들어오려다가 제재를 당한 뒤 기자회견을 한 장면이 인상적으로 남아있다. 저출산 문제, 어떻게 해결해야 하나?

"며칠 전, 여당과 더불어민주당이 저출산 대책을 내놓았는데, 구체적인 정책들에 대해 반대부터 하기보다는, 시각을 전환해야 한다고 본다. 출산과 육아에만 집중하면 저출생 문제는 절대 해결할 수 없다고 생각한다. 나도 속칭 '워킹 맘'인데, 지금 정부의 정책 기조를 보면 늘 돌봄학교를 확대하겠다는 식이다. '당신이 자녀를 낳으면 몇 시까지 야근을 하든 늦은 시간까지 자녀를 봐줄게'. 이게 이 정책의 기조인 셈이다. 그런데, 이는 국민을 숫자로만 보는 접근 방식이다. 출산에 대한 지원은 물론 노동시간, 일자리, 소득의 불균형, 불안정한 주거 등의 문제들을 복합적으로 고려해야 한다. 일하는 엄마와 아빠가 진실로 원하는 것은 무엇일까. 야근해도 자녀를 봐주는 시설이 아니다. 6시에 퇴근해서 온 가족이 함께 저녁을 먹고, 함께 즐거운 시간을 보낼 수 있는 환경이다. 이런 환경이 보장돼야 자녀를 낳는 삶을 꿈꾸지 않겠는가?"

– 용 의원을 인터뷰한다고 하니, 독자들이 동물권 관련 질문들을 보내왔다. 그중 몇 가지를 선별했다. 지난 1월 9일, '개 식용 금지 특별법'이 국회 본회의를 통과했다. 50만 농장 개들의 복지 및 관련 업자들의 보상문제 등에 대한 의견은?

"이번 법안을 통해 생명윤리에도 어긋나고, 국민들의 공중보건까지 위협하는 개 식용 산업이 종식되기를 진심으로 바란다. 하지만 3년의 유예기간이 있는 만큼, 3년 안에 여전히 착취당하고 있는 개들을 안전하게 구조하고, 개 식용 산업 종사자들의 업종을 전환하는 데 많은 노력을 기울여야 할 것이다. 특히 보상 관련 문제는, 이해관계자들과 소통 및 조율을 계속해야 한다고 생각한다.

– 오랜 논쟁과 갈등 끝에, 길고양이는 '보호 대상'으로 인정했으나 비둘기, 고라니 등은 유해 야생동물로 지정했다. 심지어 비둘기에게 먹이를 주는 것을 금지하는 법안이 추진 중이다. 이제 길고양이에게 먹이를 주기도 어려워진다는(길고양이 밥을 비둘기가 먹는 경우가 많으므로) 지적도 있다.

용혜인 기본소득당 의원

이에 대한 의견은?

"어떤 종은 유해동물, 어떤 종은 보호 대상이 되는 것은 지극히 인간의 편의와 관점에서 정해지는 것이라고 본다. 도시에서의 유해동물 문제가 계속 불거지는 근본적인 이유는 동물들의 서식지 파괴 및 난개발 문제와 직결돼 있다. 단순히 특정 동물을 유해동물로 지정할 것이 아니라, 자연과 생태를 공유하고 있는 수많은 생명체들과 공존할 방법을 모색하는 것 역시 정치의 역할이라고 본다."

– 환경과 동물권, 보건을 위한 채식 문화 확산 및 공장식 축산 규제에 대한 구체적인 안이 있는가?

"기후변화에 관한 정부간 협의체(IPCC) 보고서 발표에 의하면, 축산업이 지구온난화에 끼치는 영향은 10~12%에 달한다. 고기를 얻기 위해 세계 물 소비량의 30%, 땅 표면의 45% 사용, 브라질 아마존 파괴의 가장 큰 원인 역시 축산업이다. 따라서 해외에서는 다양한 공장식 축산의 축소 및 중단을 위한 정책들을 펼치고 있다. 2022년 미국 캘리포니아주에서는 '공장식 사육시설(CAFO)'에서 사육한 축산물 유통을 금지하는 법안을 시행했고, 유럽에서는 케이지 사육 금지 법안, 임신돈의 스톨 사육을 금지하는 방안들을 고민하고 있다. 프랑스, 중국, 뉴욕 등에서는 기후위기 대응 그린뉴딜의 일환으로서 육류 소비 감축 정책을 펼치고 있다. 이런 전 세계적인 흐름에 맞게, 우리나라도 육류 소비 감축 및 채식 활성화 정책을 펼쳐야 한다. 이와 관련해 지난 대통령 선거, 서울시장 선거 때 기본소득당 후보들은 이를 공식적인 공약으로 내세우기도 했다."

난감할 수 있는 질문들에도, 용혜인 의원은 전혀 당황하지 않고 논리정연하게 답변을 해나갔다. 그런 용 의원을 바라보면서, 나는 '이런 의원이 국회에 10명만 더 있다면, 우리 사회가 많이 나아질 것'이라는 생각이 들었다. 용 의원이 속한 기본소득당은 원내 1석이지만, 5,000원~1만원의 소액 당비를 내며 그의 의정활동을 지지하는 당원들이 3만 명에 달한다. 또한, 이정우 경북대 명예교수가 용 의원이 주도하는 개혁연합신당 국가혁신자문위원장을 맡았다. 노무현 정부 당시 청와대 정책실장을 지낸 이정우 교수는 민주진보진영 연대를 정책적으로 돕고 있다. **ID**

글·성일권
<르몽드 디플로마티크> 한국어판 발행인

흡연율은 급감하는데, 폐암은 급증하는 이유는?

콘크리트 제국의 무서운 진실, '콘크리트 암토피아'

지난해 9월 25일 국민건강보험공단은 2018~2022년 '폐암' 환자의 건강보험 진료 현황을 발표했다. 이에 따르면, 폐암 진료 인원은 2018년 9만 1,192명에서 2022년 11만 6,428명으로 4년 동안 2만 5,236명(27.7%p)이 증가했다. 인구 10만 명당 폐암 환자는 179명에서 226명으로 47명(26.3%p) 증가했는데, 이중 남성은 225명에서 274명으로 49명(22%p), 여성은 132명에서 179명으로 47명(35.6%) 증가해, 여성의 폐암 증가율이 더 높았다.

폐암 환자의 건강보험 진료비는 9,150억 원에서 1조 2,799억 원으로 4년 동안 3,649억 원(39.9%p) 증가했으며, 연평균 증가율은 8.8%p에 달했다. 당연히, 폐암으로 인한 사망자 수도 계속 늘어나는 추세다.

어떤 질병이든 환자가 증가하면, 당연히 해당 질병으로 인한 건강보험 진료비 지출액과 함께 사망자 수가 증가한다. 질병의 확산이 국가적 재난으로 이어질 수밖에 없는 이유다.

최병성 ▍환경운동가 겸 목사

2022년 9월 27일, 노웅래 국회의원(더불어민주당, 서울 마포구 갑)은 신축 아파트 2,531가구 중 399가구(15.8%)에서 1급 발암물질인 라돈 검출량이 기준치를 초과했다는 환경부 조사 결과를 발표했다. 그 '위험한 아파트'들은 모두 중소 건축업체에서 지은 것일까? 아니다. 기준치 초과 시공 58건을 건설사별로 보면, 대우건설이 7건으로 1위였다. 그밖에도 4건 이상 초과한 건설사는 서희건설, 대방건설, 태영종합건설, 롯데건설, 포스코건설 등이었다.

오늘도 전국 곳곳에 아파트가 쑥쑥 올라가고 있다. 신축 아파트의 실내 라돈 발생량을 측정한 결과, 거실과 안방에서 1,600베크렐(Bq/m³)이 넘게 검출됐다. 환경부가 정한 실내 라돈 안전 기준치 148베크렐의 약 11배에 달한다. 어느 한 곳만의 문제가 아니다. 전국 신축 아파트의 실내 라돈 발생량을 측정한 결과, 환경부 실내 라돈 안전 기준 148베크렐을 초과하는 사례가 많았다.

현행법에 따르면, 신축 공동주택 시공사는 실내공기질 관리법에 근거해 입주 7일 전까지 공기질을 측정해 지방자치단체장에게 결과를 알려야 한다. 그리고 환경부장관은 지자체장으로부터 결과를 보고 받는다. 바로, 여기에 심각한 꼼수가 숨어 있다. 최근 신축되는 아파트들은 환기시설을 갖추고 있다. 환기 장치를 가동한 상태에서 라돈을 측정할 경우, 정확한 실내 라돈 방출량 조사가 이뤄질 수 없다. 신축 아파트 중 15%가 실내 라돈 기준을 초과했다는 것은, 실상 라돈의 위험에 노출된 신축 아파트는 더 많다는 것을 의미한다.

흡연율 급감하는데, 폐암이 사망률 1위?

2021년 9월 28일, 통계청은 2020년 사망원인통계 결과를 발표했다. 이에 따르면 폐암의 사망률은 36%로 간암(20.6%), 대장암(17.4%), 위암(14.6%)보다 훨씬 높다. 폐암의 주요 원인은 '흡연'으로 알려져 있다. 정말 그럴까? 질병관리청 자료에 따르면, 국내 성인 흡연율이 지난 1998년 35.1%에서 2020년 현재 20.6%로 급감했다. 특히 남성의 경우 1998년 66.3%에서 2020년 34%

로 크게 감소했다. 청소년 흡연율 역시 1998년 12.1%에서 2021년 4.6%로 급감했다.

폐암의 원인인 흡연 인구가 줄었다면, 폐암 발생률과 사망자 수도 당연히 줄어야 한다. 그러나 암 중에 폐암 발생률과 사망자 수는 여전히 1위를 지키고 있다. 특히 비흡연 여성의 폐암 증가율이 3.2%라는 것은, 흡연 이외의 또 다른 폐암 발생 원인이 있음을 분명히 시사한다.

'미세먼지' 또한 폐암의 주요 원인이다. 그렇다면, 미세먼지가 늘어난 것일까? 환경부가 지난 2022년 1월 4일 발표한 보도자료에 따르면, 2021년도 초미세먼지(PM-2.5) 연평균 농도가 관측을 시작한 2015년 이래 가장 낮은 $18\mu g/m^3$를 기록했다. 초미세먼지 좋음($15\mu g/m^3$ 이하) 일수는 2015년 63일에서 2021년 183일로 무려 190% 증가했고, 초미세먼지 나쁨 이상($36\mu g/m^3$ 이상) 일수는 2015년 62일에서 2021년 23일로 약 63% 개선됐다.

폐암 발생의 주요 원인인 흡연과 미세먼지가 감소했다. 그럼에도 폐암 환자는 늘고 있다. 그렇다면, 대체 폐암 증가의 진짜 원인은 무엇일까? 그 답은, 국민 대다수의 주거공간인 '아파트'에 숨어 있다. 정부의 공식 통계 사이트인 e나라지표의 유형별 주택 현황을 보면,

1995년까지 국민의 주요 거주공간은 단독주택이었다. 그런데, 아파트가 2000년 47.8%에서 2021년 63.5%로 급증하며 주요 주거 형태로 자리 잡았다. 2021년 인구주택총조사에서도, 주거 형태 중 아파트가 압도적으로 1위를 차지했다. 단독주택 20.6%, 다세대주택(속칭 '빌라') 14.8%, 아파트는 63.5%로 국민 3명 중 2명은 아파트에 사는 것으로 나타났다.

폐암의 또 다른 원인으로 실내 라돈이 지적되고 있다. 라돈은 토양과 지하수를 통해 노출된다. 그렇다면 폐암 발생률은 높은 곳일수록 낮아야 자연스럽다. 즉 저층 형태인 단독주택보다 고층 아파트가 토양의 라돈 영향이 적게 받는 만큼, 폐암 발생률도 낮아야 할 것이다. 그러나 현실은 그 반대다. 고층 아파트가 증가하는 가운데 폐암 발생률도 증가하고 있는 것이다.

시멘트 가루 + 물 = '라돈 폭탄'

신축 아파트 실내에서 1급 발암물질인 라돈이 발생하는 이유는 무엇일까? 2014년 3월 29일, KBS 추적 60분 〈라돈의 공포 2부, 문제는 땅이다〉 편에서 이 문제를 다뤘다. 해당 프로그램은 한 아파트에서 방사능 물질인

라돈이 환경부 기준치 4피코큐리(Picocurie, 기호 pCi, 1Ci의 1조분의 1)를 초과한 5.2피코큐리가 검출됐다고 보도했다.

원인은 인산석고로 만든 석고보드였다. 조사 결과 8개의 석고보드 중 3개가 라돈 권고기준을 초과했다. 이후 석고보드 제조사들은 라돈이 많이 함유된 인산석고 사용을 중단하고, 라돈 함유량이 적은 발전소의 탈황석고를 이용해 석고보드를 제조하고 있다. 문제는 석고보드 제조사들이 2014년 방송 이후 인산석고 사용을 중단했음에도 불구하고, 최근 신축된 아파트에서 고농도의 라돈 방출량이 검출되고 있다는 점이다.

신축 건물에서 라돈의 검출의 주요 원인은 콘크리트였다. 콘크리트는 시멘트와 모래와 자갈이 주를 이룬다. 일부 모래와 자갈에서 라돈이 검출되기도 한다. 그런데 라돈이 없는 모래와 자갈을 사용했음에도, 실내에서 고농도의 라돈이 검출되고 있다. 한국시멘트협회는 시멘트의 라돈 방출량 조사 결과 환경부 기준 이내이며, 실내에 시멘트가 노출되지 않는다며 시멘트는 실내 라돈 기준치 초과와 과학적으로 무관하다고 한다. 이 주장은 과연 사실일까?

대개 집은 시멘트 가루로 짓지 않는다. 시멘트 가루에 물을 혼합해 콘크리트라는 제품을 만들어 지은 집에, 사람들이 살아간다. 콘크리트는 시멘트와 모래와 자갈을 물에 섞어 만든다. 모래와 자갈은 물을 만나도 화학적 변화가 없으며, 라돈 방출량에도 차이가 없다. 그러나 시멘트 가루는 다르다. 시멘트 가루가 물을 만나면 화학반응이 일어난다. '콘크리트'라는 새로운 물질로 변신하는 것이다. 그러면서 라돈 방출량이 급증한다. 바로 이 충격적인 사실이 그동안 감춰졌던 것이다. 실내 라돈 발생의 주범을 찾고자, 국가 공인기관인 한국건설생활환경시험연구원에 시멘트 라돈 발생량 분석을 의뢰했다. 실험 결과는 충격적이었다. 7일 동안 시멘트 가루의 라돈 방출량은 51.5베크럴이었다. 한국시멘트협회의 주장처럼 환경부 기준치인 148베크럴 이내다.

문제는, 콘크리트다. 이 시멘트 가루에 물을 혼합해 만든 콘크리트였던 것이다. 시멘트로 콘크리트 공시체를 만들어 건조시킨 후 라돈 방출량을 측정했다. 그 결과, 무려 853.9베크럴의 라돈이 검출됐다. 환경부 기준의 약 5.8배에 달하는 수치다.

필자가 아크릴챔버와 라돈 측정기를 구해 직접 실험해봤다. 1일(24시간) 후 102베크럴이었고, 2일(48시간) 후 113베크럴, 실내 기준치인 148베크럴을 넘지 않았다. 시멘트 가루는 시간이 지나도 라돈 증가량이 미미했다. 그러나 이 시멘트로 콘크리트를 만들었더니 결과는 확연히 달랐다. 라돈 방출량이 급증한 것이다. 콘크리트는 1일(24시간) 후 291베크럴, 2일(48시간) 후 340베크럴로 환경부 기준치(148베크럴)를 크게 초과했다. 이어 3일째 390베크럴, 4일째 423베크럴, 5일째 468베크럴로 무서운 증가세를 보였다.

사람도, 반려동물도 위협하는 '쓰레기 시멘트'

연구 '시멘트 수화 모니터링을 위한 라돈 호기율 측정(Measurements of radon exhalation rate for monitoring cement hydration)'에 따르면, 시멘트가 물에 혼합되면 라돈 방출량이 증가한다고 밝히고 있다. 특히 온도가 30도에서 60도로 증가하면, 라돈 방출량이 20~40배로 극적인 증가를 보인다고 강조했다.

겨울철 실내 라돈 농도가 증가하는 원인은 무엇일까? 날씨가 추워서 환기를 자주 하지 않기 때문이기도 하지만, 또 다른 중대한 이유가 있다. 난방으로 인해 콘크리트 온도가 상승하기 때문이다. 콘크리트가 뜨거워지면, 이온의 활성화로 인한 불활성 가스인 라돈 방출량이 증가한다. 따라서, 세계적인 '아파트 공화국'이자 겨울철 난방 문화국인 대한민국은 그 어느 나라보다 라돈의 위험에 크게 노출될 수밖에 없다.

이 논문이 발표된 게 2006년이니, 지금으로부터 무려 18년 전이다. 이 논문에는 시멘트가 콘크리트가 되면 라돈 방출량이 증가된다는 이전 논문들을 인용하고 있다. 대한민국 환경부와 전문가들은 지금까지 이 사실을 몰랐던 것일까? 아니면 감춰왔던 것일까?

국립암센터가 발행한 '라돈(RADON)-발암요인보

고서'에 따르면, 라돈(RADON)은 국제암연구소(IARC)가 사람에게 발암성이 확인된 물질(Group1) 발암물질로 분류하고 있다. 라돈은 폐암을 일으키는 주요 원인 물질로 방사선에 노출된 폐 세포가 호흡을 통해 기관지나 폐포에 머무르면서 세포 중 염색체 돌연변이를 일으켜 폐암이 발생한다는 것이다.

라돈이 유발하는 질병은 폐암뿐이 아니다. 국립암센터는 '라돈 노출과 소아 백혈병 사이에 유의미한 양의 관계가 있다'는 덴마크의 연구 결과와, 실내 라돈이 고형암(Solid tumor) 환자의 위험도를 2.61배 높인다는 독일의 연구 결과를 강조했다. 이처럼 해외 의학계에서는 라돈이 소아 백혈병을 비롯해 피부암, 뇌암, 뇌종양 등의 각종 질병과 연관 있다는 보고서들이 발표되고 있다. 심지어 국립암센터는 라돈은 사람뿐 아니라 반려동물에게도 호흡을 통해 기도암과 악성종양과 표피암 등의 다양한 암을 유발한다는 조사 결과를 공개했다.

얼마 전 단양의 모 시멘트 공장에 시멘트 제조에 사용될 폐기물을 하역하던 트럭 운전자가 황화수소 가스에 중독돼 사망했다. 현재 국내 시멘트는 '자원 재활용'이라는 명분 하에 유해물질 가득한 공장과 반도체공장의 슬러지와 오니, 소각재, 분진, 하수 슬러지, 폐타이어, 폐합성수지, 폐플라스틱 등 온갖 쓰레기가 시멘트 제조에 사용되고 있다. 심지어 라돈 함유량이 높은 인산석고도 시멘트 제조에 사용하고 있다. 게다가, 시멘트 제조에 사용되는 각종 쓰레기들이 라돈 발생 및 국민 건강에 어떤 영향을 미치는지 조사도 하지 않았다.

국민의 생명을 담보로 한 '쓰레기 시멘트'. 이것이 대한민국 환경부의 재활용 정책이다. 국민의, 특히 시멘트 공장 노동자들과 지역 주민들의 건강과 생명을 위협하고, 환경에 치명적인 오염물질을 배출하는 환경부의 이 재활용 정책은 절대 재활용할 수 없게 해야 한다. 정책 개선이 시급하다. ⒧ⅅ

크리티크M 5호
『LGBTQIA의
가려진 진실』
권당 정가 16,500원

글·최병성
목사, 환경운동가, 생태교육가, 기자, 사진작가 등의 다양한 역할로 생태보호운동가로 활동한다. 2007, 2018년 환경재단의 '세상을 밝게 만든 사람들'에 2회 선정됐고, 2011년 언론인권 특별공로상, 2019년 환경시민상 등을 받았다. 저서로는 『강은 살아있다』(2010), 『길 위의 십자가』(2016)등이 있다.

엄태화 〈콘크리트 유토피아〉 감독 인터뷰

"영화 속 최대 빌런은 탐욕의 아파트"

콘크리트 아파트는 거푸집으로 찍어낸 듯한 형태의 건물이지만, 비슷한 면적, 입지의 다세대 주택(속칭 '빌라')보다 훨씬 비싸다. 아파트 시세는 경제신문과 포털사이트에 마치 주식이나 비트코인처럼 매일 오르락내리락한다. 가족과 이웃이 함께 기쁨과 슬픔을 나누는 공동체 공간이 아니라, 고가와 저가의 아파트로 나뉘어 이웃들 간에 높은 담을 쌓아 바둑의 검은 돌과 흰 돌처럼 끼리끼리 모여 영역 다툼을 벌인다. 선거가 가까워지면서 정부와 여당이 재개발 및 재건축 기준과 고도제한을 대폭 완화해, 최근 아파트 하락장으로 휘청거리는 콘크리트 유토피아를 되살리려고 한다. 2023년 영화 〈콘크리트 유토피아〉로 청룡영화상 감독상을 받은 엄태화 감독을 만나, 영화를 통해 그가 꿈꾼 안식처의 의미와 콘크리트 제국의 허상을 영화적 관점에서 짚어봤다.

엄태화 ▎〈콘크리트 유토피아〉 감독
성일권 ▎본지 발행인

– 지난해의 화제작 〈콘크리트 유토피아〉의 원작이 있는 걸로 아는데, 원작에 대해 소개해주실 수 있나요?

"원작은 〈유쾌한 왕따〉라는 웹툰입니다. 웹툰의 내용은 영화와 조금 다르지만, 설정은 똑같습니다. 다 무너지고 다른 곳에서 겨우 살아남은 아이들이 원래 살던 아파트에 돌아왔는데, 이미 사람들은 변해 있죠. 그런 아파트에 들어오게 되면서 벌어지는 이야기를 다룹니다. 영화에서는 혜원(박지후 배우)이 원작 주인공에 가까워요."

– 영화 속에서 아파트가 무너진 것은 지진, 혹은 행성 충돌 때문인가요?

"사실, 집이 무너진 이유에 중점을 두지 않았어요. 이유가 무엇이든, 아파트가 무너진 이후 살아남은 사람들의 이야기로 보시면 좋겠습니다. 실제로 이런 일이 벌어진다면, 아파트 내 사람들로서는 집이 무너진 이유를 알 길이 없습니다. 뉴스를 접할 수 있는 상황도 아니니까요. 그런 맥락들을 좀 보여주고 싶었습니다."

– 〈콘크리트 유토피아〉 제목은 어떻게 짓게 되셨는지.

"평론가 박해천 작가님이 지으신 『콘크리트 유토피아』라는 책이 있어요. 그 책을 제가 너무 좋아하기도 했고, 이 영화를 준비할 때 많은 도움이 많이 되기도 했고요. 그래서 원래는 가제였던 이 제목보다 더 좋은 걸 못 찾겠더라고요. 그래서 선생님께 이 제목을 사용하고 싶다고 말씀드렸어요. 또, 콘크리트가 거푸집 안에 넣고 찍어내는 거잖아요. 그렇게 찍어내듯 집을 만드는 게 한국적이라는 생각을 많이 했던 것 같아요. 개성을 너무 드러내는 것에 대한 사회적 반감이 있고, 그러다 보니 사람들은 점점 자신들의 개성을 숨기고. 살아가는 삶의 방식이 아파트 생활처럼 뭔가 비슷하지 않나 하는 생각이 들었습니다."

– 흔히 바둑은 검은 돌과 흰 돌로 집을 짓고 확장하는 게임이잖아요. 영화 속에 등장하는 바둑알도 그런 의미일까요?

"말씀하신 대로 바둑은 집을 짓는다는 의미도 있고, 흑과 백으로만 이뤄진 세계잖아요. 영화 속 인물들도 흑

아니면 백, 즉 이분법적 행동을 보여주는데 실상 흑도 백도 아닌 경우들이 존재하거든요. 그럼에도 다른 경우들을 다 배제하고, 흑 아니면 백으로만 판단하는 사회상을 표현하고 싶었어요. 영화 후반부에 스테인드글라스가 등장하면서, 다채로운 색들이 나옵니다. 영화 전체적으로 무채색 계열이다가 후반부에야 여러 가지 색이 나오는데, 이렇게 색에는 흑백만 있는 게 아니라는 것에 대해서 생각해 보면 어떨까 하는 의미도 담고 싶었습니다."

– 민성(박서준 역)이 죽는 결말로 설정한 이유는 무엇인지요?

"박서준 배우가 맡은 민성은 두 사람 사이에서 갈등을 하는 인물입니다. 결국 민성은 '외부인을 몰아내고 우리 아파트를 지켜내자'는 영탁(이병헌 배우)쪽을 선택하는데, 이 인물이 끝까지 살아서 반성하는 모습을 보여준다면 너무 교과서적으로 보일 수도 있겠다는 생각을 했어요. 저는 답을 내려주는 영화보다는 끝나고 나서 다시 생각해 보게 만드는 영화를 만들고 싶었습니다. 내가 이입해서 보는 인물이 누구냐에 따라, 영화의 결말이 다르

게 느껴질 테니까요."

– 한국 사회에서 아파트가 가지는 의미는 독특합니다. 이런 문제의식을 평소에도 가지고 계셨나요?

"뭔가 이상하다는 생각은 계속 했어요. 집이란 뭘까? 원래 집은 추위와 더위, 눈과 비바람을 피하며 가족들과 생활하는 공간인데, 이런 본래적 가치들이 언젠가부터 비트코인처럼 돼버렸다는 생각을 한 적이 있어요. 집이 있는 사람은 집값 떨어질까 봐 또는 대출금 갚느라 걱정하고, 집이 없는 사람은 언제 집을 살까 걱정하고... 집이 그저 자산의 가치로만 여겨지는 게 좀 이상했어요. 특히 아파트는 그 형태도 찍어낸 듯 개성 없게 생겼잖아요. 원작 웹툰에서도 배경이 '아파트'인 것이 참 흥미로웠습니다. 결국 '지금의 한국 사회를 함축적으로 아파트 한 동 안에서 보여줄 수 있지 않을까?'하는 생각으로 영화 제작을 시작했습니다."

– 후속편도 생각하고 있나요?

"아니요. 아직은 계획이 없습니다."

2023년 6월 영화 '콘크리트 유토피아'(감독 엄태화) 제작보고회에서 배우 이병헌(왼쪽부터)과 박보영, 박서준이 포즈를 취하고 있다. /뉴스1

- 영화를 본 뒤 세상에 뭔가 잘못이 있긴 한데, 그 답을 찾기 힘들었다는 생각을 해봅니다.

"세상이 정말 다 잘못됐고, 그래서 모두 뒤집어야 된다는 이야기를 하고 싶었던 건 아니에요. 한 번이라도 역지사지로 생각해 보자는 거죠. 예를 명화(박보영 배우)가 손을 들고 질문하잖아요. '그래도 한번 다 같이 살 방법을 생각해 봐야 되는 거 아닐까요?' 사실 그게 중요하거든요. 물론 방법을 못 찾을 수도 있지만, 그래도 그 질문을 한 번 하는 것과 안 하는 것은 아주 다르다고 생각해요. 질문을 하면 좋겠다는 생각으로 영화를 만들었습니다. 답이 딱 나오는 영화라기보다는 질문을 많이 던지는 영화이고, 제 자신도 스스로에게 질문을 참 많이 던졌던 영화입니다."

- 특별히 어려우셨던 점, 신경을 많이 쓰셨던 장면이 있으신가요?

"저로서는 등장인물이 이렇게 많은 영화 제작은 처음이어서 그게 도전이었습니다. 특히 영화 초반의 반상회 장면이 힘들었어요. 촬영 순서상 인물들이 가장 많이 나오는 첫 장면이었거든요. 물론 연기력이 좋은 배우님들께서 잘 해주시겠지만, 이 많은 분들과 어떻게 호흡을 맞출 것인지 고민하다가 최대한 설명을 자세히 해드려야겠다고 생각했습니다. 현장에서는 이야기할 시간이 없으니 아파트 몇 호에 사는지, 가족 관계가 어떻게 되는지, 가족 중에 누가 죽었는지, 직업이 무엇이었는지 등

인물별 정보를 미리 상세하게 드렸어요. 그랬더니, 배우님들이 베테랑답게 캐릭터를 잘 구축해오셨더라고요. 현장에서 리허설을 하는데, 공기가 살아 움직이는 듯한 느낌을 받았고, 그때 '됐다!'라고 생각했어요."

- 배우들과의 커뮤니케이션은 어떠셨나요?

"영화 후반부, 영탁(이병헌 배우)을 추방할 것인지 말지에 대해 주차장에서 주민들이 싸우는 장면이 있어요. 그 장면을 찍기 전날 제가 모두에게 전화를 드렸어요. 4개월 정도 같은 아파트에서 살았고, 대표였던 영탁을 몰아낼 것인지를 여쭤봤어요. 배우님들 모두 나름의 의견이 있으시더라고요. 그래서 제가, 생각하신 그대로 현장에서 말씀하시면 된다고 했어요. 대사들이 잘 맞지 않으면 편집하고 재조합해서 촬영했어요. 그렇게 배우님들의 의견을 최대한 존중하며 신경을 많이 썼습니다."

- 감독님이 실제 황궁 아파트 주민이시라면 어떤 선택을 하셨을 것 같으신가요?

"등장인물들 중에서는 도균(김도윤 배우)에 가장 가까운 것 같습니다. 어느 편에 서거나 나서지 않으면서, 어린아이를 보고 그냥 지나치기는 어려우니까 걸리지 않는 선에서 도움을 주는 쪽을 선택하지 않았을까. 그런데 도균은 좀 허술했어요(하하). 그래서 걸린 거지요. 저라면 최대한 조심하면서 도움을 주지 않았

을까 생각합니다."

– 감독님 인생의 경험 중에서 영화에 영향을 미친 것이 있을까요?

"어렸을 때 저도 영화 속에 등장하는 저런 복도식 아파트에서 오래 살았어요. 그때는 문도 다 열어놓고, 옆집에서 밥 얻어먹고 오고, 복도에서 뛰어놀고 했는데요. 지금은 복도식 아파트에서도 옆집에 누가 사는지 잘 모르잖아요. 혜원이 아파트로 돌아왔을 때 부녀회장(김선영 배우)이 "옆집 아저씨 알지?"하고 묻는데, 혜원은 모른다고 대답을 해요. 사실 모른다고 대답한 이유는 영탁이 진짜 옆집 사람이 아니잖아요. 하지만 부녀회장은 "요즘은 다 이렇다니까."라고 해요. 저런 식의 코드를 심어놓고 싶었어요. 그래, 요즘에는 충분히 저럴 수 있겠다 싶은..."

– 혹시 삭제된 장면들도 있나요? 어떤 장면인지 궁금합니다.

"많습니다. 노숙자들이 나오는 신도 원래 하나 더 있었어요. 처음엔 4명이었다가 다음에는 3명, 마지막에는 한 명. 지금 3명이 나오는 중간 신이 없어진 겁니다. 점점 사람이 줄어드는 것을 표현하고 싶었어요. 본인들끼리 서로를 잡아먹는 것을 암시하기 위해서요. 마지막 장면은 혼자 남아서 뼈를 먹고 있는 장면이에요. 저 사람이 혼자 다 잡아먹었다는 느낌을 주고 싶었습니다. 극장판에서는 아쉽게도 빠졌지만 아마 블루레이에는 넣을 수 있을 것 같아요."

– 배우를 캐스팅할 때의 기준이 있으시다면 무엇일까요?

"당연하게도, 연기력입니다. 그리고 배우들의 고정된 이미지를 그대로 표현하기보다는 그동안 보여주지 않았던 모습을 영화에서 보여주는 것에 전 재미를 느껴요. 이병헌 배우, 박서준 배우, 박보영 배우 모두 그동안 관객들께 보여드리지 못한 모습들을 이 영화에서 어떻게 보여드릴 수 있을까 고민하면서 캐스팅하고 준비했습니다. 영화 속 모두의 합이 너무 좋았습니다."

– 영화 결말에 갈리는 여론에 대해서 어떻게 생각하시는지도 궁금합니다.

"인상 깊었던 리뷰 중에, 어떤 분이 영화를 보는 내내 명화 때문에 너무 화가 나셨대요. 본인은 밖에 나가지도 않으면서 바른 말만 하는 게 위선적이고, 그런 상황에 먹고 살려면 떳떳하지 못한 일도 할 수밖에 없는 것 아닌가 하는 생각이셨겠죠? 일단은 먹고 사는 게 가장 중요한 가치이고, 그런 상황에 남을 배려할 수 없다는 시선이 있었던 것 같아요. 그

런데, 그분이 집에 와서 가만히 생각해 보니 명화를 욕했던 자기 자신이 너무 무섭다는 느낌을 받았다는 겁니다.

사실 명화에게 비판적인 의견도 열어놓고 싶었어요. 명화 때문에 아파트가 망했다, 민성(박서준 배우)이 죽었다 등의 생각은 극단적이라고 보지만요. 외부인들이 침입한 것은 애초에 아파트 주민들이 그들을 쫓아냈기 때문이고, 민성도 결국 본인의 선택에 따른 결말을 맞이한 거죠. 가족을 지키기 위해서요. 관객들의 여러 의견들에 대해서 모두 동의하지는 않지만, 다양한 생각이 나오는 것은 의도했던 거에요. 저는 이 영화가 누구에게나 이입될 수 있는 영화였으면 좋겠어요. 결국 영화 자체가 하나의 질문 형태로 남았으면 좋겠습니다."

– 영화를 만드실 때 '절대 악' 캐릭터를 염두에 두셨는지?

"정해놓지 않았어요. 선과 악을 제가 정해놓는 순간 '악은 나쁜 것이고 틀린 것이다'라고 말하는 게 되니까요. 영탁(이병헌 배우)이나 민성(박서준 배우)에게 감정 이입이 되셨던 분들은 명화(박보영 배우)가 빌런이라고 하시더군요. 반대로, 명화나 혜원(박지후 배우)에게 감정 이입이 되셨던 분들은 영탁이 빌런이라고 하시고요. 즉, 어떤 시점에서 보느냐에 따라 다른 거죠. 배우들한테도 그런 말씀을 드렸어요. 결국은 모두가 '평범한 사람들'이니 현재 본인의 입장에서 할 수 있는 선택을 했으면 좋겠다고요. 결국 이 영화의 빌런을 꼽으라면 그건 아파트가 아닐까, 하고 생각했습니다. 아파트의 환경이 인물들을 극단적인 상황으로 몰고 가는 것이 아닐까요?"

– 옆으로 쓰러진 아파트가 엔딩 장면에 등장하는데, 그곳에 살던 사람들은 황궁 아파트를 모른 채 어딘가에서 살아갔던 사람들인 건가요?

"네, 그렇습니다. 황궁 아파트 주민들은 지진이 일어나기 전부터 그곳에 살던 사람들이고, 쓰러진 아파트에 사는 사람들은 이미 버려진 공간에 살아남은 사람들이 모여 살게 된 겁니다. 그러니, 후자는 시스템이라는게 딱히 없죠. 그래서 명화(박보영 배우)가 마지막에 여기 살아도 되냐고 질문했을 때, 그걸 왜 우리한테 묻냐고 대답한 겁니다. 사실 명화는 '그곳에 살 권리'를 물어본 거예요. 즉 황궁 아파트의 가치관을 가지고 물어본 것인데, 그 가치관을 비난하던 명화도 실상 그 안에 갇혀 있었던 셈이죠. 그리고 명화가 "그걸 왜 우리한테 물어요"라는 대답을 듣는 순간, 기존의 가치관이 '탁' 깨지는 순간을 표현하고 싶었어요."

청바지에 가벼운 후드티를 입은 엄태화 감독은 〈콘크리트 유토피아〉 이후 제작자들로부터 많은 러브콜을 받고 있다. 그러나 그는 오래전부터 생각해온 미스터리 스릴러 시리즈를 준비 중이라며, "케이팝 산업을 다루는 이야기"라고 말했다. 가수 아이유의 멋진 뮤직비디오를 제작한 엄태화 감독의 영상적 감각이, 다시 한 번 관객들을 매료시킬 것을 기대해 본다. ID

글·성일권
정리·박지수
사진·임백철